AQUARIUS

AQUARIUS

AQUARIUS

AQUARIUS

一些人物，
一些視野，
一些觀點，
與一個全新的遠景！

When I Say No
I Feel Guilty

我說不
沒有對不起誰

（經典長銷版）

【心理學大師親授】
曼紐爾·J·史密斯博士
（Manuel J. Smith, Ph.D.） 歐陽瑾◎譯

掌握人生主導權的10大自主法則

1 你有權堅持自己的行為、想法和情感，並對產生的一切後果負責。

2 堅持你要做的，不必解釋。

3 就算你幫不了別人，也不必內疚。

4 你有權改變想法。

5 犯錯並不可怕，但你要承擔後果。

6 你有權說「我不知道」。

7 在人際交往中，你不必刻意討好別人。

8 你有權做出「不合理」的決定。

9 你有權說「我不明白」。

10 你有權說「我不在乎」。

你說不，沒有對不起誰。

拒絕被他人操控的7大溝通技巧

【唱片跳針法】

以平靜的語氣，透過重複的模式，一而再、再而三地說出你心中的想法。這個方法可以教你學會立場堅定，不受別人影響，不用事先練習怎樣與人爭辯或如何控制憤怒，而能「愉快」地做出回應。

◎ 練習後的臨床效果：

面對別人帶有操控性的話語圈套、憑據合理的誘餌以及無關的詭辯時，你將能夠心安理得地不去理會，同時堅持你的觀點。

【自由訊息法】

在日常交談中，辨認出對方話語所透露的一些簡單線索，了解他對什麼感興趣、看重什麼等。

◎練習後的臨床效果：

幫助你在與人交談時不那麼害羞，同時還能鼓勵對方更自在地談論自己。

【自我表露法】

接受他人針對你的個性、行為、生活方式或聰明才智等，各方面優、缺點的批評，甚至自己主動開口談論，進而改善人際關係，並減少他人的操控。

◎練習後的臨床效果：

幫助你擺脫過去提到關於自己的事情時，所產生的手足無措、焦慮感或內疚感，而能夠自在地與他人談論自己。

【模糊重點法】

面對批評，平心靜氣地向對方承認「他說的話可能有道理」。透過這樣的模式，學會接受別人帶有操控性的批評，但同時也讓你保有評價自我的權利。

◎練習後的臨床效果：

讓你能心安理得地接受他人的批評，而不會變得焦慮不安或戒心重重，同時，也能讓意圖操控你的批評者無法得逞。

【自我否定法】

無論面對善意或惡意的批評，都感同身受地堅定表示贊同，並承認自己的過錯和失誤，但是不必對此感到內疚。

◎練習後的臨床效果：

使你能心安理得地看待自己的行為或個性方面的缺點，而不會產生自衛心理和焦慮感，同時，也可以減少批評者的怒氣或敵意。

【否定詢問法】

主動鼓勵他人對你提出批評，對於有用的意見加以運用，若是帶有操控意圖的看法，則徹底排除。這個方法也能鼓勵批評者擁有更多的自信，而少用操控伎倆。

◎練習後的臨床效果：

讓你在親密關係中，能更自在地傾聽他人對你的批評意見，同時促使對方真實表達出負面情感，進而改善你們之間的溝通和交流。

【可行折衷法】

在運用以上這些拒絕操控的溝通技巧過程中，無論何時，只要你覺得不傷自尊，那麼向對方提出可行的折衷辦法，都是合理的。為達目的，你可以一直與對方討價還價，除非提出的折衷辦法危及你本人的自尊。

◎例外情況：

當最終目標涉及到你的自尊時，很可能就無法達成任何折衷方案。

前言——成為自己的勇氣

系統性自我肯定療法的理論和語言技巧，是朋友、同事和我經過長久努力的心血結晶。這個想法來自於一九六九年時，我擔任美國和平隊培訓中心的現場評估官，那一年的經歷促使我想發展出一種方法，能夠協助人們展現自信，妥善因應衝突。因為我失望地發現臨床心理學家的傳統方法作用極有限，比如危機干預、個別諮商或心理治療，以及敏感性訓練、會心團體等群體性歷程，對於心理狀態相對正常的人來說，在日常的人際狀況上幾乎沒什麼幫助，而這些人際問題，和平隊的大多數受訓隊員都曾在自己的國家碰到過。

當時，在經過三個月的強化訓練後，我們安排了一群哲學博士、心理學家、精神病學家、語言教師及一批志願者，戴草帽、穿短褲和涼鞋，蹲在塵土飛揚的地上，假裝成美洲農民，然後要隊員們向這些假農民介紹某種攜帶式農藥噴霧器。結果證明，我們根本沒能幫到這些滿懷熱情的隊員。當他們開始做現場展示時，假農民對農藥噴霧器的反應冷淡，卻對來到田裡的這群老外很感興趣。雖然隊員們可以回答與農藝、病蟲害控制、灌溉或施肥等有關的問題，但是對於農民劈頭提出的各種疑問，卻沒有一個人答得出來！比如：「是誰派你們來這裡賣機器的？」「你們為什麼大老遠從美國跑來告訴我們這個？」「你們想從中得到什麼？」「為什麼你們先來我們這個村？」「為什麼我們就得種出更好的農作物呢？」……儘管隊員們氣惱地試著要介紹農藥噴霧器，這些假農民卻仍然不停問著他們來訪的原因。

我記得那時，沒有一個人能自信滿滿地回應：「鬼才知道！誰答得出這些問題啊？我可沒辦法。我只是想來和你們認識，讓你們看看這台機器可以種出更多糧食。」他們發現自己面對質問（等於在說他們動機不單純）而無可辯解時，無法卸下心防，態度堅定地回答。這次尷尬的經驗讓許多隊員都印象深刻。

為何就不能簡單回應「因為我想要……」？

雖然我們教給了這些隊員足夠的語言、文化和專業技術，卻根本沒有教會他們如何自信地回應他人的審視——這種帶有批判色彩的審視，針對的是他們個人的動機、需求、弱點，甚至優點。我們也沒有教會隊員，當他們想聊聊農藝，但那些假農民卻像真農民一樣想要談論他們時，隊員們該怎麼辦。

沒能教會的原因，在於那時我們並不知道要教什麼。我們並未教會隊員們如何堅守自己的權利，而不必提出理由證明自己所做的是正當的。我們沒有教會他們簡單地回應「因為我想要……」，然後把其餘問題留給他們打算幫助的那些人。

培訓結束前那幾週，我在許多接受能力強的隊員身上試過各種訓練方法，但隨著結束的時間愈來愈近，迴避我的人也愈來愈多。雖然我心中掠過的所有想法都沒有結果，也看不到絲毫成功希望，但我觀察到了一個重要現象：在面對他人對自己的批判性審視時，因應能力差的隊員無法承認失敗，因為他們覺得自己必須完美無瑕。

沉默的男人

一九六九到一九七〇年間，我在加州比佛利山行為治療中心、塞普爾維達榮民管理局醫院擔任臨床醫師，再次觀察到相同的現象。那裡的患者類型從標準或輕微的恐懼症，到嚴重的精神官能症，甚至精神分裂症都有。治療過程中，我發現許多病人面對問題所表現出的能力缺失，與那些年輕的隊員沒有兩樣，只是程度嚴重得多。

尤其是其中一位患者，他非常明顯地拒談有關自己的任何事，在四個月的傳統心理治療過程中，總共只說了幾十句話。由於男子不開口、不交流，並且在與他人相處時表現出明顯的焦慮症狀，所以他被診斷為患有嚴重的焦慮症。但直覺告訴我，他只是「和平隊受訓隊員綜合症」的一個極端病例。

於是，我開始改變療法，不再談他自己，轉而談論生活中最令他困擾的人。幾週下來，得知他對繼父既害怕，又充滿了敵意。繼父對待他只有兩種模式，不是挑剔指責，就是以恩人自居。不幸的是，這名年輕患者除了承受，並不知道還有其他什麼模式可與繼父相處，於是只要繼父這個威權人物在場，他就只能一聲不吭。他的這種非自願沉默源於害怕被繼父指責，也來自於他知道無法自保的心理，這樣的沉默逐漸泛化，便成了最沒自信的人所採取的應對方法。

當我問這個擔心受怕的年輕人，有沒有興趣學習如何面對繼父時，他便開始像一個正常人對另一個正常人那樣，與我交談了。我們對他進行實驗性的治療，讓他不再敏感於來自繼父、家人和他人的責難。兩個月後，這名「沉默精神官能症」患者，帶著其他年輕患者外出豪飲了一場，回到病房後，又平和、愉快地狂歡了一夜，之後便出院了。根據最新消息表示，他上了大學，並且不管繼父怎樣反對，他都想穿什麼就穿什麼，想做什麼就做什麼。

面對衝突和困擾時，有效的解套方法

這次頗具新意的治療成功後，榮民管理局醫院的首席心理學家馬特博士鼓勵我，要我將這些療法運用到其他類似的患者身上，並針對低自我肯定的人，發展出一套治療方法。在一九七〇年春、夏之間，這本書所描述的自我肯定治療技巧都接受了臨床評估，由我的同事、也是主任醫師汪德爾博士負責，在塞普爾維達榮民管理局醫院與行為治療中心兩處進行。

後來，這些技巧有更進一步的發展，我和同事、學生們將其用來指導低自我肯定的人，如何在各種不同的環境下，對他人做出有效回應。我們在各地講授這些提升自我肯定、培養自主力的訓練技巧，並在許多專業會議上報告。

無論是有語言交流障礙的一般人（正如那些受訓隊員），或是精神官能症患者（就像那名「沉默」的病人），我覺得重要的不是因為他們接受了自我肯定治療而狀況有起色，而是讓人們學會如何處理生活中出現的問題和衝突，如何去面對造成我們困擾的人，這才是自我肯定療法的主軸，也正是我寫下這本書的目的。

書中所描述的自我肯定技巧，都是根據我本人和同事的臨床經驗總結而成。我的目標是透過將其寫出來，對自我肯定療法的理論與實踐做個總結，以幫助更多人更深入理解這一點：當我們面對他人感到不知所措的時候，可以用這樣的方式來處理。

曼紐爾・J・史密斯
於洛杉磯

目錄

When I Say No, 我說不，沒有對不起誰 I Feel Guilty

第3部 在生活中練習說「不」

34組實境對話主題表

34組實境對話
主題表

第1部

只有你能為自己做主

第1章 面對人際衝突，先擺脫你的內疚

要是沒煩惱，表示你根本沒活過

我退伍之後，在念大學時遇到了喬，他是個正直的人，精力充沛。那時，喬還是位年輕教授，我是他的學生。他教的是心理學，講課方式強硬、武斷而坦率，不給學生對「心理學」這門學科存有絲毫天真的想像。他不會迎合學生的期望，闡釋病態而有趣的精神失常狀況，也不解釋人類心靈、行為或積極性等方面的普通常態。他並不強調那些說明為何我們會依某種模式行事的複雜理論，而是強調簡單性。對他來說，利用簡單的假設，描述出事物在心理學上的運作原理以及它們的確有效，就已足夠，然後他會要求我們就此打住，不再深究。他有著一種堅定的學者觀點，那就是：百分之九十五被人們迎合為科學心理學理論的東西，純屬垃圾，而要真正了解基本的心理機制、徹底解釋大多數人類的行為，仍然任重而道遠。

現在看來，喬的這個觀點仍然跟當時一樣有說服力，我也非常認同。的確，冗長、專業

或深奧的解釋往往引人入勝，甚至富有文學味，但是常常毫無必要，還會使問題複雜化，令人難以理解。若想要運用心理學的原理，那麼了解「是什麼原理有效」，比了解「原埋為何有效」更重要。

比方說，在進行治療的過程中，我發現過於將注意力集中在「患者為什麼罹病」這一點，通常是徒勞的，這往往只是理論，或許過了好幾年也得不到什麼結果，甚至有可能貽害無窮。還不如去關注患者「如何因應自己的行為問題」！

喬甚至徹底根除了我們對於心理學家的固有觀念，以為心理學家是對人類行為無所不知的新興權威。他曾在課堂上發牢騷說：「我可不喜歡學生問我答不出來的問題！」你不難猜到他私底下的個性是怎樣。儘管他是人類行為學的專家，但也有著跟普通人一樣多的困擾。我也會帶給他一些問題。他在每學期替學生評分之後，都忍不住跟我抱怨：「學生總是埋怨個人問題太多，沒辦法好好念書。難道他們自己不會去處理？要是沒煩惱，表示你根本沒活過！」

那幾年，我和喬愈走愈近，我們成了好友，也同樣研究人類行為。我發現他在與別人打交道時有著跟我相同的問題，而且嚴重程度差不了多少。

內疚不代表你有問題

隨著在心理學和精神病學領域認識的人類行為學專家愈來愈多，我又發現，他們也有著各自需要處理的狀況。「博士」這個身分並未讓我們免於遇到難題，而且相同的情況，我們在親戚、鄰居、朋友甚至患者身上（無論從事何種行業、受過何種教育）都曾看過——不只和喬相同，也與其他心理學家或非心理學家一樣，所有的人在與他人打交道時，都存在著問題。

當我們的丈夫、妻子或戀人因為某件事情不高興時，同樣都具有那種甚至不用提起「那件事」，就能讓你感到內疚的本領——擺臉色、關門聲音大一點、宣稱一小時不說話，或是冷冷地要求換個電視頻道，都能達到目的。有一次，喬跟我訴苦：「天哪！要是我明白他們怎麼能那樣做，或者我為什麼那樣回答就好了。可是不知為何，最後我總是會感到內疚，即使我根本就沒有理由內疚！」

並非只有配偶才會給我們出難題。當父母或岳父母想要什麼東西時，也同樣有本事讓成年子女感覺像焦慮的小孩一樣（哪怕子女也已經有了自己的孩子）。你我都清楚得很，電話那頭母親的沉默不語、岳父母臉上的不悅之色或父母的提醒，會激起你什麼樣的直覺回應。例如：「最近你一定很忙吧，我們老是見不到你。」或是：「我們附近有一間不錯的房子要出租，要不明晚你過來，我們一起去看看吧！」都是如此。

除了家人之外，在與其他人來往時，我們也會遇到困擾。比如說，修車師傅沒修好你的汽車時，車廠經理就會滔滔不絕地跟你解釋，為什麼在你付了大筆的修理費後，車子的散熱器還是過熱。儘管他成功地讓你覺得你對汽車完全外行，並且因為自己沒有好好愛惜車子而難過，但你仍會煩躁不安地想著：「我付了錢，就是為了解決問題呀！」

就算是朋友也會帶來煩惱。假如有個朋友建議晚上出去玩，但你不感興趣，於是下意識的回應就是找藉口。你得撒謊才不傷感情，同時卻又為自己這樣做感到內疚，覺得像是做了什麼見不得人的事。

無論我們做什麼，別人都會給我們帶來一個又一個的困擾。許多人有一種不真切的看法，認為日復一日地與這些問題共存，是既不健康、又不自然的生活模式。然而，事實並非如此！生活會帶給每個人問題，這才是完全符合自然規律。更常見的是，由於存有「健康的人沒煩惱」這種不切實際的想法，你可能會覺得，人人都深陷其中的生活模式過起來毫無意義，我透過心理治療課程認識的許多人都有這種消極的觀念。然而，這並不是「有問題」所造成的，而是「覺得無力處理問題、無力面對帶來這些問題的人」導致的結果。

儘管處理問題的成效不佳時，我自己也會有同感，但身為心理學家的經驗使我並不贊同這樣的觀念，認為人類是一種基因退化的物種，只適合生存在萬事萬物都比較簡單的早期社會，這簡直是胡說八道！

爭鬥、逃跑和用語言解決問題是本能

有人說人類是失敗者，在這個工業化、城市化與空間淨化的時代，無法幸福地生活下去，也無法充分解決所面臨的問題，但我的觀點截然不同，甚至可說更樂觀。這來自於我的親身經歷、專業閱讀，我所學的知識、教學閱歷、實驗室與臨床研究，指導人們去面對、處理生活問題的過程，以及深入社群、收治數百名病患的經驗（這樣的收治是違背他們的意願，而原因只是他們不知道如何與人打交道），也源自於我對病情從最輕微到最離奇、最危險的精神疾病患者做的臨床治療。當我適當地將這些經歷，與我對於一生中遇到的成千上萬人的自然觀察所得結合起來，便產生了一個更合理也更現實的結論：我們在生活中都會遇到問題，這是正常的，而我們都擁有充分處理這些問題的能力，這也是正常的。

若不是我們天生擁有解決問題的能耐，人類早就滅絕了。而且與一些悲觀主義先知所說的正好相反，至今為止，人類是自然進化版圖上最成功、最具有適應性、最聰明也最堅強的生物。假如相信人類學家、動物學家及其他科學家所呈現的證據和普遍結論，我們就會明白，人類和動物的祖先自古就在大自然的苛刻條件下，為了生存而競爭著。我們的祖先不但在競爭激烈的環境中生存下來，而且日漸繁榮興盛。人類生存下來了，並且取得了勝利，其他物種則已滅絕或瀕臨滅絕，這是因為我們在生理和心理上，都更適合在任何環境中生存。

我們的祖先並不是沒有碰到問題，反而正好是因為這些「問題」，才得以生存。雖然許多動物都進化出了在艱難時期和嚴酷環境中，能夠成功解決問題的本事，但我們卻脫穎而出，逐漸進化為人類。有了這種能力，我們不但征服了地球和環境，並開始為了後代的生存而保護地球，以及地球上的其他物種。所以，從「解決問題」這種傑出本領的角度來看，世上再也找不出與人類匹敵的其他生命形式了。

那麼，使人類成功生存、解決問題的本能有哪些呢？你、我與瀕臨滅絕的物種之間有何共同點？又是什麼讓我們成為獨一無二的人類？假如觀察類人物種，尤其是脊椎動物主要的因應行為，我們常可看到，一旦兩隻同種的動物發生衝突，其中至少有一隻會表現出爭鬥反應或逃跑反應。對動物來說，爭鬥或逃跑，都是相當有效的因應辦法。這兩種因應類型，彷彿都是先天的下意識反應。人與人之間也會相互爭鬥或逃避，有時這並非是我們所選擇，而是自動的，偶爾還會在公開場合發生，但更常見的還是彼此有所掩飾的模式。

無論爭鬥或逃避，都是人類祖先進化而來的結果。從目前的人類形態來看，我們沒有尖牙和利爪，也沒有利於爭鬥或逃跑的特定肌肉，所以當狀況發生時，無法立刻運用這兩種模式，甚至沒辦法發出夠有力的吼叫聲來嚇走強盜。而我呢，儘管相信自己在緊要關頭的逃跑能力，卻不想經常這麼做。

雖然擁有與其他動物相同的爭鬥和逃跑本能，但使人類有別於其他物種最重要的一點是，我們擁有一個了不起的、有語言能力並能解決問題的新型大腦。研究認為大約一百萬年以前，進化和生存競爭淘汰了人類的一些近親祖先，因為他們沒能在原始爭鬥或逃跑反應的組合策略中，以更有效的手段因應。而同時，進化也在基因上強化了人類每一代祖先的語言能力，以及解決問題的本事，使他們得以生存下來，並繁衍後代。這種能夠解決問題的新型大腦，使人類在發生衝突的情況下，也能相互交流與合作。

這種言語交流和解決問題的能力，正是人類有別於其他物種並能生存下來的關鍵。其他物種不是已滅絕就是正面臨滅絕，或情況更糟，已被人類馴化了。

多虧成功存活下來的祖先，人類才擁有了三種主要的生存因應行為：爭鬥、逃跑，以及用語言解決問題的能力。爭鬥和逃離危險這兩種因應策略，是我們從尚未進化為人類的祖先遺傳得來；而言語交流並以有力的自信解決問題，卻是我們在進化過程中，從早期的人類祖先所遺傳的本事。簡單地說，雖然我們擁有爭鬥和逃跑這兩種求生存的天賦，但要解決問題，並不是非得用這兩種方法不可。相反地，我們擁有一種人性化的選擇，可以與他人交談，並透過言語溝通來解決惱人的問題。

在現代社會，當我們試圖以敵視或逃避因應衝突時，通常都不會明目張膽地表現出來，因為我們明白公開發洩情緒通常沒什麼好下場。大人教小孩別打架，還告訴孩子要勇敢，不能在眾目睽睽之下逃跑。因此，我們都習慣了被動地因應衝突。「別還手」、「站在那兒，忍著」，都是被動、消極的態度。即使被某人氣到火冒三丈了，也很少當眾發怒，反而是默默地咬牙切齒，毫無意義地發誓以後要報復——這正是我的一位患者表現出來的典型模式。

消極逃避的她（或你我）

這名患者叫黛安，二十九歲，是一名打字員。黛安試圖以消極的敵視態度，回應主管所提出令她反感的要求。她既沒有跟主管談過她的反感，也沒有用行動發洩怒氣（比如跳起來對主管大喊：「見鬼！」），而是在主管叫她做的事情上故意拖拖拉拉。上班時，只要輪到她幫大家沖咖啡，她總會出差錯，不是把咖啡灑出來，就是沖得太淡或太濃，總之，就是跟其他消極抗議的人一樣，表現得相當糟糕。假如要緊急加班，她打的文件就會錯誤百出，故意花兩倍的時間才完成。儘管主管說不出她有什麼反抗行為，但她仍在盡可能地搞破壞。可想而知，黛安的這種消極態度給自己找的麻煩，絕對比帶給主管的麻煩多！

如果你也像黛安那樣，就會一直被叫去清理咖啡漬、重新泡咖啡，或者磨磨蹭蹭地更晚下班。更糟糕的是，主管可能會一而再、再而三地要求你去做同一件事，這樣一來，你每天的心情都會很沮喪。消極敵視不會有什麼作用，你也無法實現自己的願望。

就像許多人一樣，黛安也用這種消極逃避的方法面對其他事情，一旦有人帶給她問題，她便盡可能地迴避對方。

黛安來接受治療是因為婚姻瀕臨破裂。夫妻分居的時候，她幾乎每天都能看到丈夫鮑伯，因為他們兩人在同一棟辦公大樓上班，可是上班時偶然碰到面，丈夫總是顯得很冷淡。其實，鮑伯的這種態度是可以理解的，因為他將婚姻問題的大部分責任都歸咎於妻子。黛安很難面對他的冷漠，尤其是在公開場合。她說自己還是喜歡鮑伯，他那樣對自己，讓她很想哭。鮑伯冷眼相對時，黛安不知道該怎麼辦，便費盡心思地躲著他。當鮑伯打電話給她，想討論如何處理兩人的共同財產時，她好幾個禮拜都沒接電話。她簡直把這種逃避行為發揮到了極致，只要辦公桌上的電話一響，也不管是誰打來的，她都走開不接。就算是待在自己家裡，她也很不安，害怕鮑伯會打電話過來。

黛安把這個問題告訴我之後，我們制定了一套訓練課程，好讓她不再像以前那樣消極逃避，而是帶著充分的自信去面對鮑伯。經過練習後，黛安總算能打電話給鮑伯討論財產分配的事了；更重要的是，最後她終於能約鮑伯一起吃午餐，討論當他們偶遇時，她所不喜歡的一些情況了。如果黛安繼續消極地逃避下去，總有一天會無計可施，因為逃避解決不了問題，就像她對主管的消極敵視一樣。最後，她不是仍得面對財產處理問題，就是只能真正逃避鮑伯以及整個離婚過程。

在後來的治療中，黛安發現自己的婚姻出現的許多問題，都跟她消極逃避的處理態度有關。正如黛安歷經痛苦才走對了路一樣，若你與他人發生衝突時，不斷地消極逃避，那麼，別人很可能會逐漸厭煩，並且對你不再抱有希望，進而與你斷絕關係。

憤怒、恐懼和沮喪，是生存情緒三組合

如果只以敵視或逃避的方式跟人打交道，我們自己也會難受，因為一些令人不快的情緒（比如生氣或害怕）也會相伴而生。消極因應時，我們往往還會在與他人的爭鬥中一敗塗地——人生確實真有這樣的鬥爭，勝則生，敗則亡。於是，我們沮喪不安，最後抑鬱消沉。憤怒、恐懼和沮喪這三種情感，是人類得自遺傳、最根本的生存情緒組合，也是導致人們尋求專業心理治療的常見情緒症狀。

我所遇到的患者，經常會因為自己的喜好而對別人發火或敵視他人，有的是出於害怕才對人敬而遠之，有的則厭倦了失敗，終日鬱鬱寡歡。臨床醫師所遇到的大多數患者，都是屬於過度依賴各式各樣、甚至很怪異的爭鬥或逃跑反應，而來尋求幫助的。不過，感到憤怒、恐懼或沮喪，決定尋求心理幫助，並不意味著你的心理就是病態的。你我之所以都會憤怒、恐懼或沮喪，是因為人類的生理構造和心理機制天生如此，正因為人體的神經組織、肌肉、血液和骨骼有獨特組合，以及由此而生的行為，人類的祖先才能在嚴苛的環境中生存下來。

消極情緒對於生存的意義，正如肉體疼痛之於生存一樣重要。就像手碰到滾燙的東西會不由自主地縮回來，這是神經系統天生的機制，你會下意識地產生反應，不需要思考。

當你覺得不開心時，實際上感受到的是一些生理和化學變化，它們是依大腦中原始「獸性」所發的指令而生，目的是讓整個身體為產生某種行為反應做好準備。憤怒時，你會感覺身體預備要發起攻擊。我們不但能感受到這種攻擊準備，還可以從他人的行為中看到準備的結果。

比方說，在重要的橄欖球比賽中，本該大勝的冠軍隊卻失利了，僅僅因為弱隊教練在更衣室裡狠狠辱罵了隊員，就使隊員們爆發出了大大超過冠軍隊的體力。就體格上的自我保護能力來說，我們並非大自然的寵兒，然而，一旦我們發怒，在沒機會逃走或透過語言溝通脫離險境的情況下，我們仍然可以利用攻擊性的自衛手段求生存。

另一方面，當你覺得害怕時，感受到的是一種生理變化，它是由大腦所發出的指令而生，下意識地讓身體為逃離危險做好準備。假設在一條燈光幽暗的巷子裡，有一名搶匪手持彈簧刀向你逼近，此時，你透過自己的呼吸、內心和四肢所感受到的那種驚惶失措，並非怯懦，而是一種自然的亢奮感，它是被大腦中樞無意識地激發出來，進而讓身體做好準備，逃離險境。

儘管擁有屬於人類的第三種因應方法，也就是用語言解決問題的能力，但有時不管怎麼做，我們還是會憤怒、緊張或恐懼。例如，當一名冒冒失失的司機，在高速公路上以七十公里的時速搶你的車道時，不管你如何力求鎮定，都無濟於事，你一定會渾身發抖，因為你根本沒辦法阻止這種反應發生。發現新車的擋泥板上莫名其妙地出現一道凹痕時，無論你怎麼安慰自己，也絕對無法掩飾怒氣。遇到妻子哭喪著臉回家，踢了你一腳發洩怒氣，你也絕對會大動肝火！

發生這些狀況時，人類天生的心理和生理機制，讓我們別無選擇。不過，若我們能夠拿出自信與別人打交道，堅定達成自己所要的，就不太可能失控、發火或懼怕了。反之，若我們因為某件無法改變的事情而受挫，或沒辦法運用天生的語言能力來處理某件原本能改變的事，就很有可能感到沮喪。

在當下，沮喪感對生存沒有多大意義，但是，假如看看你我在沮喪時的典型行為，就可以清楚看出這種感覺對我們祖先的意義了。沮喪時，我們幾乎毫無作為！除了維持一些基本生理功能外，我們很少行動，甚至什麼都不做。我們通常不會做愛，不會興致勃勃地去看電影、學新東西、做家事、拚命工作……感到輕微沮喪或傷感時，我們通常會懷念一些舊事物；而在特別沮喪時，則會極為洩氣、失意。人們在沮喪時所感受到的，是對大腦中原始區域發出的訊息所產生的反應，目的是讓維持日常活動所需的大部分生理機能緩慢下來。

當我們的祖先不得不長期忍受嚴酷環境時，沮喪就成了一種有益的心理狀態，在生活困難時，他們只能退而求其次，縮衣節食。情緒低落、無所事事的祖先，更有可能保存財力和精力，如此一來就增加了生存機率，以待好日子的到來。我們可以在這樣的情況下，看到自己身上這種原始情緒的殘餘跡象：在冬季一個寒冷、陰鬱的星期六，除了吃零食、打瞌睡和在家裡拖拖地之外，別的什麼也不想做。你我經常體會到的那種沮喪情緒，甚至可以持續幾個小時到幾天。我們會感到痛苦，但隨著時光流逝，在有了一些正面的經驗後，沮喪感便會漸漸消失。

患憂鬱症的他（或你我）

在現今這個相對富裕的社會裡，沮喪和隱居對生存並沒有什麼明顯的益處。對於大多數人來說，現在的物質生存條件並不嚴峻，因此，「沮喪」這種生理上的「冬眠」機制變得毫無用處。如今，我們的挫折感並非來自環境，而是來自他人的行為。我和其他臨床醫師治療過的長期憂鬱症患者，都有過不斷受挫的經歷。

治療暫時性憂鬱或長期憂鬱症患者的臨床經驗顯示，幫助憂鬱症患者重新站起來、再度獲得積極的人生體驗，要比袖手旁觀、坐等憂鬱症消失更有幫助。

三十三歲的唐是一名離了婚的會計，患有復發性長期憂鬱症。唐由父母撫養長大，父親對他想做的事總是百般阻撓。唐小時候與父母相處的典型模式是：當他做完了家事時，很少受到父母感謝和稱讚，可是一旦他有什麼地方沒做好，就會受到嚴厲的懲罰，這讓他覺得自己很差勁。比如說，當唐想要自己的第一輛單車時，父母給了他各種理由，說年紀小騎車很危險、單車很貴，還提醒他，假如給他一輛單車，粗心的他是沒辦法好好保管的，等等等等，所以他直到離家上了大學後，才學會開車。

於是，他從未擁有過單車。當他想學開車的時候，父母又說青少年開車技術不好，他得再等等，所以他直到離家上了大學後，才學會開車。

後來，唐結了婚。據他說，妻子跟他的母親很像，從不讚美他，總是能找出理由對他埋怨、嘮叨。之後他離了婚，不久便罹患了間歇性憂鬱症，而且發作時間愈來愈長。在治療期間，醫生對唐施以抗憂鬱的情緒激勵藥物療法，但幾個月過去了，效果不大。

對唐來說，首選療法應該是終止藥物治療，因為藥物治療非但無效，反而引發了副作用，使他變得緊張易怒。因此，我沒有再用藥物療法，而是讓唐在不憂鬱時把喜歡做的事情記下來，列成一張表。不管他有多麼憂鬱，所列的事情在每週活動中至少要占到兩項才行，如果有必要，他必須強迫自己去做這些事。還有，在工作或人際交往過程中，無論何時，若他覺得自己某件事情做得不好，也不能重複過去逃避現實的習慣，不能重現憂鬱情緒、離群獨處或直接回家。就算他當下的情緒是不想做，也應該完成手頭工作，繼續所參與的活動。運用這種有效的療法，罹患五個月慢性憂鬱症的唐，在四週後就根除了。

本能之間的平衡與衝突

儘管「憤怒——敵視」、「恐懼——逃避」和「沮喪——退縮」這些神經生理機制本身並不是病，卻也沒多大用處。我們的大多數衝突和問題都來自於他人，而在與他人打交道的過程中，相對於以語言因應問題的獨特能力來說，本能反應是微不足道的，「憤怒——敵視」和「恐懼——逃避」這兩種機制，有時還會妨礙語言應對的能力。

感到憤怒或懼怕時，我們原始、低層次的大腦中樞部分，就會關閉大腦的許多功能。此時，全身的供血系統會自動變更路徑，使血液從大腦、臟器，湧向負責牽引身體活動的骨骼肌，讓肌肉準備好採取行動。能夠解決問題的大腦部分受到了抑制，無法參與訊息處理，因而當我們感到憤怒或懼怕時，絕對無法清醒地考慮問題，所以就會犯錯。對於一個怒火中燒或膽戰心驚的人來說，二加二並不等於四。

大多數人都只有在受到挫折、變得惱怒時，才會對別人用言語強勢主張自己的權利或意見。但怒氣無法讓你有效處理問題，而且在你發怒時，別人往往會將你的不平歸結為：「他不過是發發脾氣罷了，等他平靜下來就沒事了。」所以，這兩種本能反應通常會引發更多的問題。

當別人帶來問題時，為什麼有人會憤怒、懼怕，進而敵視和逃避呢？假如用語言解決問題的人性化能力，對於生存真的非常重要，為什麼還有人運用得不好呢？在此，我將為這個令人困惑的問題提供答案，而它有助於我們理解，每個人生來都有這種強而有力的能力，卻常常在人生旅途上將它丟棄。

早在嬰兒時期，你就知道什麼是強勢自主了。你出生後的第一個自主動作，就是抗議你所受到的待遇！有什麼不喜歡的事，你馬上就會表達出來，而且很固執。你又吵又鬧，想讓別人知道你不高興，直到他們有所行動你才罷手。一旦你會爬了，無論什麼時候，只要你想，就會堅持不懈、充滿自信地去做想做的事情。當你對某個東西好奇時，就會進進出出、爬上爬下地查看。除非是有生理缺陷或正在睡覺，否則小嬰兒總是不讓旁人安靜，因此，才有了嬰兒床、圍欄這些發明，好讓父母不用老是到處追著寶寶跑，可以安心做別的事。

這些設施可以控制嬰兒的自主行為。不過，寶寶很快就會長大，變成小孩，變得會走路、會說話，也能理解父母的話，此時，再限制身體行為就不合適了，於是父母對你的控制，從生理轉變成心理操控。

心理操控的開始

一旦學會說話，你最強勢地脫口而出的一個詞，就是強而有力的「不要」，有時甚至會為了說「不要」，而放棄自己喜歡的事情。雖然這種固執會讓母親生氣，但這不過是你天生的自主能力在語言領域的一種延伸罷了。而在你學習並探究魅力無窮的語言技巧的同時，為了從心理上控制你的行為，父母開始訓練你感受焦慮、無知和內疚。

這些感受，是由「恐懼」這種基本的生存情緒變化而來。一旦我們體驗過了焦慮、無知和內疚，就會極力去避免經歷這些感受。父母之所以訓練我們感受這些消極情緒，有兩個重要原因。一是利用消極情緒，能夠有效地控制我們天真的自信心，這種自信雖說自然，卻令人不快，有時甚至會招來敵意。二是這種心理操控的方法，是父母從他們的爸媽繼承而來的。

父母是以一種簡單的模式來完成這種情感訓練：灌輸給我們一些觀念和看法，教我們如何看待自己。讓我們設身處地站在小孩（也許是你的孩子，或小時候的你）的角度來看。父母雙方都會進行這種訓練，但是一般來說，母親跟你相處的時間遠超過父親，因此大部分的時候，她不得不擔起這件吃力不討好的差事。當你整理好房間、收拾好玩具後，媽媽通常會說：「真是乖孩子。」假如她不喜歡你做的事，就說：「只有不聽話的小孩才不整理房間！」你很快就會明白，無論「不聽話」這個詞是什麼意思，都是屬於你的。只要媽媽一提起這個詞，她的聲音和語氣就會告訴你，某種令你提心吊膽、不舒服的事就要降臨頭上了。

媽媽還會用「壞」、「糟糕」、「難看」、「髒」、「任性」、「管不了」、「頑皮」或「可惡」之類的字眼，而它們形容的都是同一個對象——那就是你！但你只是個孩子啊！幼小、無助，什麼都不懂，所以你感受到的只是啞口無言、緊張不安、害怕或內疚。

在訓練你把帶有情感的觀念（比如好和壞）跟一些行為聯繫起來的過程中，母親實際上是在否認她得讓你聽她的話做事（比如說讓你整理你的房間）。以「好」、「壞」和「是」、「非」這種別有用意的觀念來操控你的行為，就像在說：「別露出那種討厭的表情。不是我要你整理房間，是老天說的！」母親利用這種理由，把聽她的話做事而讓你感到不高興的責任，歸咎給某種外在威權。我們「應該」服從的所有規則，都是由這種外在威權制定的。

這是一種低自我肯定的模式。像「真是好孩子」這種操控他人行為的話語，雖然很有效，但屬於隱形操控，並不是誠實的互動關係。在誠實坦率的母子關係中，母親會自信滿滿地出於自己的威權，告訴你她想要你做什麼，並且堅不讓步。她可以說：「謝謝你，你把房間收拾好了，我很高興。」或更進一步說：「我叫你去收拾房間，一定讓你很煩，不過我就是想要你去收拾。」這樣母親就是在教你，她要你做的事都很重要，原因只是她想要你這樣做。

這多麼美好啊！能夠在父母面前發發牢騷、訴訴苦，甚至把不開心的事一吐為快，同時明白他們依然愛你。謝天謝地，當父母充滿自信地認為自己就是威權，可以決定孩子能做什麼、不能做什麼時，也將堅定的自主力教給了孩子：當你長大成人後，不但可以做自己想做的（就像爸爸媽媽這樣），也得去做一些你不喜歡做的（就像爸爸媽媽這樣）。

遺憾的是，在童年時期，許多大人都會對孩子體驗到的焦慮、無知和內疚進行心理操控，並要孩子們做出回應。

請直接說：「我要你去……」

比方說，你在客廳裡跟小狗玩，而媽媽想在沙發上小睡一會兒，於是她問你：「為什麼你總是跟狗狗玩？」然後，你就必須想一個答案來解釋為什麼。除了喜歡跟狗狗玩、狗狗很有意思之外，你並不知道什麼其他原因，於是你感到無知，因為既然媽媽問了，那就一定有原因，她不會問沒有答案的問題，對不對？若你老實回答：「我不知道。」媽媽便反駁：「那你為何不去姊姊房間，跟她一起玩呢？」由於找不出不想跟姊姊玩的「好」理由，你便再一次受到誘導，產生無知感。就在你窘迫地尋找理由、怯懦地回答時，媽媽又打斷你說：「你好像根本就不想跟姊姊玩。但她很想跟你玩呢！」這時你無比內疚，只好沉默不語，但媽媽又使出撒手鐧：「要是你根本不想跟姊姊玩，她就會不喜歡你，不想跟你玩。」這時候，你不但覺得無知、內疚，還感到焦慮，想知道姊姊的真實態度，於是你帶著狗離開客廳，到姊姊身邊去，因為那才是你應該做的——這樣媽媽就聽不到玩鬧聲，可以安心休息了。

不過諷刺的是，媽媽其實不知道，對於天生富有自信的小孩來說，這樣拐彎抹角地哄騙，還不如直接發脾氣說：「滾出客廳！我想睡一下。把那隻髒狗也帶走！」這種表達方式對孩子反而無害。

雖然惡言相向會使你置身在與他人相處時的殘酷現實，有時你所愛的、在意的人也會對你不好，但這是因為他們也是人，他們可能愛你、關心你，同時也有可能對你大發雷霆。這會讓你習慣，與人相處絕不會永遠都圓滿。偶爾發發火，然後在生活中用愛來調和，這樣的小插曲，反而能讓你在情感上做好準備，因應人性的矛盾。

若父母長期利用這種焦慮、無知或內疚，對你進行操控，當你漸漸長大離家後，這樣的情緒就會被強化，並且繼續下去。被如此訓練成長的大孩子，會利用情感控制手段讓別的小孩照他的意願做事；老師則會接過母親的接力棒，把情感操控當作有效手段來維持上課秩序，讓自己少花點力氣。而最後，當你被訓練得服服貼貼，失去了自己做決定的能力，你就會開始採取消極的敵視、逃避或反操控態度。

早期發展出的操控行為，會以「媽媽，為什麼姊姊總是在屋裡玩，我卻得打掃院子？」這種批判性口吻，暗示媽媽偏心。這會讓媽媽警惕起來，並採取自我保護，因為你的指責暗示她不公平，沒有堅守她教給你的某些外在規範。

媽媽也會採取相同的操控態度，這樣回答你：「姊姊已經做了家事，不該再打掃院子了，這樣才公平。你也該幫家裡做點事！女生應該收拾屋子，男生就該打掃院子。」就這樣，媽媽再一次安全地隱身於操控手段之後，不但巧妙地暗示你快要變成懶鬼了，而且還表明並不是她希望你去做事，她不過是遵循規則罷了，至於這套規範也不是她訂的，只是你自己還沒有完全理解（順帶一提，日後你也會用到這些規範，但你永遠都沒辦法完全理解它們，因為我們每個人都跟自己的母親一樣，在運用規則時會即興加入自己的想法，還會帶有選擇性，時機合適就用，不合適就隨便忽略）。

在面對這種令人難以招架的話語時，你發現就算是退回院子裡打掃，也比從言語上應付媽媽要輕鬆許多。母親這種帶有操控性的情感和行為控制，不但會進一步訓練你日後武斷地使用對、錯或公平等概念，她還會用相同的話語，讓你習慣按照含糊不清、「應該」遵循的規範進行思考。這些抽象的規範太籠統了，人們可以隨心所欲地去詮釋。這些規則，跟你對於喜歡或討厭的事所做出的判斷毫不相干，而是指出了人們「應該」如何感受、彼此「應該」有何種舉止——不管他們之間是什麼關係。人們常常教條式地理解這些規矩，但它們其實跟生存或性別毫不相干：為什麼打掃院子的就該是男生，而不該是姊姊或妹妹呢？

其實，面對孩子的操控性話語，母親可以有更好的選擇，自信地回應你。例如當你說媽媽工作分配不公平，她可以設身處地回答：「我看得出來，你覺得叫你打掃院子而讓姊姊玩，很不公平，這一定讓你不大舒服。不過，我還是要你現在去打掃院子。」

在回應「操控」這件令人不快的事時，母親的回答其實是告訴你：即使你做了不喜歡的事，你也有權認為那樣不公平，她對你並不是漠不關心。儘管在你看來，你那個井然有序的公平世界會分崩離析，但事情仍然應該依媽媽的意願進行。下次再碰到這種情況，你也不會覺得有什麼大不了，因為媽媽很精明，不會被你或姊姊這樣微不足道的小傢伙「欺騙」。

我在課堂上遇過的許多位母親在回應孩子時，都產生過相同的不適感。她們煩惱的根源主要有兩個。首先，多年來所學到的不同教養方法令她們困惑，斯波克醫生（Benjamin Spock）說要這樣，格賽爾醫生（Arnold Lucius Gesell）說要那樣，心理學家派特森（Cecil Holden Patterson）講的又是另外一套。其次，所有母親都誤以為若自己強勢地負起責任，在孩子眼中就會變成蠻橫不講理的討厭鬼，不然就成了被人牽著鼻子走的弱者，在這兩個極端之間，找不到一種有意義的折衷法，所以她們常常退回到老路上，去求助於父母教她們的那種有效的情感操控法，而不是承擔起自己的威權和責任，誠實地直接說：「我要你去……」

誠實、自信地說出口

事實上，擔負威權並加以運用，更能讓母親與孩子都感受到成長的壓力。這點說來容易，但從情感上看來並不簡單。比如，有位母親曾帶著一絲敵意問我：「你怎麼能對孩子食言呢？」與這個問題相伴的感覺基調顯示，她跟其他許多母親一樣，都覺得自己必須掌控一切，最起碼也必須在女兒面前保持一個「超能母親」的假象，比如做一個從不食言的母親。她被「不能犯錯」的心理束縛，認為自己必須完美，尤其是在他人面前不能顯得木訥、無知。我喜歡這麼形容：她讓自己陷入了一種「傻瓜遊戲」。雖然她極力在女兒面前保持完美，但是很難一直堅持下去，最後，她一定會食言，或許是因為她做不到，也或許是因為她不想做。

若能放棄這種心理需求，不再假裝完美，她就可以更自信而強勢，雖然食言，卻把不愉快的感覺降到最低。她可以說：「我知道自己笨，答應了又做不到。不過，我們週六還是去不了迪士尼樂園。你沒有做錯什麼，這不是你的錯。我們來看看什麼時候可以再去，好不好？」以這種自我否定的模式堅定回應，她可以傳達給女兒這個訊息：即使是媽媽，偶爾也會做蠢事。更重要的是，她為女兒樹立了榜樣，建立了這樣的觀念：既然媽媽不一定完美，那麼女兒也不用毫無缺點。她向女兒示範了「不完美」的重要，並將現實情況清楚呈現給女兒：無論什麼原因，媽媽都決定了這次不去，所以她們不會去。

總之，一旦我們學會了說話，能理解別人話語的意思，大部分的人就會被訓練來對他人的情感操控做出回應。父母像用線操控著木偶，在心理上掌控我們最單純的自信，而且效果很好，讓兒時的我們遠離種種現實或想像的危險，也使大人更輕鬆。可是這些情感控制也帶來遺憾的負面影響，當我們長大，能夠掌握自己的幸福後，這種操控並不會奇蹟般地消失，我們仍然會感到焦慮、無知和內疚，而其他人往往便有效地利用這些情感，讓我們照他們的方式去做，根本不管我們想要什麼。然而，本書將一步步地引導和教會你，減少並消除日常人際往來時的負面感受，讓你掌握自主和自信，享有「自己的價值，由自己決定」的快樂人生。

第2章 主動出擊，破除隱形操控

意在言外的潛台詞

我們每個人都會遇到左右為難的情況。例如有位朋友請你幫忙，晚上六點替他去機場接大老遠從鄉下飛來的姑媽。

你最不想做的就是這種事了，在交通尖峰時間殺出重圍到了機場，然後努力跟一個不認識的人聊天，還不能讓她覺得接待不周。事實上，你根本希望她沒來。你替自己找理由：「嗯，朋友總歸是朋友。換作是我，他也會幫忙的。」但轉念一想，不免又煩躁起來：「但我從來都沒有要他幫我接過人啊！我總是自己去接。他自己為什麼不能去呢？他老婆也可以呀！」

這種時候，每個人都會想：「要是說『不行』，我就會很內疚；但要是說『行』，我又會恨自己。」當你這樣想的時候，你的真正意願正在與童年所受到的訓練發生拉扯，而且你還發現，自己根本就找不到應付這種情況的辦法。你還能說什麼？如果說「不行」，朋友會不會覺得傷心？他會不會再也不喜歡我？他會不會覺得我自私？然而若我說「行」，那麼以後常常遇到這種事怎麼辦？我是不是笨蛋？還是說，這就是與他人相處必須付出的代價？

我們會考慮到如何因應他人的各種問題，都是由自己與他人之間的立場不同所引起的。我們想做某件事，可是朋友、鄰居或親戚卻理所當然地以為、期待、渴望，甚至操控我們去做別的事。而你內心之所以會產生這種不舒服的感覺，是因為：

- 你雖然想依自己想要的去做，卻又擔心朋友不認同。
- 你擔心自己也許錯了。
- 你擔心自己的我行我素說不定會傷害到朋友的感情，而讓朋友離你而去。
- 你擔心依自己想要的去做的理由並不那麼「合理」。（你的腿沒斷，也不忙，為什麼就不能去機場呢？）
- ……

結果就是，你在試圖按照自己意願做事的同時，也容許了別人讓你感到無知、焦慮或內疚。這種極為糟糕的情感狀態，就是你在小時候不依他人意願去做時習得的感受。

從小，我們的內心就習慣了被人操控，兒時受到的訓練，壓抑了我們天生強而有力的自我，於是我們會利用反操控來因應自己的沮喪。然而，帶有操控性的回應方式是徒勞且反覆的。帶著操控意圖與成年人打交道，跟面對小孩子並不一樣，假如你透過情感和觀念來擺布成年人，他們可能也會用同樣的模式反操控你；要是你再一次反操控他們，他們仍然可以再反操控你……以此類推，周而復始。比如說，在你竭力推託去接朋友的姑媽時，儘管你說出的話可能比平時要微妙得多，但聽起來仍然顯得很糾結，就像以下這段對話：

你：天哪，哈利！那時我都要累死了。

（試圖讓哈利產生內疚。潛台詞是：「誰會讓一個累壞了的朋友去塞車的路上受苦？」）

哈利：老太太來到一個陌生的機場，又沒人接，真的會害怕。

（試圖讓你產生愧疚。潛台詞是：「只因為自己累，就讓一位老太太去擔驚受怕，這是什麼樣的人啊……」而你心裡則想：「這個老太太究竟來做什麼？她都跟鄉下的蚊子一起生活了五十年，耐力絕不會差！」）

你：唔，看來我真得拚一下才行啊……

（試圖讓哈利產生歉疚。潛台詞是：「要是你讓我去，我身體吃不消。」而哈利則想：「不過就是脖子痠痛嘛，以前你也這樣過，又不會要你的命！」）

哈利：如果我去接她，起碼要七點半才能到。

（暗示你對實際情況不了解。潛台詞是：「我到那裡的路程比你遠得多，也困難得多。」而你則想：「誰知道他在哪兒？在做什麼？很可能他現在離機場比我還近呢！」）

假如你不容許，沒有人能操控你

這種「操控——反操控」的拉鋸很可笑，因為不管誰去機場，都不是取決於你的意願，而是看誰能讓對方更內疚。

與他人進行這種交流的結果，往往以你的沮喪、生氣或焦慮收場——儘管你曾竭盡全力去避免經歷這些感受。假如沒有成熟的自我肯定途徑來宣泄，最後，你就會透過言語爭吵或敬而遠之的模式，將情緒發洩出來。

這種未加解決的內在回應衝突，介於我們的正常需求、兒時觀念和習慣訓練之間，結果帶來了讓我們真正痛苦的抉擇：

- 我們要照著別人的意願行事，而讓自己沮喪、鬱悶、失去自尊嗎？
- 我們要一氣之下依自己的意願去做，而使別人疏遠自己嗎？
- 我們要避開衝突，在製造衝突的人面前逃之夭夭，但那樣也會失去自尊嗎？

變得夠強勢自主的第一步，就是你必須了解，假如你不容許，沒有人能操控你。

為了防止他人操控，我們要明白人們是怎樣試圖進行操控的。他們說的什麼話、做的什麼事以及抱持的什麼想法，足以操控你的情感和行為？在防止被他人操控時，為了盡可能讓自己變強，對於在成長過程中形成的天真想法和觀念，你還需要問上幾個「為什麼」，因為我們正是由此而容易受操控。

儘管人們用於操控的言語和方法無窮無盡，但在對於低自我肯定者的臨床治療經驗中，我還是觀察到一些最常見的操控性期望。許多人對於自我和他人，都有這樣的期望，除了我所治療的對象，一般人也會有由期望而引發的操控行為。這些天真的期待及由此導致的行為，否定了我們人類獨具的品格和自尊。若我們跟那些操控者一樣，對自我也有相同的期望，就等於自動放棄了品格和自尊，放棄了決定自己人生的責任，放棄了掌控自己行為的權利，而聽任他人擺布。

這些理所當然的觀念，都說明了一個問題：「應該」如何去做，才能不依賴「憤怒——敵視」和「懼怕——逃避」的反應本能。

他人操控我們的大部分伎倆都是以這些概念為基礎，卻跟我們身為情感穩定的健康個體所擁有的自主權利，直接產生了抵觸。跟其他人一樣，我們每天都在侵犯自己的權利。

我們的自主權，是讓每一個個體都能健康地參與任何人際關係的一種基本框架。個體的自主，也是人與人之間建立信任、同情、熱情、親密和愛等積極關係的基礎。若人們無法表達自我，信任將被懷疑取代，同情會演變成冷嘲熱諷，熱情和親密也將消失，而我們所稱的「愛」就會變得酸楚，難以持續。

許多人都不敢表露愛和親密，因為他們認為真情會被踐踏，他們沒辦法面對拒絕。我喜歡這麼想：所謂的強勢自主，是指對自己的能力充滿信心，也就是你會知道「不管發生什麼事，都能處理好」。

接下來，我將逐一闡述「掌握人生主導權的10大自主法則」，以便說明我們對於自己的幸福負有責任，解釋我們是如何接納自己的性格，也因而限定了別人對我們可以有怎樣的期望。

其中，最重要的一項自主法則就是，自己的價值要自己決定。其他法則都是由這點衍生。我也將帶領讀者了解，在不同類型的人際關係中，我們是如何允許他人侵犯這項權利，操控我們。

自主法則1

你有權堅持自己的行為、想法和情感，並對產生的一切後果負責

自己的價值要自己決定——這句話看來簡單，聽起來很像常識，然而，它也是一種權利：每個人都可以充分掌控自己的思想、情感和行為。只是當我們愈是習慣受人操控，愈沒有自信，就愈有可能不把它當一回事，而放棄這個權利。

為什麼會這樣？究竟是為什麼，一句簡單的話，實際用起來卻那麼難？其實說穿了，若你行使這項自主權利，那麼，你承擔的就是自己的生存責任，這種責任跟別人無關。有些人對他人的行為心存憂懼，認為應該對人們加以控制，在這樣的人眼中，你這種不為所動的自主性會令他們極為不安。對於控制他人無能為力的感覺，源於缺乏自信的態度、觀念和行為所導致的失敗經驗。要是有人不受某種外在行為規範所限，他們就會覺得自己的目標、甚至幸福，都將受制於這個不受約束的人，而任由這個人玩弄於股掌之間。

假如我們因為少了行為準則而感到煩惱，就會武斷地訂下許多規矩，由這些規範帶來安心和安全感。

在公共廁所跟蹲在隔壁的人交談，合不合適呢？要是這樣做，那個人會怎麼想呢？我不知道答案，不過我猜他會覺得我是傻子。站在公共小便池邊，可不可以對身旁那傢伙正在做什麼表現出好奇呢？要是他發覺你正在看他，他會怎麼想？

如果說這些小事都沒有準則，那麼廁所裡的人，為什麼做法都完全一樣呢？一定是以前的人為「上廁所」這件事，創造出一整套武斷的標準，規定「應該」或「不應該」做什麼。儘管這個例子說的是無關緊要的行為模式，但其中包含的道理卻極為典型。

打造自主力的基礎

個人的不安全感，促使我們創造出控制行為的規範，在更重要的事情上尤其如此。什麼才是「恰當」的性愛模式？是標準的傳教士體位嗎？而印度《愛經》中的描述又如何呢？要是那些事情都沒問題，為什麼大家似乎都忌諱談論？還有，怎樣跟你的母親說，讓她不要再煩你的妻子？你太太為什麼不注意對婆婆講話的語氣呢？……

所有這些「恰當」的武斷行為模式都是從何而來？答案只有一個——每個人在生活中，都會以兒時大人教的概念為準創造出一些規則，並套用於他人，侵犯他人的自主權、操控他人，以減輕自己的不安。之所以會有這種不安，是因為自己不知道該做什麼，不曉得如何應對。

為了自我保護，別人會對你進行心理操控，利用「對錯」、「公平」、「道理」和「邏輯」等規則和標準，來控制你那些可能不符合他們需求和好惡的行為。操控者會創造出一種似乎已經公認的外在規範，以便操控你的行為。

是不是所有的外在規範都具有操控性呢？若想借助這些標準和規範，使人際關係變得簡單、輕鬆，會不會反而被別人操控呢？這些問題，無法用簡單的「是」或「不是」回答。現實中，無論進行交流的雙方是什麼關係，這種關係中的所有規範或標準往往都是武斷的。

比如說，你跟合夥人制定了一個方案，規定你處理公司內部的事務，他處理對外事務。然而，並不是只有如此才能把生意做好。或許你們可以共同承擔財務，或雇用一個兼差會計，也能產生同樣效果。又如，丈夫和妻子商議，丈夫上班，妻子在家帶孩子，這往往也是一種武斷安排，因為照顧孩子的責任不一定要交給一個人，可以由夫妻分攤，也可以請保母，或是把孩子送到托兒所等等，採取其中的任何一種模式都不會有問題。

為了更容易理解他人會如何利用外在規範來侵犯你的權利，我簡單地將人際互動關係分為三類：利益交換或正式關係、威權關係和平等關係。這三種類型取決於一開始你和對方的相互關係中，受到規範的制約有多少。

類型一：利益交換關係（正式關係）

在第一類關係中，不管你如何認定，其實已是一種利益交換關係。這種關係大都會反應在法律條文或合約上，如此買賣雙方就能清楚地知道彼此行為的性質。在這種關係中，若一方（通常是賣方）將某種帶有操控性的外在規範帶入，卻未經雙方事先確認，就會妨礙到你「自己做主」的權利。比如對方說：「我只是經銷商，散熱器好不好跟我們沒關係，你要聯繫廠商。」（潛台詞是：「你這個笨蛋！難道不曉得我們公司是怎麼做生意的嗎？」）

類型二：威權關係

第二類關係涉及與某種威權者的關係，屬於事先只植入了部分規範的一類。在這種關係中，雙方的所有行為，並非如利益交換關係受共同認可的規則所約束。

老闆與員工

其中一個例子是老闆與員工。跟老闆打交道時，並不是所有準則都會事先明確地說出來並經過雙方認可。你或許知道上班該如何應付老闆，但下班聚會時又該怎樣應對呢？買飲料該由誰付帳？該由誰挑酒？就算是上班時間，當老闆提出某種過分的要求，像是讓你承擔更多職責、叫你臨時加班或不付加班費，你又該怎麼辦？在這種互動關係中可以看到，若將操控性規範武斷地強加於某些領域，而沒有雙方共同認可的規則約束，你就無法主控自己的行為。

到了網球場，你上班時的老闆就不再是老闆（謝天謝地！），那為何一起去打網球時總是你在張羅一切？六點下班後，你上班時的老闆就不再是老闆，那為何回家路上你還要下車，把他的西裝拿去洗衣店？儘管你討厭當他的隨從，可是關於這一點，你什麼都不會跟他說！

親子關係

威權關係的另一個例子就是親子關係。在這種關係中，父母因為是生養者，一開始都是專制的威權者（這一類的人，也包括幫助你的人、老師、護士、保護者、你的模範、執行紀律者、決策者以及裁判），而孩子一開始都是被撫養者（像學生、病患、請求者等角色，也屬於這一類）。隨著孩子漸漸長大，開始為自己的幸福承擔起更多個人責任，最初現實所賦予的「父母——孩子」式的規範便需要有所改變。想讓孩子主動承擔起自己人生的責任，就必須給他更多的自由選擇權。

◎操控的案例：全能的母親與疏遠的女兒

你一定記得自己的經驗，當父母和子女的角色變得更平等時，雙方也更能分享彼此的情感、目標以及遇到的問題。一般來說，這種分享還不夠平等、親密，父母往往會因為無知或不放心，而固守著過時的習慣，雖然給子女部分成年人的自由，卻不放棄原有規範所賦予他們的「全能父母」角色，所以會侵犯到子女的自主權，使子女產生抗拒心理，導致親子漸漸疏遠。

這種不幸的情形，明顯表現在一位母親和她四十歲女兒的身上。沒自信的女兒在生活中經常受挫，於是她只好不斷吃東西，以此來獲得最起碼的滿足，但接下來她便不得不嚴格控制飲食。有一次，她跟母親一起去購物，當她們在一家咖啡店坐下來休息時，母親馬上用一種「媽媽最清楚」的態度力勸女兒再吃點什麼，儘管女兒辯說自己不想吃，但最後還是吃了。

這位母親透過引入舊時母女關係的框架，來操控女兒（誰知道是為什麼呢？），但這種框架在這樣的兩名女性之間——一個六十歲，另一個四十歲，根本就沒有現實基礎。同時，母親本身的家庭生活也有嚴重問題。丈夫身體殘障，她卻還去做一些並不適合她的事情，把家庭財務搞得一團糟。女兒想要幫母親，但她知道母親不大可能相信她的判斷，接納她的建議，而且她也受夠了母親一貫的操控伎倆，不想再繞著母親轉。這樣的母親，根本沒有找到一種成人對成人的嶄新角色關係，來與孩子相處。

在這個案例中，四十歲的孩子，在父母面前依然是孩子；六十歲的父母，在孩子面前依然是父母。

◎放手的案例：相互給予心理支持的母女

與此形成鮮明對照的，是我相當了解的另一對母女。這兩位女性，在生活中也存在著嚴重分歧。女兒進入青春期後，父親過世了。一個家庭自然會碰到許多問題，但經過多年的反覆嘗試，母女逐漸形成了彼此平等的關係，相互都尊重對方的選擇和決定。如今，母親五十六歲了，獨自生活著，三十一歲的女兒結了婚並有兩個孩子。她們彼此都能為對方帶來美好的感覺和積極的心理支持。

最近，這位母親跟女兒談到了獨自生活所帶來的問題，說：「我真喜歡跟你聊聊我的煩惱。你不會對我的男友挑三揀四，不會抨擊他們，不會想插手告訴我該怎麼做。你只是聆聽，讓我有個抒發心中不快的機會。我真的很喜歡這樣。」這位母親不但能接受女兒的幫助和建議，也能尊重女兒為了約束她的行為而設下的一些限制。

類型三：平等關係

在平等關係中，事先並沒有什麼規範來約束雙方。所有規範都是隨著關係的發展，透過達成有效的折衷辦法而形成的。這些雙方認可的折衷方案都講求實際成效，讓關係得以維持下去，而不必每天協商誰在什麼時候該做什麼。為了學會自我肯定而來上課的學生，總是天真地認為這些折衷辦法都應該公平。我對他們說：「折衷辦法不一定非得公平，只要有效就行！誰說人生是公平的？你們為什麼會有這種愚蠢的想法？如果人生公平，你我就該輪流跟大富豪洛克斐勒去南太平洋、加勒比海和法國旅遊，而不該待在這裡，想著學會如何肯定自己！」

平等關係的例子很多，比如朋友、鄰居、室友、同事、情侶、成年的家庭成員、堂表兄妹、姻親及兄弟姊妹之間。這些關係中，你既可以隨心所欲地行事，同時又最有可能受到傷害。最明顯的一個例子，就是夫妻。

大家都聽說過相敬如賓的婚姻關係，夫妻雙方會透過溝通表明心中所想，說明能夠給予對方什麼，來共同想出折衷辦法，並很可能會一再修訂。他們並不擔心在別人看來有多古怪或自私，也不擔心會違背某種夫妻「應該」怎樣的神聖準則。有了這種分擔能力，具備充分自信的夫妻雙方就定下了底線，使他們的婚姻保持合理靈活性，以因應人生的各種問題。

在這種平等關係中，若一方（或雙方）出於不安全感或無知，而帶著先入為主的觀念（比如朋友、室友或夫妻「應該」要怎樣）進入關係中，就會出現問題。在出了問題的婚姻裡，往往夫妻一方或雙方，對於夫妻角色都早有明確的看法，這些強加的準則在現實生活中很多是行不通的。而同心協力、創造幸福生活的夫妻角色，只能在共同生活的過程中逐漸形成。

婚姻關係中，任何一方的個人不安全感愈強，試圖強加於配偶或自己身上的規範就愈武斷，操控性也愈強。感到不安的丈夫可能會把自己的標準武斷地強加於妻子，目的只是為了減少自己的擔心（擔心拿妻子沒辦法）。他可能會堅持妻子不該工作，應該待在家裡照顧孩子，或者不讓妻子管錢，甚至覺得如果她對於這種人為強加的處理方式有異議，就應該受到懲罰，至少也要讓她內疚才行。他會一邊裝腔作勢地說著公平、謙讓的陳腔濫調，一邊卻這麼做。

妻子心理的不滿，反應在性生活上

有一對夫妻來就診。丈夫和妻子在婚前都沒有跟其他人發生過性關係，他們唯一有過的親密而平等的關係，就是這段婚姻。從一開始，丈夫的武斷準則就在關係中占了上風。年輕的妻子則缺乏自信，不夠獨立自主，無法與丈夫抗衡。她唯一能做的，就是消極逃避，或採取稍遜於丈夫的操控辦法。

結婚六年後，他們來就診，此時問題已經堆積如山，但她仍艱辛前行，並將問題歸咎於「我的性問題」。在日常生活中，她無法強勢回應丈夫的操控，所以她開始從各方面疏遠丈夫，包括性生活。在四年失敗的性生活後，她抱怨起自己有性冷感、陰道炎、陰道痙攣、性交疼痛等問題，無法獲得快感。她並不承認自己缺乏自信，只是堅持除了性生活之外，婚姻的其他方面都令人滿意，所以她一開始接受的是性功能障礙治療。陰道痙攣通常只需要三週就可以克服，但她卻治療了三個月。

數次治療無效後，醫生開始採用一般的探索性心理治療，但也不見起色。夫婦二人都無法理解，表面上的這個性問題其實與他們的相處模式有關，這才是真正的原因。當醫生問她為什麼要治療性功能障礙時，她深信不疑地回答：「這樣查克就會幸福。」對自己的性滿意度卻隻字不提。她沒有意識到性生活的失敗，只是她為了達到發洩沮喪、並讓丈夫難受的目的。嫁給了他並不幸福！後來，這對夫婦中斷了治療，據最後的消息說，他們正在考慮離婚。

消極逃避的丈夫

沒有安全感的妻子，也可能會把操控性框架強加於婚姻中，以此緩解擔憂的心理。她也許會侵犯丈夫的自主權利，巧妙地、甚至貶抑自尊來對待他，彷彿他是個不負責任的小男孩。她會容許丈夫有為謀生而工作的自由，但出於不信任，會試圖掌控丈夫的其他行為，要是丈夫對這種嚴格的因應方式心存不滿，她就會讓他產生內疚感。而在這種情況下，丈夫也必須先相信妻子可以這樣對他，才會受操控。他必須相信評價是別人給的，否則妻子無法強加於他。

我有一名男性患者，他與妻子之間就是這種關係。接受治療前，他升職為一家連鎖商店的經理。升職後，他承受著各種壓力，有來自大眾的，也有來自公司的管理階層。由於本身缺乏果斷的自信，他並未嚴格限定自己應該為顧客提供什麼服務，也未堅持要公司明確承諾會給他支持，結果，他做沒多久就卸任了。失業後，他覺得必須瞞著妻子，便謊稱有工作。當一家公司提供了一份壓力很小的短期職缺——倉庫管理員時，因為怕跟妻子產生衝突，也怕她的親戚知道自己是藍領階級，所以他沒有接受那份工作。很明顯地，這個可憐人並不認為自己的價值由自己決定，所以他表現出原始的消極逃避反應，而不是言語上的強勢自主。

愈是混合關係，愈要夠強勢

以上這三種關係類型會出現問題，都只有一個原因：你與同一個人之間，存在著一種以上的相互關係。比方說，當你和一個朋友建立起利益交換關係後，雙方都很難做到不讓利益行為干擾到你們之間平等、友好的朋友關係；反過來也是如此，你的朋友也許會透過強加某些行為模式來操控你，但這種模式與你們之間的利益行為毫無關係。

例如，他可能會向你借車去跑業務，因為你們以前互相借過車；他也許會試圖向你借大筆金錢，因為以前向你借小額款項時沒出什麼問題。若你和朋友尚未達成一種真正平等、沒有操控框架的相互關係，那麼，你的朋友很可能會認為在你們兩人的利益關係中，也「應該」

這樣互相對待。他會說：「朋友之間，怎麼能為了區區一些欠債，而逼迫對方還錢呢？」

這就是關係混合而導致相互操控的例子。有句話說「情義難兩全」，你可能會發現，有時你根本沒有選擇餘地，只能用兩種不同的模式來對待同一個人。在混合關係中，只有夠強勢地我行我素，果斷決定自己想要什麼，認真研究每一個階段你願意接受的折衷辦法，以此回應別人的操控，才能跟一個人又做生意，又當朋友。

掌握我行我素的權利

我們常常有一種天真的原始觀念，以為自己的價值不該由自己決定，而應該由一些外在規範，以及比你聰明、偉大的威權來為你評定。基本上，這種觀念所引發的任何行為，都是操控。無論用什麼模式，只要有人限制你自己做主的權利，他就是在操控你。在一個有八十五名學生的自主力訓練班上，當我問：「你們當中有多少人真的相信這個觀點？」只有三個人舉手。可是當我問：「你們有多少人表現得似乎相信這個觀點？」全班都舉起了手。

我行我素的權利，是不讓任何人對你進行操控的首要自主權。人生其他的主導權正是由此衍生，並運用在日常生活中。在後面所談的各項具體自主權中，我都會舉例說明別人是如何透過種種伎倆，試圖把他們心中的武斷標準，變成評價你的最終準則。現在，先讓我們簡要地看一看行使這項基本自主權的結果。

這是你的人生，發生的一切都由你本人負責

當你懂得自己做主的重要，你就能學會不受外在影響，獨立看待自己的行為。透過自己

反覆嘗試後做出的判斷，不太像「是與非」的概念，而比較像「這個對我有用，那個沒有用」。自己獨立做出的判斷，是一種並不嚴格的「我喜歡——我不喜歡」，而非「我應該——我不應該」、「你應該——你不應該」的嚴格模式。我們每個人對自己所做的特定判斷，可能並非那麼有條理或符合邏輯，也不會一直都一樣，或許對他人而言也並非通情達理，然而，這樣的判斷才符合我們獨特的個性與生活方式。

許多人都害怕自己做主，其實這點並沒有規定來約束，就像是獨自在陌生的異國旅遊，沒有導遊來介紹應該看哪些景點一樣，更令人擔心的是，我們手上還沒有地圖指路呢！在人生路上為自己訂下標準並不容易，但要是容許他人操控我們的情感，讓我們感到沮喪、敵意和逃避，一定更糟。我們要仰賴自己的判斷，只有我們，才能對自己負責。

我們無法透過否認或忽視責任的存在，而逃避自己必須承擔的責任。這是你的人生，其中發生的一切都由你本人負責，而不是其他人。許多人不承認自己的價值要自己決定，因為他們不願對自己的行為負責，因而常常找藉口。就像二次大戰後的紐倫堡大審中，許多被告經典的辯護詞：「我只是服從命令而已。」

行為自主與外在威權的關係

最後，我們必須弄清楚行為上的強勢自主，與道德規範、法律體系等外在威權有何關係。道德規範是人們用來評價自己或他人行為的武斷標準。說到道德規範對人的操控，我很喜歡這個故事：

有一群人在高山上健行，步履穩健的嚮導突然被一根木頭絆倒，跌斷了脖子。此時每個人都面臨了「找到回家的路」這項艱巨任務。人們心存恐懼，害怕在荒野中迷路，只要找到一絲生存的跡象，恐懼便會得到緩解。這時，每個人都找到了一條小路，紛紛表示：「這條路是對的。」他們都不願考慮其他小徑的可能性，堅持著自己的選擇。最後大家終於選擇了一條路，而沒有走上自己所選的路的人，就卸下「回家的責任」這個包袱，把它放到那條別人武斷選定的道路上。要是這條路沒能領著眾人回家，大家就可以去怪那個選路的笨蛋，而不會自責！

這個故事告訴我們，世上沒有什麼絕對正確或錯誤的道德模式，也沒有所謂嚴格的做事標準，只有個人選擇的行事方式，若不是讓人生變得更有意義，就是墮落下去。故事中若有一名自信而果決的背包客，他可能不會挑其他人選的路，而是憑直覺，利用太陽和星星的軌跡、光敏感性植物的生長位置、他所記得的路標、手中的地圖，來判斷正確的公路在哪裡。

你永遠都有違法並面對其後果的自主權

法律規範是社會採用的另外一種武斷標準，目的是懲罰社會認為應該禁止的行為。與道德體系一樣，法律、法規跟絕對的「是非」無關。「是非體系」是用於心理操控人們的情感和行為，而制定法律的目的則是限制人們的行為，解決爭端。

不過，你永遠都有違法並面對其後果的自主權。我們當中有多少人敢說，自己從未違反過交通規則呢？要是被逮住，不過就是乖乖地繳罰款罷了。自己做的選擇，後果也是由自己來承擔。然而，許多人都混淆了是非體系與法律體系，在控制人們的對錯行為上出現的一些立法和司法問題，正好說明了這種困惑。將法律條款與是非體系相結合，就會使法律變成操控情感的工具。

當警察對你用上「是非」觀念

是非觀念也可能為執法的警方所借用，以便懲治街頭的「錯誤」行為。洛杉磯警局的一名交通警察，就曾試圖對我用這種「合法」的操控手段。

這位身穿警察制服、頂著大肚腩的中年鬍子隊長，在高速公路上把我攔下來，說我在速限一〇五公里的路上，以一百公里的時速行駛。他開了張罰單，還認為我應該感到內疚，對我說：「要是你想像個傻瓜一樣在慢車道磨蹭，沒問題。可是在快車道上也像個傻瓜，那就不對了，下次別這樣！」他不但想要罰我錢，還想讓我覺得自己是個傻瓜（並感到內疚）。看到我不為所動，他似乎有點失落，不過他還是保持風度，騎上機車走了。

一旦利用了是非觀念，就會讓人產生歉疚心理。而當法律被用於誘導人產生罪惡感，執法者就會侵犯你評價自我的自主權利——大家都會覺得，因為違反了某條法律，你就應該感到內疚。在美國《憲法》和《獨立宣言》中，我找不到任何內容允許美國政府利用控制違法者情感的手段，來懲處違法行為。不過，我倒是讀過這樣的內容：「我們被賦予了某些不可剝奪的權利，其中包括享有生命、自由以及追求幸福的權利。」假如不能行使你的自主權，無法擁有自我評價的權利，那麼對於生命、自由以及追求幸福的權利，不過是一紙空話。

接下來，讓我們看看掌握人生主導權的其他自主法則。我也會詳加介紹他人意圖操控和侵害這些權利時，最常用的伎倆。

第3章 你的人生，遊戲規則由你定

面對操控，你可以「先知先覺」

你知道自己「我行我素」嗎？你又如何看待自己和他人的互動方式？這些都相當重要。還有，你怎麼知道自己何時被人操控，何時又太我行我素呢？

很遺憾，大部分的人都是「事後才會感覺到」。此時，你只能告訴自己：「我不知道是怎麼回事，但我感受到了曾經有過的那種不舒服、不自在。」而更遺憾的是，這種後知後覺對於因應狀況沒什麼幫助，除非你故意避開那些總讓我們「出現這種負面感受」的人。

為了幫助你在受別人操控時，自己能夠意識到，在此將舉出一些他人操控你的最常見伎倆，以及面對這些情況，你可以如何因應。

自主法則2
堅持你要做的，不必解釋

與本章所列出的其他自主法則一樣，「堅持你要做的，不必解釋」，是由「自己的價值要自己決定」的基本概念而來。假如自主權掌握在你自己手中，那麼你就不必向別人解釋，不必讓他人來評斷你的行為是否恰當、是對是錯，也不必管別人對你的其他評價。

當然，別人也有判斷的權利，有權對你說不喜歡你那樣做。但你可以做出選擇：不理會他們，或想個折衷辦法，或是尊重他們的好惡而完全改變自己的行為。然而，一旦你掌握了自己做評價的權利，其他人便無權操控你的行為和感受，讓你覺得自己做錯了——這種操控背後，其實隱藏著一種天真的想法，要你以為你應該向操控者解釋這樣做的理由，因為你的行為要對他負責。

識破操控意圖，不再被人牽著鼻子走

生活中有很多運用這種操控概念的例子。例如，鞋店店員問一位打算退還鞋子的顧客：「您為什麼不喜歡這雙鞋子呢？」（潛台詞是：不喜歡這種鞋子的人不正常。）這時，店員其實是在對客人進行評斷，認為顧客應該有不喜歡這雙鞋的理由，因為店員自己對鞋子很滿意。如果這名顧客任憑店員評判，就會感到自己很無知，一旦覺得無知，可能會被迫去解釋自己為什麼不喜歡。而假如客人確實給了一個理由，就等於允許店員也說出客人應該要喜歡鞋子的理由——接著，便取決於誰能想出更多的理由了。結局很可能是，這名顧客會留下那雙自己不喜歡的鞋子，就像下面這段帶有操控性的對話：

店員：您為什麼不喜歡這雙鞋子呢？
顧客：這個顏色紅得不太對勁。
店員：不會呀！這種色澤與您趾甲油的顏色簡直是絕配！
顧客：可是鞋子太大了，鞋帶一直往下掉。
店員：我們可以給鞋帶加上弧形襯墊啊！只要一百二十元。
顧客：但是腳背那裡太緊了。
店員：很簡單，修一下就行，我現在就拿到後面去，把鞋子撐一撐。

如果客人能自己決定，不理會店員提出的「為什麼」，那麼她就更能簡單地做出回答，只要指出事實就行：「沒有原因，我就是不喜歡。」

在自主力訓練課程中，常有學生問我：「如果朋友叫我說個理由，我要怎麼拒絕？他會不高興的。」我的回答則是一連串的啟發性提問：「你的朋友憑什麼要你對自己的行為做出解釋呢？」「是不是因為和他的友誼，你才交由他來評斷你的行為是否恰當呢？」「要是你不說出不借他車的理由，你們是不是就做不成朋友了？」「這麼脆弱的友誼，又有什麼意義？」如果朋友拒絕承認你有我行我素、不讓他人操控的自主權利，恐怕除了操控你之外，他也沒有別的理由和你來往了。選擇朋友就像選擇其他東西一樣，完全取決於你自己。

自主法則3

就算你幫不了別人，也不必內疚

每個人都得承擔責任，確保自己心理健康、生活幸福與成功。儘管我們總是祝福別人，但我們並沒有為他人創造平穩、健康或幸福人生的能力。

你可以依照別人的要求去做，暫時取悅對方，但一個人只有親身經歷過辛勞、汗水、苦痛及失敗帶來的恐懼，才能過得健康幸福。你可能對別人麻煩纏身而深表同情，但人生是現實的，每個人都得面對生活中的種種難題，並學會自己解決。

在現代，心理治療的基本原則包括了對這種現實的反映。從事治療者已了解，治療並不能替患者解決問題，只是助其獲得解決問題的能力。醫生可以提出一時的忠告，但面臨問題的人仍須自己動手。你自己的行動，或許就是造成問題的直接或間接原因呢！

無論問題是誰導致的，或它為何出現，解決自己問題的最終責任仍在於「自己」。若你缺乏「自己的價值要自己決定」的體認，別人就可能（實際上也會）來操控你，把他們的問題擺到你面前，讓你依照他們的想法去做，變成那是你的問題一樣。這種操控模式隱藏著一種太過單純的想法：對於他人構築出來的規範與制度，你的責任比你對自己的義務更大，因而，你應該犧牲自己的價值觀，以免制度分崩離析；如果制度運行得不順利，你應該對其屈從，改變自我，而不是去改變制度。假如制度出包，也是你的問題，而非制度的責任。

伴侶的分手威脅

由這種不成熟觀念所引發的操控行為在日常生活中比比皆是。例如夫妻進行彼此操控時常會說：「你要是再讓我生氣，我們就離婚。」這種說法會讓對方產生內疚，因為言外之意是婚約和兩人的關係，比夫妻雙方的個人意願和幸福更重要。若配偶正好也這麼想，他們的選擇就是：各行其是，但會因為將個人意願凌駕於婚姻之上而感到內疚；或者依配偶的想法去做，但自己會感到失意、生氣，進而引發衝突，或是因心情沮喪而變得冷淡、疏遠。

若夫妻中受到離婚威脅的一方未採取自我保護的態度，並未想到離婚不是解決問題的選項之一，而沒有果斷回應，就可能被對方操控，按照對方的想法而行，就像這一段對話：

配偶A：如果你老是讓我生氣，找藉口什麼也不做，那我們乾脆離婚算了！

配偶B：（氣急敗壞）別傻了，你不是真的想離婚！

配偶A：我是！難道你不在乎我們的婚姻，不在乎離婚後我會過什麼樣的生活嗎？

配偶B：（感到內疚）我當然在乎！你把我當成什麼人了？我為我們做的努力也不少！

配偶A：你只管你自己在乎的事情。你為何這麼固執呢？要是你真的在乎我們的婚姻，就會盡力讓我好過一點！所有事情都是我在做，你又做了什麼？

從另一方面來看，若受到離婚威脅的一方能果決地做出判斷，找出問題癥結與誰該負責解決，他會這麼回答：「要是你真的受不了，那可能你是對的。如果我們沒辦法解決這個問題，那麼，也許我們是該考慮離婚。」

店家的推諉之詞

在生意往來中，還可以看到種種慣用伎倆，別人會試圖操控你，讓你擔負一些奇怪的責任，甚至把它看得比自己的幸福更重要。店員常試著讓一個有主見的客人（比如你）不再投訴，像是對你說：「您擋住其他客人了，其他人也要買東西呀！」他這麼說是在誘使你內疚，言外之意是你有責任確保這家店能招待其他客人，不讓他們空等。店員針對你的評價實際上是說：如果他們為了處理你的投訴而影響到生意，那麼責任是在你身上，不在這家店。但是若你能堅定立場，確定了責任歸屬，你只要說明事實即可：「我的確是擋住了其他客人，不過，我認為你們很快會處理好我的投訴，讓我滿意，否則他們就得等更久。」

當你買到瑕疵品，希望獲得補償或退貨時，常可聽到店員或老闆說：「您這個問題不是我們的責任，問題在製造商（或汽車修理廠、工廠、總公司、進口商、運輸公司、保險公司等）。廠商不會因瑕疵品而退我們貨款，所以我們也無法讓您退貨。」這就是一種帶有操控性的卸責託詞。若讓對方替你做出這種判斷，就會害自己陷入可笑的局面：不再堅持索要已付的貨款；天真地認為自己不該給員工或商店找麻煩；不知怎樣在不帶給別人麻煩的同時得到自己想要的，而產生了挫折感。但如果你夠果斷，確定自己不需為這家店跟廠商間的問題負責，就可以強勢回答：「我對貴店與廠商間的問題不感興趣。我感興趣的只是得到我可以接受的補償。」

我最喜歡的一個概念是以玩笑的模式總結出來的，出自美國西部電影《獨行俠》，正好可以明確地解釋什麼是「他人的責任」：

在被一萬名虎視眈眈的印第安人包圍時，白人獨行俠對夥伴說：「朋友，我們似乎有麻煩了。」身為印第安人的夥伴眼看大禍臨頭，立刻回應：「你說『我們』是什麼意思，**白種佬？**」

自主法則4
你有權改變想法

沒有人永遠一成不變、僵硬死板。我們會改變想法，選擇更好的方法做事，對於想做的事情會變來變去，興趣也會隨情況不同和時間推移而改變。

每個人都必須了解，我們的選擇在某種情形下可能有利，但在不同情況下卻可能變得不利。要是不希望與現實脫節，想讓自己更健康、幸福，我們就得接受這種可能性：一個人會改變想法，這很合理，也很正常。

不過，當你要改變想法時，別人也許不願意接受這個新的選擇，而企圖操控你。最常見的方式就是：一旦已經說好了，你就不該再改變主意，否則就會犯錯。你必須證明新選擇是合理的，不然就要承認自己錯了，但假如你錯了，代表你不負責任，表示你很可能再出錯……至此，你已無能為力自己做決定。

當我說出：「我只想退貨……」

再說個買東西的例子。

有一次，我把三十公升的油漆（每桶三公升）退回給一家百貨賣場，這家賣場是全國最大的零售商店之一。

在填寫完退貨單之後，店員指著「退貨原因」那一欄，問我為什麼要退回油漆。我說：「我買的時候，你們告訴我就算油漆桶開封了，我還是可以想退多少就退多少。我試用了一桶之後，覺得不喜歡，就改變主意，不用了。」

儘管店裡有正式的政策，但那個店員還是沒勇氣在這一欄填上「改變主意」或「不喜歡」，堅持要我給個退貨的理由，比如說缺損、顏色不好、濃度不夠等。實際上，他是在要求我捏造一個讓他或他的主管滿意的理由，也就是要我撒謊，要我找到可以挑剔的地方，來代替我不負責任改變主意的做法。

那時我差點想說，這種油漆干擾了我家狗狗的性生活（就讓他去想吧！），但我沒有那樣做，而是耐著性子告訴店員，油漆一點問題也沒有，我只是決定不用這種漆而已。既然你們店裡說過我可以退回開封的漆，那我現在就來退貨，並要求退錢。

顯然，一個人——尤其是一個大男人的想法說變就變，而且還覺得心安理得，對那名店員來說是不可理喻的，他只好去請示主管。我差點就讓那個店員替我做出「我不該改變想法」的判斷了。要是如此，我就找不出可以挑剔的地方證明自己的決定有理，如果不撒謊，我就得留著那些油漆。

最後，我自己做出了「我改變主意是正當的」判斷，告訴店員：「我只想退貨。」於是，我拿回了退款。

自主法則5

犯錯並不可怕，但你要承擔後果

「讓那無罪之人扔第一塊石頭吧！」我引用耶穌這句特別的至理名言，並不是因為他勸導對犯錯的人要心存憐憫和容忍，而是因為他道出一種更現實的經驗：沒有人是完美無缺的。

犯錯是人類特徵的一部分。我們有犯錯的權利並且要承擔其後果，只是描述了身為人的部分現實。然而，要是沒有體認到「過錯只是過錯而已」這一點，我們就很容易受人操控來達到他們的目的。許多人都認為，過錯就是「做了不對的事情」，必須加以彌補，並且必須用「正確」的行為來彌補。這種彌補過錯的要求，是在我們犯錯之後，他人所附加的，也是別人利用我們犯下的錯來操控我們未來行為的基礎。

這種操控模式下，隱藏了一種可笑的觀念：你不准犯錯。犯錯是不對的，會帶給別人麻煩，一旦犯了錯，你應該感到內疚。你很可能會犯下更多的錯，引起更多的麻煩，因此，你沒有能力做出正確決定。所以要由別人來控制你的行為和決定，這樣你就不會惹麻煩了，唯有如此，才能彌補你的不當行為給別人帶來的麻煩。

「就事論事」承認自己犯了錯

以夫妻為例，這種觀念導致了夫妻之間常常企圖操控彼此，儘管那些行為與過錯毫不相干。這種操控是透過暗示配偶的「不對」，必須加以彌補（通常是去做「被冒犯」的一方想要做的其他事）來實現的。比如，在核算家庭收支時，低自我肯定的丈夫可能會略帶情緒地跟妻子說，她上個月又忘了記帳。他並非果斷地說：「我不喜歡這樣，我希望你更仔細一點。」而是用情緒性口吻暗示妻子做得「不對」，並因此虧欠了他什麼。在這種情形下，也許日後需要彌補的，不過是某種象徵了妻子內疚感的本能不安罷了！

如果妻子也屬於自我肯定不足的類型，而任由丈夫來評價自己，她很可能會：否認過錯；說明她沒有記帳的理由；對過錯嗤之以鼻，迫使丈夫壓抑自己的反感及隨之而來的不滿情緒，再不然就是激化衝突，演變成爭吵，讓丈夫發洩出猶豫不前的怒氣；為自己犯錯帶給丈夫不便而道歉，但會因為被迫做出彌補而感到不滿。

但是，假如妻子很有主見，可以乾脆地判斷自己的過錯性質，當丈夫質問時，她可以這樣回應：「你說得對，我又犯了差勁的錯誤，連累到你了。」

這句話雖然簡單，但不會引發更多後續問題，而且表達出了許多意思：我的確犯了錯，這個錯給你帶來了麻煩，我並不害怕承認這一點。跟其他人一樣，我也會犯錯。

為了協助學生減輕犯錯後，所經歷的習慣性內疚、焦慮或無助感，我常教他們不要說「抱歉」（至少在課堂上不要說。日後在現實生活裡，只要學會夠強勢，他們就可以決定是否要「有禮貌」了）。相反地，我鼓勵他們「就事論事」，比如說：「你說得對，我遲到了。」而不用為「遲到」的行為道歉。

這種教學方法唯一的問題是，大多數學生——包括六十多歲的長者在內——在課堂上向我說明過錯時，一個個都興高采烈、笑容滿面。不過，這方法的確有用，因為在課堂外，大部分的人都開始夠堅定、理性地看待自己的過錯，不再因犯錯而感到不安了。

自主法則6

你有權說「我不知道」

你有權決定自己的想法，不需要在行動前了解一切。你有權說「我不知道」，不用直接回應別人的質疑。如果你在事情還沒做之前，就先去考慮每一種可能的結果，很可能什麼也做不成，而這正是操控你的人想要看到的。

假如當你照著自己想要的去做時，有人表現出你「應該」知道可能會發生的某些特定結果，那他一定是這麼想的：對於與你的行為及結果相關的所有問題，你都要能回答，要是回答不了，表示你不知道自己可能給別人帶來什麼麻煩，所以你是個不負責任的人，必須加以掌控。

我們在各種人際關係中，都可以看到由此形成的操控行為。在自主力訓練課上，我從學生那裡聽過無數例子，當他們表現出基本的自信時，別人往往會從結果去指責他們不負責任。有一位喜歡操控妻子的丈夫，企圖讓學會自主的妻子回到以前那種溫馴、易掌控的狀態，問她：「要是大家都我行我素，你覺得這個國家會變成什麼樣子？」他想讓有自信的妻子感到無助，無法自己做判斷。結果妻子不受影響，回他一句：「不知道啊，會怎樣呢？」

辨識他人的操控話語

在另一個案例中，一對年近六旬的夫婦，為了「非自願住院治療」的事來找我諮詢。了解他們的經歷後，我看出丈夫想讓妻子住院的原因，是因為妻子不願再跟他同住。她想要一間屬於自己的小公寓，只管自己就好，不用再忍受丈夫沒完沒了地煩她。

在許多婚姻諮詢個案中，配偶的一方拉著另一方來治療，往往是為了讓醫生告訴那名「病患」：「你生病了，你犯錯了。」

當丈夫明白我不會幫著他操控妻子，也不會因為妻子不想同住而強行讓她住院時，竟然試圖來操控我。他用輕蔑的語氣說：「大夫，要是每個做太太的都決定自己獨居，見她想見的人，跟其他男人鬼混，結果會怎樣呢？」我突然有一種不專業的衝動想告訴他，假如他的妻子離開他，她會過得很好，還有可能重新成為一個真正的人。但我忍住了，只回答說：「我真不知道，會怎樣呢？」他沒有注意到我毫無不安的感覺，又說：「大夫，假如你的太太也這樣跟你說，你覺得對嗎？」我毫不隱瞞地回答：「坦白說，我不太關心她的需求是對是錯，而比較關心她為什麼沒有從我這裡得到她想要的。」最後，也許是不願用這種模式來探究，不願用這種辦法取代把妻子關到精神病院的做法，他又拉著妻子走了。

心理治療是不能強制患者接受的，無數嘗試已顯示強制住院沒有用。這個可憐蟲感興趣的只是怎樣控制妻子，卻不是如何改善夫妻關係。

這種以「你應該回答他人提出的任何問題」進行的操控伎倆，往往非常明顯，也有可能很隱晦，但不論什麼形式，一般都可以透過一些話語來辨識，例如：「要是……會怎樣呢？」「你覺得……怎麼樣？」「要是……的話，你會有什麼感覺呢？」「什麼樣的朋友（人／妻子／兒子／女兒／父母），會做出……的事情來呢？」在回應這種操控時，你根本不必知道答案，因為沒人能夠知曉一切。有時，一個人可能完全不知道自己的行為會有什麼後果。假如操控你的人想要胡思亂想，那就由他去吧！

自主法則7

在人際交往中，你不必刻意討好別人

英國詩人約翰．鄧恩（John Donne）說過：「無人乃是孤島，自成一體。」這句話很有道理。然而，將這句話推展開來，說所有人都是兄弟和朋友，卻超出了常識範圍。不管我們怎麼做，總是有人不喜歡，有的人甚至會因此受到感情傷害。

若以為要建立良好的人際關係，必須先讓別人對你有好感，那你等於是為了博得好感而讓自己被操控。其實你根本不需要博取好感，大可以自信地與他人往來。鄧恩的名言稍加改動，就成了：「就算完全與他人隔絕，我們每個人也並非孤島。」然而，若我們都很現實，只受到生命中相對少、但關係親密者的需求影響，那每個人都會徹底變成一座不完整的半島。

利益交換關係和威權關係的善意

與利益交換關係或威權關係的人交往，我們可能會發現，對方永遠都不會對我們有善意，但我們仍然能與其交往，不用博得他們的喜歡。我的學生經常反對說，在商場等公共場合，他們不喜歡顯得太獨斷專行，而讓服務生或銷售員感到不舒服。我呢，一般會這樣回應：

「哎呀，這我可不懂了。難道業務員將一輛原本應是十段變速，實際上卻只有四個檔能用的單車賣給你之後，會把他全部的薪水都捐給慈善機構嗎？

「要是我錯了，歡迎指正，不過在這種情形下，你和服務生似乎都不會感到開心吧！你到底想要誰不開心呢？你，還是他？」

平等關係的善意

在平等關係中，就算他人缺乏善意，也絕不會影響到我們對問題的實際因應能力。比方說，衝突發生後，夫妻間可能會暫時交惡，但這並不意味著婚姻岌岌可危或週末會過得很糟糕，也不表示當天晚上會不愉快。我的編輯這麼看這件事：「有些人一旦被威脅說不再被喜歡或根本不被喜歡時，就會害怕得畏首畏尾，在工作中或與配偶、戀人、朋友相處時，沒辦法好好維護自己的權益。其實，受不了別人的不喜歡，你也就永遠得不到別人的愛！」臨床經驗顯示，只有當他人發現能夠操控你時，才會不再對你友善（假設他們一開始很友善）。假如你讓配偶覺得他（她）的冷淡影響到了你，那麼，這種冷淡就是對方的一種潛在操控手段，他（她）下次還會這樣做。

如果你跟大多數的人一樣不夠自信、果斷，對方就很有可能一直威脅你，操控你依他的方法做事。他會直接或微妙地說不喜歡你，甚至排斥你，這也是一種可笑的想法，別人常會藉此操控你。常見的情況有這幾種：你必須博得他人的好感，否則他們可能會讓你什麼也做不成；你需要和他人合作，才能生存；讓大家都喜歡你，這一點極為重要。建立在這種觀念上的操控行為每天都在上演，尤其是關係親密的人之間，也存在於工作的威權關係中。

你也許會注意到，每當有人說「你給我記住」、「你這樣做會後悔」之類的話，或用更隱晦的暗示，比如流露出「傷心」或「掃興」的神情，你都會不假思索地認同，此時，你變得焦慮，容易被他人操控。對方這麼做的意圖，跟成年人操控孩子的心態差不多。假如小孩做了讓大人或大孩子不高興的事，他們會說：「要是你繼續那樣（潛台詞是：要是你繼續讓我生氣），就會有鬼來抓你（潛台詞是：我會不喜歡你，也不再保護你）。」而聽到「你給我記住（潛台詞是：我不再喜歡你，有一天我還會報復）！」這句話，一個焦慮不安的成年人會這樣想：我真是無助，需要其他人的友好，我才能過得安全而幸福。

要是在回應這些脅迫性的暗示時，你能夠有自己的判斷，就可以聰明而果斷地回答：「我不明白，我為什麼要記住呢？」或說：「我不明白，聽起來好像是說你不喜歡我了。」

你的行為並不是非得讓別人喜歡或讚賞不可，也不用因自己「不被喜歡」而焦慮。對你來說，最重要的是達到自己的最終目的，至於是什麼樣的做事形式和風格，並不會帶來什麼好處。無論是摔倒、滑倒或絆倒著衝過終點線，你還是可以驕傲地衝過去，因為你絕對是贏家！

許多人在面對他人提出要求、發出邀請時，似乎很難簡單地說：「不！」我們都很自然地認為，對方被拒絕會不高興，雙方關係不容易維持下去。要是你能果斷地表明自己的想法，開誠布公地簡單回答：「不，這個週末我不想去。下次再說吧。」會多麼輕鬆啊！可是你往往會編出很多「好」理由，來避免對方生氣、被冷落，或者可能因此而不再喜歡你。

很多人都用這種毫無意義的方式在過日子，因為大家天真地以為，要是做了別人不喜歡的事情，哪怕是一點點小事，我們就沒辦法正常生活。如果你還是這樣想，請記住我的結論：

一個人不可能永遠帶著怕傷害別人感情的心態而活。有時候，我們免不了會帶給別人不愉快，這才是人生！

自主法則8

你有權做出「不合理」的決定

邏輯是一種推理過程，有助於我們對許多事物——也包括對自己——做出判斷。然而，並非所有合理的事都是對的，邏輯推理也並非總能預測到所有的情況。

面對他人的需求、動機和情感時，邏輯沒有多大用處。邏輯和推理，一般都是用於處理是非、黑白、有無等訊息，而事實上，需求、動機和情感對我們來說通常不像「有」或「無」那樣當下立判。我們對事物和人的感情往往都是混雜的，時間或地點不同，感受也會不同，甚至還可能想同時感受多種不同的事物。邏輯和推理很難因應人類環境中「不合理」的灰色地帶。對於理解自己為何有所求，或解決人際間因不同立場、動機而導致的爭端，邏輯幫不上什麼忙。

「這樣做是為你好」，其實也是操控

但從另一方面看，要是別人想勸你改變，邏輯卻是一個不錯的幫手。假如讓我跟一個小孩解釋「邏輯」的意思，我會直接告訴他：「邏輯，就是別人用來證明你錯了的那種東西。」而孩子也會懂我的意思。邏輯就是一種外在標準，許多人都用來評斷人類的行為。儘管邏輯被錯誤地用於人際關係，但很多人仍然習慣性地認為必須提供「合理的」理由，證明自己的願望、目標及行動是正當的，並認為邏輯這把鋒利的智力之刃會劃破個人意識的混亂，揭示正確道路。許多人會利用邏輯來操控我們，這種操控伎倆來自這個概念：你必須遵循邏輯，合理行事，因為邏輯判斷要勝過我們任何人所做的判斷。

例如，大學的導師會以合理性操控學生選課，以便學生能「按部就班」，並且不讓他們選外系一些「不必要」的課——儘管學生可能感興趣。老師會提醒學生，他們得畢業、得上研究所、畢業後得找好工作，以達到自己的操控目的，接著更搬出一套合理的說法，指出不必要的課程（比如埃及古棺情色雕刻課）對找工作沒啥好處。可是，老師從來都不會告訴學生：修完導師系上的最多學分並盡快畢業，對系裡的資金和教師職位都有好處。如果學生任導師替自己「合理地」做判斷，很可能就會像其他聽話的學生一樣，排隊等著系裡安排人生了。若有個學生能果決地判斷出對自己來說，「選擇自己感興趣的課」或「提早一學期畢業」哪一個重要，那他就可以如此回應導師的邏輯操控：「我的在校時間的確可能會久一點，不過，我還是想選修自己感興趣的課。」

配偶之間，常常會彼此指出不應該這麼做或那麼做，原因是「我們還要存錢」、「明天得早起」，或「他們說這樣做很不好」。這是一種「對你好、有幫助」的操控模式，操控者並不會明說自己要做什麼。這種邏輯性的操控，既會阻擋夫妻間可能需要進行的協商，還會使被操控的一方因為自己提出了不合理的建議，而感到無知或內疚。

我在研究所學到了一件最重要的事就是：為了生存，必須讓實驗室的電子設備一直為教授開著。由此學到的第二件事就是：在浪費了許多時間，照著維修手冊上所有合乎邏輯的步驟仔細檢查完，才確定某個設備出了問題之後，你還是得把那該死的東西翻過來，隨便動動其中的電線，才能啟動它！合理與否，並不一定能解決你的問題，只會讓你的因應方法受限於已知的事物，然而實際上，問題的解決之道往往在限制之外。

自主法則9

你有權說「我不明白」

蘇格拉底說過，當我們體認到自己對人生、對自我、對周遭事物了解得少之又少時，我們就有了真正的智慧。

他的話恰到好處地描述了人類的其中一面。沒有人能夠機智、敏銳到完全明白周遭發生的事。然而，儘管這限制了人類的能力，我們似乎仍然能生存下去。我們從經驗中學會了如何行事，在與他人交往的過程中，許多人也都了解到，我們並非總能理解他人的意思或需求。

我們很難去解讀別人的心思，也不容易總是做到善解人意，但仍然有許多人企圖透過暗示、喻指、啟發或微妙的行動，來操控我們，讓我們按照他們的意願行事，好像指望著我們為他們服務似的。常見的操控概念包括：

- 假如想跟他人和睦相處，你必須能預見並且敏銳地察覺他人的需求。
- 你應該懂得這些是什麼樣的需求，而不用別人明說，以免給他們帶來麻煩。
- 如果要別人不停地說出需求你才能明白，那你就無法與大家和諧共處，可能會被看成不負責任的人，或是被視為很無知。

這種操控行為在日常生活中比比皆是。存有這種觀念的家人、同事或朋友，可能會想用「受傷」、「生氣」的表情及沉默不語來操控你，讓你改變對他們的所作所為。這樣的操控往往出現在你做了讓對方不喜歡的事，進而和「受傷的」一方發生衝突後。對方不是用言語強勢地堅持自己的要求、或透過協商達成折衷，而是代替你做出這樣的判斷：

- 你做得「不對」。
- 你「應該」明白他們對你的行為感到不滿。
- 你「應該」要有自覺，懂得什麼樣的行為會讓他們不滿。
- 你「應該」為了他們而改變，以免他們再「受傷」或「生氣」。

如果你讓別人代替你做出判斷，說你「應該」懂得他煩惱的原因，那麼你很可能會為了他人而改變自己，並且做一些事來彌補他們的「受傷」或「生氣」。

不懂就問

由「你必須理解別人」這種觀念所衍生的操控伎倆，在利益交換的人際關係中也可以看到。

當你去看醫生時，看病前依醫生要求填寫表格的時間，可能比看診時間還長。這些表格涉及你的收入、工作穩定性、保險範圍等，有時，我甚至覺得自己是要向醫生借錢，而不是看診。我相信這種感覺是不對的，但我總覺得醫務人員似乎在暗示，治療是免費的，所以除了診療費，我還欠他們什麼似的。

有一次我去診所看手。對我而言，壓垮駱駝的最後一根稻草，就是醫生竟然要我填上社會保險號碼，但這是我的底線，所以我便不再填寫就診卡。還好，那是最後一個問題，要不然他還不知道是在替誰看病呢！

護士在查看這張填有非醫療訊息的表格時，對我說，我得填上社會保險號碼，醫生才會替我看診。我說，我想不通為什麼治療手非得要社會保險號碼，護士卻一再強調必須要填。她一臉神氣十足的樣子，好像在說，我「應該」知道為什麼要填寫社會保險號碼。儘管受過充分的心理訓練，我仍然無法理解，便回答說，我不懂社會保險號碼跟我的手有什麼關係。護士改變了態度解釋，許多病例都是由一些工傷撫恤機構與傷殘機構委託的，醫務人員通常會要求病患提供社會保險號碼，以便跟這些機構溝通。最後，身為一名有著堅定自信的患者，我自己決定是否有必要將社會保險號碼提供給收款人，以接受他們的委託服務。儘管我的個人訊息卡空了一欄，一位態度極好的醫生還是為我做了治療。

在經歷了一點點氣惱之後，我取得了小小的勝利。然而即使如此，我到現在也還是不明白，那時的我為何那麼不怕麻煩，不按要求提供社會保險號碼。要是你也像我一樣，連自己的心思都猜不透，又如何指望用這個方法去對待其他人呢？

自主法則10

你有權說「我不在乎」

可以看得出來，前面所提到的自主法則有許多重疊的地方，因為它們都只是由你的首要權利「自己的價值要自己決定」衍生出的具體概念。在他人用來操控你的最常見方法中，也有許多重疊處，因為它們都說明了同一點：「自己的價值要自己決定」，只是形式不同罷了。

他人的操控手段有一個共同主軸：理所當然地認為就算你不完美，也「應該」努力做到十全十美；若受限於某些條件而達不到完美，至少你也「應該」力求完美，去完善那種有人情味的、通情達理的做事模式。假如你也這麼看待自己，就很容易被別人用各種巧妙的方式操控。

操控者喜歡這麼說：因為你是人，所以很卑微，有許多缺點；你必須力臻完美，彌補人性帶來的缺點，直到你在各方面都盡善盡美；你是個平凡人，很可能無法盡到這項義務，但你還是必須力求完美。假如有人替你指出了邁向完美之路，你就有照做的義務；要是你不照做，你就是個墮落、懶惰、道德淪喪又毫無用處的人，不值得任何人尊重，包括你自己。

在我看來，這簡直是一種愚弄。假如你真以為自己應該事事都完美（甚至包括有完美的自信），你將會產生失望和挫折感。不管這種「完美」的標準來自他人還是你自己，你都有說「你並不在乎是否完美」的權利，因為一個人的完美在另一個人看來，往往並不然。

面對伴侶的「完美」要求

這種「你『應該』力求完美』的操控行為，在許多類型的人際關係中都能見到。

例如，配偶可能會控制你邋裡邋遢的行為，對你說：「你在家裡總是把衣服亂丟！難道你就不想改一改（或『做得好一點』、『體面一點』、『不要當個懶鬼』）？」如果你掉入這個操控陷阱，認為「應該」改善自己的行為（至於具體怎麼做則由他人武斷決定），那麼接下來，你就會被迫解釋自己為什麼會隨意扔衣服，比如：昨晚睡得太遲啦，太累啦，只是忘了啦，實際上並不經常那樣啦……或其他可笑的回答。

果斷的人會更現實地回應，比如說：「我明白，我應該讓家裡保持乾淨，但有時我就是不太在意這個。我知道這讓你不舒服，不過，還是讓我們來想想有沒有什麼折衷辦法吧！要是我做了你不喜歡的事情，你能盡量不指責我，那我也會在你讓我感到不舒服時盡量不指責你。如果我做了什麼讓你覺得討厭的事，你就跟我說，而當你做了什麼讓我討厭的事，我也會告訴你。」

記住，千萬不要拐彎抹角，要坦率而直接地進行溝通！

面對工作的「完美」要求

在工作中，我們也常發現，人們喜歡告訴對方「如何如何」才能改進工作，「如何如何」才能更容易、更有效或更有技巧地做事。

希德是一位缺乏自信的商店經理。在以往的工作經驗中，他歸納出了商品的最佳擺放模式。接受治療時，他的情緒相當沮喪，因為手下一些新員工總是操控他，不停地指出他的擺放方式可以改進，讓他允許他們來擺商品，而不是按照他想要迎合顧客心理所做的擺設。

面對這些員工，希德不知道該怎樣做出回應。壓抑已久的怒氣，最後終於如火山般爆發出來，他對著手下的銷售員大發一頓脾氣，造成了負面後果，影響到店裡的經營。

經過幾週自主力訓練後，希德變得能心平氣和地因應員工的反抗，不再讓事情變得一團糟。而且他還很得意，因為他發現自己不但不必事事完美，甚至根本不必有「我要完美」的念頭！

面對自我的「完美」要求

由「你應該力求完美」這種觀念形成的操控，在許多時候都很微妙，回應起來也最棘手。預防的唯一辦法就是問問你自己：「是不是真對自己的表現滿意？是不是真的對自己滿意？」然後再自己下判斷：「是不是希望有所改變？」

許多學生說自己常感到困惑，難以區分哪些是他人的操控，哪個又是自己的意願。他們常說：「我想去做這樣或那樣的事情，但我又想：『我根本不能做那件事！』沒人在操控我呀。難道是我在操控自己？」

這時，我通常會用一個簡單的法則來幫助他們釐清思路。我要他們表達出內心的糾結，並歸入「我想做的」、「我必須做的」或「我應該做的」這三種類型。

第一類：我想做的

「我想做的」這一類，屬於簡單明瞭的事。比如：我想要每星期都有三頓晚餐吃牛排；

我不想看電視，想要看電影；我想在大溪地的海邊度過餘生。

有了這些意願後，你可能就得去做某些「我必須做的」事情。

第二類：我必須做的

「我必須做的」這一類，是自己內心權衡後做出的妥協，或是與他人達成的折衷辦法。

若我想要每週吃三頓牛排，那麼我每週必須賺夠三頓牛排的錢。若我必須賺到這筆錢（而又不想蹲監獄），就必須有一份薪水足夠我吃得起牛排。若我今晚想看電影，就必須放棄喜歡的那個電視節目。若我想在大溪地海邊度過餘生，就必須習慣熱帶式的午餐。

如此一來，把你的意願付諸行動時，只需要判斷「我想做的」是否匹配「我必須做的」就行了。然而，很多人都混淆了這兩種類型，造成了想法上的混亂。

第三類：我應該做的

從我的經驗來看，「我應該做的」可以歸入操控性規範中，這種規範會讓你按照別人的意願行事；或歸入武斷標準中，是你強加給自己的，目的是為了減輕自己關於「能或不能做什麼」的不安全感。比方說，「我應該」工作，因為人人都「應該」有所作為，而不僅因為每週三頓晚餐都想吃肉；晚上「我應該」出去逛逛，因為「我不應該」整晚都看電視；「我不應該」想去大溪地，因為沒有人「應該」在海邊遊手好閒。

無論什麼時候，一旦聽到自己或他人說起「應該」這個詞，就趕緊豎起你那根反操控的天線，凝神細聽吧！十有八九，對方接下來的意思就是說：「你不能決定自己的價值。」

第2部

培養自己做主的力量

第1章 堅持立場，始終如一

從啟發觀念到實際行動

在了解前面所說的各項「自己做主」的含義後，你可能會跟我的某些學生一樣說：

「我心裡明白，一生都應該這樣對待自己和他人。但我一講出來，別人就會說我的思考模式不對……說我不應該那樣想。我很高興別人覺得我有自由思考、獨立行事的權利，也明白您所說的一切，都很棒！可是……我還是不知道怎樣才能保有果斷的自信。我該怎麼辦呢？」

要是你也有同樣的疑問，答案很簡單：

「既然如此，那就什麼也別做！」

要擁有果斷的自信，你不但得了解自己有哪些獨立做決定的權利，還要明白如何加以運用。先建立起觀念，接著便能以強而有力的自信付諸實行。

正如前面幾章所指出的，出現衝突時，除了選擇原始的「爭鬥——逃避」本能，或更符合人性的解決辦法之外，就是用語言來因應。利用語言，我們能透過與他人溝通來解決問題。

強勢的語言行為，就是我們堅持自主權利時的行為。光用說的無助於實際運用，別人認同這種自主權是你的一部分，並不表示他們就會尊重、理解或改變操控行為。就算你向他們說明了，可能也改變不了什麼。

例如在一家汽車用品店裡，店員試圖操控你，這時你對他說：「你不要再操控我！」他很可能會回答：「什麼操控呀？我可是連一根手指頭都沒碰到您！誰看到我碰她了？哈利，你看到我操控她了嗎？」

而要是你說：「我自己的價值，要由我自己決定！」他可能會想：「這個人是頭腦壞掉吧？我正想解釋化油器，他卻想討論哲學！」

又如，當你母親想要操控你，讓你更常去探望她時，如果你跟她解釋你的自主權，她很可能會覺得雖然你已經長大了，卻仍然像小時候一樣任性。她會跟店員一樣，不是對你的狗屁自主權嗤之以鼻，就是說一些話，顯示她根本沒聽進去：「親愛的，你能知道這些真不錯。我很高興那時堅持讓你去上大學。你什麼時候再過來看我呢？」

為了表現得夠強勢，不受人操控，你需要改變自己因應操控的行為，也就是改變那些讓你被操控的行為。接下來的內容，將教你學會一整套果斷又自信的說話技巧，讓你在處理人際關係時，能夠有效地運用各項自主法則，掌握你的人生主導權。

溝通技巧1

唱·片·跳·針·法

在向學生介紹第一種拒絕受操控的自主溝通技巧「唱片跳針法」時，我常在一開始這麼問：「當修車師傅隨便修修你的車子，你要求他改正錯誤而跟他產生衝突時，為什麼總是會失敗？」大家的回答，往往都是一陣意味深長的沉默。

我接著又說：「你們都不知道為什麼，對吧？我來告訴你們為什麼！那是因為你們一聽到『不』字，往往就開始打退堂鼓了。他一說『不行』，你們就會說『好吧』，或只是小聲地碎碎念，然後走人。你們之所以失敗，原因就在於太容易放棄了。修車師傅（跟其他許多人一樣），也不過就說了幾個『不』字。假如他說了三個『不』，你只要說四個就行；要是他說了六個『不』，你只要說七個就行。就這麼簡單！」

這時，通常會有一位學生表示：「但我不能那樣做啊！有人跟我說『不』，我不能置之不理。」我的回答則是：「你是什麼意思呢？你不能？我可沒看到你身上有手銬！我覺得你是『不想』，而非『不能』。假如你是不想的話，我覺得你跟其他人一樣，都習慣了這樣的思考模式：你應該對人很和氣，應該聽著可憐的修車師傅說『不行』，對吧？他不過是在混口飯吃而已，對吧？（這時全班都會配合我的話，齊聲嘲諷地回答：『對！』其中有一位留鬍子的學生每堂課都來，在喊出『對極了』的時候，還會舉起拳頭。）他有六個孩子要養，得讓他們上學，對吧？要是失業，他就養不起孩子了，對吧？然而，是誰告訴你們，如果他把汽車修得一團糟，你們還應該讓他繼續有生意做，還要為他的馬虎付錢呢？」

你跟這位學生一樣，需要學會在勇於維護自己的權利時，態度更堅定。言語強勢最重要的一點就是「堅持」，就是一而再、再而三地說出你的意願，不生氣、不動怒，也不大喊大叫。

許多時候在出現衝突後，要想有效地進行溝通，就必須恆久堅持自己的立場。不夠強勢的人往往深陷於過多的廢話，一旦有人告訴他「為什麼」，向他「合理地」說明，或給了一個不照他的意願去做的「理由」，他便很快地不再堅持。在學習保持堅定的過程中，我們不許學生搬出任何理由、藉口，對於導致自己產生內疚感的言語，應該要做到不理不睬。

跳針是一種堅定的態度

這種有效的語言技巧是我的好同事汪德爾博士率先開始運用的，他為其取了一個象徵性的名稱：「唱片跳針法」。透過練習，讓自己像一張壞掉的唱片那樣說話跳針，可以學會態度堅定、不偏離主題，執著地說出自己想說的話，也能學會完全不理睬對方提出的所有旁枝末節。

在運用這個方法時，不應該被對方所說的任何言語所妨礙，而要以平靜、反覆堅持的語氣，說出想說的話，直到對方答應你的要求、同意做出妥協為止。這個方法的目的，並不是真的教你像跳針的唱片那樣講話，而是要讓你學會堅定、執著，不管你說了什麼，都能從這種不變的執著中獲益。

我們先來看看以下這段運用「唱片跳針法」的對話，它發生在利益衝突的情境下，是一段真實對話。

對話1
堅持向店家討回商品（顧客——超市店員與經理）

這段對話是卡洛記錄的。他是一名社區工作者，在員工進修課程中受過我關於有效溝通方式的指導。他告訴我，某個星期六，他去超市買東西，回家後卻發現自己買的肉不見了。由於那天他留父親在家裡吃晚飯，所以他請父親跟他一起去超市，把他買的肉要回來。

對話情境：父親陪著卡洛進入超市。卡洛告訴收銀員，他買的肉不見了。

收銀員：是嗎？

卡洛：我在這裡買了三塊牛排、一塊烤肉、兩塊雞肉和其他一些東西，可是回到家後，肉都不見了。我想要回我買的肉。

收銀員：您看過車裡了嗎？

卡洛：看過了。我想要回我買的肉。**（唱片跳針法）**

收銀員：這件事我無能為力。**（規避責任）**

卡洛：我明白你可能會這麼想。不過，我想要回我買的肉。**（唱片跳針法）**

收銀員：您有收據嗎？

卡洛：（把收據交給對方）有。我想要回我買的肉。**（唱片跳針法）**

收銀員：（看著收據）您在這兒買了六份肉品。

卡洛：是的，所以我想要回我買的肉。（**唱片跳針法**）

收銀員：唔，我可不是肉品部的。（**規避責任**）

卡洛：我理解你的想法，但你是收我錢的人。我還是想要回我買的肉。（**唱片跳針法**）

收銀員：您得到後面去找肉品部經理才行。（**規避責任**）

卡洛：他會把我買的肉給我嗎？（**唱片跳針法**）

收銀員：他是負責處理這件事的人。（**規避責任**）

卡洛：怎麼稱呼他？

收銀員：強森先生。

卡洛：麻煩你打個電話，請他到這裡來。

收銀員：您到後面去就可以找到他了。（**規避責任**）

卡洛：我看那兒沒人啊！麻煩你打個電話，請他到這裡來。（**唱片跳針法**）

收銀員：請到後面去，他一會兒就回來了。（**規避責任**）

卡洛：我不想去後面，也不想沒完沒了地等著。我想盡快離開這裡，所以，麻煩你打個電話，請他到這裡來。（**唱片跳針法**）

收銀員：您擋住後面的人了，他們都急著要結帳呢！（**內疚感誘導：難道您不管別人嗎？**）

卡洛：我知道他們都急著結帳，就像我急著想讓你們盡快處理一樣。麻煩你打個電話，請肉品部經理到這裡來。（**唱片跳針法**）

收銀員：（神情古怪地看了卡洛一會兒，接著走向驗鈔台的同事，跟她說了些什麼，然後走回卡洛這裡）他馬上就來。

卡洛：好。

幾分鐘過後，肉品部經理強森先生來到收銀台，拍了拍收銀員的肩膀。

收銀員：這位客人說他買的肉弄丟了。

經理：（朝向卡洛）您是在哪裡丟的？

卡洛：在這裡啊！我沒有從你們這裡拿走，所以我想要回我買的肉。**（唱片跳針法）**

經理：您有收據嗎？

卡洛：（把收據交給他）有。我想要回我買的肉。**（唱片跳針法）**

經理：（看著收據）您在肉品部買了六種肉品。

卡洛：是的，三塊牛排、一塊烤肉和兩塊雞肉，所以我想要回我買的肉。**（唱片跳針法）**

經理：您有沒有檢查過車子裡頭，看看肉是不是從袋子裡掉出來了呢？**（無知兼內疚感誘導：你必須接受仔細調查才行，你很不可靠。）**

卡洛：檢查過了。我想要回我買的肉。**（唱片跳針法）**

經理：您有沒有可能把肉掉在別的什麼地方了呢？**（無知兼內疚感誘導：你很粗心。）**

卡洛：有啊，就是這裡。我想要回我買的肉。**（唱片跳針法）**

經理：我的意思是除了這裡以外。

卡洛：那就沒有了。我想要回我買的肉。**（唱片跳針法）**

經理：有許多聲稱自己買的東西不見的人，後來都會記起來是放在別處。要是您一直都找不到的話，何不明天再來？**（無知兼內疚感誘導：你記性很不好，搞錯了！）**

卡洛：我理解你為什麼會那麼想。不過，我想要回我買的肉。**（唱片跳針法）**

經理：現在很晚了，我們就要打烊了。**（內疚感誘導：你害我不能準時下班。）**

卡洛：我理解你的心情。不過，我想要回我買的肉。**（唱片跳針法）**

經理：唔，這件事我做不了主。**（規避責任）**

卡洛：那誰能做主？

經理：我們店經理。

卡洛：好吧。麻煩你打個電話，請他到這裡來。**（唱片跳針法）**

經理：他現在正在忙呢！您何不週一再來跟他談談？**（內疚感誘導：他很忙，是個重要人物，你不應該用這種小事去打擾他。）**

卡洛：我理解你的感受，不過，我自己也忙得很。麻煩你打個電話，請他到這裡來。**（唱片跳針法）**

經理：（頭一次無言地看了卡洛一會兒）我去跟他說說，看怎麼處理吧！

卡洛：好的。我會在這裡等你。

強森經理走向超市後方，進了一道門，不久，出現在貨架後方一間業務辦公室的窗戶那裡，開始跟坐在辦公桌後方的一個男人交談。對方說了些什麼，強森經理搖搖頭，指了指卡洛，那個人站起來看了看卡洛，又說了些話，強森經理回答了幾句，還是在搖頭。那人又講了幾句話之後，回到了辦公桌後方。從窗戶看不到強森經理了，過了一會兒，他朝卡洛走了過來。

卡洛：怎麼樣？

經理：發生了這種事情，我們感到很抱歉。就請您再去肉品櫃，選出您不見的肉品吧！

卡洛：好的，謝謝。

經理：下週我們肉品部會做促銷，有一些很不錯的商品，物美價廉哦！

卡洛：我會告訴我太太的，謝謝。

在重新挑選肉品時，父親對兒子的處理方式深表贊同，不斷驚嘆：「要是我遇到這種事，就只會在汽車座椅下、屋裡的櫃子和閣樓上找肉！」回家的路上，父親問卡洛為什麼能做到這點，卡洛謙虛卻也自信地回答：「這只不過是我上課時學到的技巧，那堂課是教人在工作中如何保有堅定的自信。您要是想學，我也可以教您。」

從卡洛和超市收銀員的對話可以看出，他透過唱片跳針法，再三將自己的要求與主要目標（即他想要回所買的肉品）告訴對方。辯論過程中，當出現其他較小的目標時，卡洛也毫不猶豫地利用「唱片跳針法」，把他的直接需求傳達給對方。而當收銀員請卡洛站到一邊去，等他們有空再來處理問題時，卡洛卻反覆提出要求，請能夠解決問題的人到他這兒來。卡洛已經明白了，唱片跳針法的目的就是要把訊息反覆傳達給對方，同時堅持主張自己的權利：「我可不會讓你們敷衍了事，要是有必要，我可以一整天都這樣。」無論對方想出什麼樣的操控伎倆，他都會如此回應。

唱片跳針法教給我們以堅定的言語強勢主張權利的觀念，與本書所提到的其他溝通技巧密切相關。這種果斷的堅持應該一而再、再而三地表達出來，直到實現你想要的這些結果：擺脫某人的操控；實現某種物質目標；找出某種可行的折衷辦法；達到某種治療效果；重拾自尊。

為了讓學生對唱片跳針法有更多體會，我常讓他們進行角色扮演（分成四人一組，每一組中，有一人扮演有著強勢自我主張的人、一人當操控者，另外兩個學生則充任指導員）。對話的情境是：有一名推銷員企圖讓一位目標客戶（有強勢的自我主張）感到焦慮和內疚，以便將百科全書賣給他。

在前面那段真實對話中，對於帶有操控意圖的收銀員和經理所說的話，或問到的所有事，卡洛都即時做出了回應。不過，他的每次回答都是經過深思熟慮，他只說自己想說的話。然而，當卡洛為了學會堅持、執著和不受操控，而首次進行角色扮演，並進行唱片跳針法的對話練習時，我卻是讓他和同伴一字一句地說，彷彿他們真是一張跳針的唱片。不管對方講什麼，卡洛都用低沉而舒緩的語氣回答：「我明白（您的感受），不過我沒興趣（買一本百科全書）。」

這樣的步驟，是為了幫助卡洛克服原有的觀念和慣用模式，正是這種模式，曾使他的回答受制於對方先說了什麼。讓我們看看以下的例子。

對話2

堅決對推銷員說不（客戶—推銷員）

推銷員：您確實想讓孩子的學習更有效率，不是嗎？

卡洛：我明白，不過我沒興趣買。

推銷員：尊夫人也許想讓孩子們買一套呢！
卡洛：我明白，不過我沒興趣。
推銷員：外面真是太熱了，您可以讓我進去喝點飲料，或是喝杯水嗎？
卡洛：我明白，不過我沒興趣。
推銷員：您是說，您不會給我喝的？
卡洛：我明白您的感受，不過我沒興趣。
推銷員：您不明白，否則您就會幫孩子們買一套了。
卡洛：我明白您的感受，不過我沒興趣。
推銷員：您只是不停地說「我明白」，就不能說點別的嗎？
卡洛：我明白，不過我就是不感興趣。
推銷員：我問您一個問題，您的孩子都多大了？
卡洛：我明白，不過我沒興趣。
推銷員：難道您連告訴我孩子幾歲了都不願意？
卡洛：我明白您的感受，不過我不感興趣。
推銷員：這麼說吧，這棟房子裡住了幾個小孩呢？
卡洛：我明白，但是我不感興趣。
推銷員：您的意思是，您連一個問題也不會回答我嗎？
卡洛：我明白，不過我沒興趣。
推銷員：要是您不想跟我說話，那我還是走吧！
卡洛：我明白，不過我就是沒興趣。

推銷員：那您覺得鄰居瓊斯先生會不會感興趣呢？
卡洛：我明白您的感受，不過我就是不感興趣。

透過這種固定不變的對話訓練，卡洛和同學們都改變了自己之前的習慣，學會不再下意識地回答別人提出的任何問題，或下意識地回應別人的話。原有的錯誤習慣源於我們的種觀念，以為如果有人跟我們說話，我們就「應該」回答，並且「應該」針對這個人所說的話，明確而具體地給予回應。

第一次進行對話練習時，許多新同學都非常詫異。很多人沒有意識到這種習慣有多麼強大，也沒意識到當自己試著不去回答詢問時，心裡的不舒服有多強烈。

有一大半的學生難以完成第一次的對話練習。練習的目的，是讓他們學會不去理會別人的催促和提問，自信且自在地說出心中所想，不照著別人的意願開口。

同學們需要反覆不斷地接受指導，以鼓勵他們克服容易被人操控的行為模式。為了幫助他們獲得最好的學習經驗，我發現在練習中，至少要有一個他們能夠成功對付的「硬漢」。

在許多班上，我總是唯一一位能夠穩當扮演這角色的人。我讓自己變成那個固定不變的混蛋角色（也是後來他們能輕易對付的那個人），「鼓勵」他們更狠一點，比方說：

「你們到底在做什麼呀！有哪一本人生手冊上說過（故意用嘲諷口吻，模仿一個頭腦簡單的人，看著手中一本並不存在的書），『有人問問題，我就必須回答』？把你們簽的合約拿來給我看！什麼，沒有簽過這種合約？（全班都靜了下來）那你們為什麼會演得那麼差勁，就像已經簽過了？再來一次！這次得照我的想法來。你們不需要回答任何問題……只要變成一張跳針的唱片就行！」

你無法永遠控制另一個成年人

一些上完課後變得有足夠自信的學生和患者，會把這種自主力的訓練技巧，看作是一種「復仇」的模式，一種報復操控者的方法。每個小組中，至少會有一個人這麼問我：「我明白您說的意思，不過，我要怎樣才能利用您教的這些方法，讓我的丈夫（妻子、姊姊、十幾歲的孩子或父母等）去做我想要他做的事呢？」我的回答很簡單：「你不能那麼做！」假如仔細分析這名學生，就會發現我的回答很有道理。你可以「哄騙」某人去做某件事情，可以操控某人，也可以自信果斷地挑明了說你想讓某人做什麼，但你無法永遠控制另一個成年人，原因如下：

- 如果你撒謊或欺騙他人照你想要的去做，那麼他們也可能那樣對待你。
- 如果你操控他人照你想要的去做，那麼他們同樣也可能「以牙還牙」。
- 如果你自信而果決地明白說出想要從對方那裡得到什麼，他們就只能回答「不行」，或提出相應的交換條件（即可行的折衷辦法）。

在這三種情形中，最後那種自信而果決的做法最有效，因為它能迅速中止相互操控，使衝突的雙方坦率地溝通，進而找出解決問題的辦法。

到底要怎麼做，完全由你自己決定

每個班上至少會有一名學生，反對「強勢的自信是因應衝突最直接的方法」這種分析，他會說：「這哪有什麼保障可言啊？你完全可以利用這些方法，對沒上過這些課的人占便宜。有了這些強勢技巧，就可以像壓路機一樣把別人踩在腳下！」我看得出他的擔心和害怕。學會了一整套自主溝通技巧，並能完全掌握，去做自己想做的事情，這一點讓他深感擔憂。

針對這類問題的最佳回答，出自我的一位老同事謝爾曼，他說：「這些自主溝通技巧，跟你們所學到的其他技能沒什麼兩樣，都跟道德上的是非對錯無關。比如說，學會開車後，你既能利用駕駛技術送孩子去參加野餐，也能開車幫助黑手黨逃跑。」

既然你自己的價值要由你決定，那麼，你的自主行為所帶來的責任，也由你來承擔。

到底要怎麼做，完全由你自己決定。

溝通技巧2

可・行・折・衷・法

許多第一次上自主力訓練課程的學生都不了解，為什麼要以唱片跳針法這樣的技巧來溝通。有人會問：「要是對方不讓步，或對方跟我一樣很堅持，我又該怎麼辦？」答案就是，我們的自尊要優於其他任何一切。假如運用唱片跳針法的同時，你也保有了自尊，那麼就算沒有立即實現目標，你的內心也會覺得舒服。自我感覺良好，正是這種自我肯定練習的一個主要目標。一旦自我感覺良好，我們因應衝突和問題的本領就會像「滾雪球」一樣愈滾愈大，而不只是小小的錦上添花。

然而，自我感覺良好並不是說，除了保有自尊之外，你的目標就沒有實現的可能了。對方也以堅定的自信反擊你，只會使衝突集中在你們的爭執點，與雙方的個性強度或誰的操控手段更高明無關。無論何時，只要不傷及你的自尊，向對方提出可行的折衷辦法都是合情合理的。

比方說，你可以提出一段明確的時間，讓對方為你購買的東西進行換貨或維修，也可以同意下次按照對方的意願去做，或更簡單一點，擲銅板決定誰在什麼時候該做什麼。你可以一直針對自己的物質目標跟對方討價還價，除非提出的折衷方法傷及你的自尊。要是最終目標涉及自尊，那麼就不可能達成任何折衷辦法。

除了某些特殊情況外，一般而言，我們都可以運用可行折衷法，以更合理的模式來因應。至於例外的「特殊情況」是哪些呢？讓我們簡單地來看一下。

在某些情況下，採取強勢自主的態度並不實際。若你根本無法掌握事情的發展，用本書所教的方法來堅持自主權，就很不明智，甚至可能會招來危險。你必須限制自己的行為，不能過分自信。這些特殊情況，主要是指涉及法律和體制的狀況。

涉及法律與體制時

政府組織中的司法、執法人員，並非個個都自信而果斷。遺憾的是，其中有一些人會利用專業，掩飾自己認為別人「應該」怎麼做的個人偏見，並且運用「合法」權力來達成目的。

面對一位怒氣沖沖的法官，你以唱片跳針法主張自己的權利一點用也沒有，他可能會判你入獄三十天，以此來「回報」你。

當一名警察拿警棍揍你時，要是你繼續囉唆地糾纏下去，很可能會挨更多揍。在這樣的情況下，強勢自主雖然要有所節制，但不表示你只能閉口不言。比如你受到了警察暴力以對，當場抗議的確很不明智，但你應該記下警號，將這名警察的行為報告給他的上司。若這個警察經常這麼做，市民的投訴一多，他就有可能會改變這種惡行。

接下來關於傑瑞的一個例子，正好說明了克制自我與強勢自信之間的平衡。

傑瑞的平衡實例

我第一次見到傑瑞，是在他十七歲的時候。那時他已經有了三年吸毒史，吸過海洛因、古柯鹼和安非他命。跟許多有毒癮的人一樣，傑瑞極端缺乏自信，不知道怎樣跟那些「正人君子」——像是他的父母、老師、執法人員等打交道。

他之所以躲藏在低自我肯定的吸毒者中，有幾個原因：夥伴從不指責他或讓他心煩，從不對他發火，也從不強迫他，而是讓他做很多他喜歡的事情。傑瑞對他們也一樣。雖然這是一種彼此默認的淡漠關係，相處缺少自信，但他們描述起來用的卻是熱情洋溢的字眼，像是「愛」、「和睦」或「兄弟」之類的。傑瑞因為喜歡這群人，才跟他們待在一起。他不曉得如何與其他人打交道。

在這種背景下，傑瑞接受了戒毒治療。我們運用自主力訓練療法，以便他能一直接觸非吸毒人群，並與其好好相處。經過四個月的自我肯定小組治療和兩個月的單獨治療後，傑瑞遠離以前高中的販毒活動，找到了一份穩定的工作。一年後，他還被一所大學錄取了！此後，我們對他進行了幾年追蹤，結果顯示他再也不曾吸毒。

進行自主力訓練前，無論何時遇上警察，傑瑞總是會被攔下來搜身或搜查汽車。即使他很「清白」，沒有被捕，也會給警察留下一些「可疑的」印象。

治療開始後，傑瑞也被警察攔下了好幾次，但警察再也沒有搜過他的車或對他搜身。治療完成後，又有幾次，警察攔下了傑瑞，開了交通罰單給他，但傑瑞堅定地認為其中有一次他並沒有錯，所以不應該受罰。在出庭之後，傑瑞告訴我，他在法官面前，針對這張罰單自信而堅定地主張了自己的權利。

我很擔心他這麼做會有不好的後果，他可能會因為藐視法庭而入獄。不過，我很驚喜地聽到傑瑞說，他只是用自己的話將心中所想的告訴法官……而法官竟然認可了他的說法！對於傑瑞來說，在法庭上保持堅定的自信，只不過意味著把自己的想法和事實經過說出來，讓別人去聽罷了，而不用去管是否有人認同。

這個例子足以說明，涉及法律時，我們應該以克制的態度來平衡強勢自主的行為，因為只要掌權者想要，就能拿我們的前途開玩笑。

當你的身體完全任由他人擺布時

第二種不適合表現得太過強勢的情形，也不難理解，就是當你的身體完全任由他人擺布的時候。在那種打了就跑、暴動騷亂、劫財或背後襲擊的情形下，強勢對你並沒有什麼用處。

瓦爾特是個研究生，某天晚上他下課回家時，在一條燈光昏暗的街道上，遇上四個人高馬大、長相凶悍的人，其中一人猛地亮出了彈簧刀，對他說要「借」個五百塊。瓦爾特問我，在那種情形下，我會怎麼辦？我的回答是：

「只要這麼多嗎？我可以借給你們一千塊！」

在無路可走時，與體格上威脅到自己的人充分合作，才是最有利的因應之策。

不明智地逞一時之勇，並不是自信。有人拿著刀槍對你叫囂，你不可能傻到用唱片跳針法，一而再、再而三地囉唆「你不能拿我的錢」。

要是沒常識，再強勢也無法成功

有時候，無論你表現得如何有自信和態度多堅定，都注定贏不了，也注定實現不了你的物質目標。沒有任何方法可以百分百保證你總能成功。在你想運用自主技巧重新協商一種未成形的規範時（尤其是在利益或正式關係中），反而更可能失敗。

我有個學生就發生了這樣的事。他請我指導他如何退掉一個有毛病的輪胎，經過前面的那些練習，他回到銷售商那裡，很堅定又執著地運用唱片跳針法，想要回自己的錢，但對方卻只是嘲笑他。

他把自己的失敗經歷在班上說出來，全班同學都很好奇，在詢問過詳細情況後，他們仍然大惑不解，因為實在找不出這個同學到底少做了什麼。

最後，一個問題揭示了謎底。有人問他：「你覺得銷售商拒絕退貨的原因是什麼？」

他說：「我想，可能是因為那個輪胎已經跑了快四萬公里吧！」

這個學生並不是真的想退貨，他只是想利用強勢自主的表現重拾自尊，因為大約一年半前，他一聲不吭地買下了一個有問題的輪胎。我肯定了他的大膽，但同時也批評他沒常識。

第2章 態度堅定，消除人際挫折感

以堅實的自信為基礎

無論在臨床治療或是自主力訓練課程中，我都觀察到，一個人有了充分自信後，也變得開始知道怎麼與人相處，而接下來，通常都需要我們提供一些幫助來提升社交技巧。自信心不足的人，在一些社交場合中通常難與他人交流，而且往往很靦腆，就像許多青少年一樣，這些成年人即使處於毫無威脅的輕鬆社交環境也不敢開口說話，並且會感到焦慮不安。

社交對話對一個人的健康和幸福有多重要？與我們的獨立自信又有什麼關係？

答案很簡單，對於每個人的重要人際關係，或潛在的重要人際關係來說，社交對話都有著非凡的意義。溝通是「黏合劑」，可以將人們凝聚起來，發展並鞏固人際關係，成為相互支持、共同協商、彼此激勵和滿足的管道。要想發展一種社交關係，雙方往來時，都必須保持最低限度的自信與果決立場。

假如彼此在一開始沒有堅實的自信基礎，日後得耗時數月才能建立起這種關係（如果建立得起來的話）。若某一段新的人際關係毫無進展或破裂了，尤其是男女之間的關係，原因很可能是其中一方不夠有自信把「自己是什麼樣的人」這一點，清楚地讓對方知道（像是自己的意願、好惡、興趣，自己在做什麼、想做什麼以及行事風格等等）。聊聊自己是什麼樣的人、怎樣生活、有什麼能力，並讓其他人也同樣舒適愉快地談談你，都屬於自信堅定的人際溝通技巧。

所謂強勢的自主，並不只是主張自己的權利、不受他人操控這麼簡單（雖然後者是我一直強調的）。從社交意義上來說，強勢的自主指的是：透過溝通，把你是什麼人、做了什麼事、想要什麼、對生活有什麼期望等訊息傳達給對方。很可能對方也是一個充滿自信的人，於是你們就有了基礎，可以建立起互惠互利、獨立自主的關係。社交上的果斷自信能讓你看出，你們之間是否缺少或根本沒有共同的興趣，進而避免陷入僵局，因為這樣的關係對雙方來說，都沒有繼續發展下去的可能。

缺乏這些溝通技巧，也許將導致人際交往的挫折感。當你置身於新的社交環境中，這種受挫經歷就會引發內心的焦慮反應。過去的失敗經驗而形成的焦慮感，會抑制你的自主性，使得你羞於談論自己的情況，也無法聽出對方所透露的個人訊息。

在為一門教人「以言語因應焦慮型社交關係」的課程做準備時，我發現在社交場合，大家常常會主動透露一些別人沒問到自己的訊息，其中有許多是關於興趣、願望、偏見，令人高興或擔憂的事，或者與我們的生活模式有關。若你在跟他人交談時，並非只用「是」、「不是」或含糊回答，那麼無論你說什麼，都會給對方留下許多提示和印象，讓他明白在人生中的某個特定時刻，你看重的是什麼。

溝通技巧3&4

自・由・訊・息・法&自・我・表・露・法

要想在社交場合有自信地與他人溝通，必須掌握兩種技巧：自由訊息法與自我表露法。

首先，你得練習聆聽別人說出口的，關於他們自己情況的一些提示。密切注意別人所透露的「自由訊息」（也就是你並未詢問這些訊息，也沒有做過評論），在社交場合會有一箭雙鵰的效果。這些自由訊息提供了交談的話題，使你們除了天氣還有別的話可聊，可以避免出現令人心慌的沉默。在尷尬無語時，你會在心裡不停自問：「我該說什麼呢？」另外更重要的是，注意這些自由訊息，表示你對別人所看重的事情也有興趣，這樣不但能鼓勵對方再說下去，也可以讓別人感到輕鬆自在。

有效地進行溝通，必須掌握的第二種技巧就是「自我表露法」。帶著堅定的自信透露自己的情況，包括你的想法、感受，以及對他人自由訊息的回應，這能使談話變成一種雙向交流。如果不表露自己，交談就會變得做作，讓人覺得你在扮演訊問者或檢察官的角色，只想窺探他人生活，而不願與別人分享自己的生活經驗。

讓我們先花一點時間，看看如何區分自由訊息和其他交談，並且簡要地討論一下什麼是自我表露。

辨識自由訊息

假設在一次正式的社交場合，你剛剛被介紹給一位陌生人（或更好的是你已經做過自我介紹了），你可能會這麼問對方：「你家離這兒近嗎，瑪麗？」

要是瑪麗回答：「不近。」那麼，她就沒有對你提供任何自由訊息。

而如果她回答：「不近呢，我住在聖塔莫妮卡，離海邊倒是很近。」那麼，她就提供了兩條你並未問及的訊息。第一，她住在聖塔莫妮卡；第二，她很可能喜歡海邊，而且常去。你也許還會得知其他的自由訊息，比如：她結婚了，有三個孩子，養了兩條狗，她只是在等丈夫過來……等等。

當別人提供了自由訊息之後，你又該如何加以處理呢？如何才能跟進這些自由訊息，進而更了解瑪麗，也讓她更了解你呢？對於別人所透露的自由訊息，有兩種方法可以跟進。

在瑪麗的例子中，也許你只要問她聖塔莫妮卡是什麼樣子就行了。如此明顯的提問，會鼓勵瑪麗告訴你很多聖塔莫妮卡的情況，但其中瑪麗自己的訊息可能就不多了。

為了更進一步交談，你可以問瑪麗覺得聖塔莫妮卡怎麼樣。比方說，你可以用自我表露法這麼問她：「我從來沒在聖塔莫妮卡住過，不過很多朋友都說那裡很不錯。你是怎麼決定住在那兒的呢？」這種問法更進一步指向了「瑪麗」這個話題，而不是「聖塔莫妮卡」。

其他關於自由訊息的例子還有：瑪麗會做陶器、她正在上夜校學打字、她有自己的滑水板、她還是單身等。跟進這些相關線索，可以獲得關於製陶、打字、滑水或單身生活的更多訊息，也可以凸顯瑪麗為何喜歡製陶、打字、滑水，以及她為何單身、如何保持單身等訊息。無論強調的是對於陶藝或陶藝與瑪麗之間的關聯，我們都能自信十足地選擇雙向交流。

進行自我表露

為了更進一步做好人際溝通，我們也有必要把自己的訊息透露給對方，可以選擇談論別人感興趣的話題，也可以聊一聊我們與這個主題的關係。

後面這種自我表露法很簡單，比如說：「我真的不太懂陶藝。你能解釋給我聽嗎？還是你以製陶為生呢？」或說：「我以前從來都沒跟人聊過陶藝呢！這一行是做什麼的？」或說：「我很難擠出時間去做像製陶那麼有意思的事。你是怎麼做到的？」

透過披露自身的訊息，來回應對方的自由訊息，能讓對方更輕鬆地鼓勵你進一步表露自己，進而了解你的興趣、生活模式，甚至是你碰到的問題。

實際練習方式

在指導學生辨識、跟進自由訊息並運用自我表露法的過程中，我運用兩種常態練習方式。第一種練習，是讓學生與一名隨意指定的人分成一組，只練習跟進此人所提供的自由訊息。學習辨識自由訊息的人，並不提供任何自由訊息，也不進行自我表露，他只需要集中精神去辨識同伴所給的自由訊息，並且跟進。

在雙方互換角色，並且都進行了充分的練習之後，就開始進行第二種練習。在第二種練習中，學生接受的指令是，同伴每給出一條自由訊息，他都應該回應一條自我表露的訊息。

而當雙方都練習過針對彼此的訊息進行回饋，同時鼓勵對方繼續透露更多訊息的技巧後，兩人就可以同時加入對話。若有人看到這樣的對話，會覺得它很逼真，根本看不出對話形式死板，也看不出對話雙方是在練習。

當我指導人們在社交場合發揮自信交談時，總有人會這樣說：「我覺得人與人之間的交流並不是人為創造的，有就有，沒有就沒有。練習如此有條有理地交談不但很假，也很呆板！」對於這樣的觀點，我通常不會耐著性子長久進行討論。相反地，我會說一番話，就跟以下這位老太太的話很相似。

有位老太太在觀看阿姆斯壯為人類踏上那一大步的電視轉播時，記者問她是不是也想將來有一天親自到月球去看看。老太太回答：「要是上帝想讓我們到月球上去，他就不會賜給我們電視機，讓我們在這裡看月球了！」

以下這段對話，是我的自主力訓練小組通用的示範練習。儘管對話的風格和內容都是為年輕人約會而設計的，但其中辨識自由訊息，並利用自我表露法跟進訊息的技巧，在許多社交場合都適用。

對話3
第一次約會避免冷場（男孩—女孩）

這段對話是演練給加州理工學院和聖心學院的學生看的，對話主題是「週末的邂逅」，彼得與珍藉此示範跟進自由訊息的技巧。對話以年輕人在約會中碰到的交談問題為中心展開。

對話情境：彼得剛剛把珍從家裡接出來，進行兩人的第一次約會。

彼得：嗨，珍。

珍：嗨，彼得，你好嗎？

彼得：我很好。你呢？

珍：我覺得很開心。

彼得：太棒了，我也是。

珍：我們走吧，我都準備好了。

彼得：好啊，我們走過去吧！只有四、五條街，我們可以邊走邊聊。

珍：好。

彼得：你今天都做了什麼？有什麼好玩的事嗎？

珍：沒有啊，我一整天都在讀書。**（自由訊息）**

（注意1：珍用「沒有」回答，表示今天沒發生什麼有意思的事。然後她給了一條自由訊息：她在讀書——對學生來說，這是極有可能的，但我們不能理所當然地進行假設，因為除了讀書，學生也會做其他的事。所以彼得可以問：(1)她不讀書時通常做什麼？(2)最近她遇到了什麼有意思的事情？(3)她為什麼要讀書？(4)她為什麼要在這個特定的時間讀書？）

彼得：你為什麼要讀書啊？

珍：下週我有兩科考試呢！（**關於日程的自由訊息**）

彼得：考哪兩科？

珍：莎士比亞文學和繁殖生物學。

（注意2：彼得可以用兩種方式回應：⑴客觀地進行回應；⑵針對珍的個人興趣進行回應。前者像是「跟我聊聊莎士比亞的戲劇」；後者則更具個人針對性，比如：「你是怎麼開始對莎士比亞感興趣的？」）

彼得：哈哈！我很喜歡戲劇。你這兩門課的組合真是太妙了，莎士比亞和繁殖！我知道你對繁殖感興趣的原因，但你是怎麼對莎士比亞感興趣的呢？（**自我表露法**）

珍：我媽遇到我爸之前，大學念的是戲劇。我想，我的興趣是從她那兒遺傳來的。（**關於父母的自由訊息**）

彼得：我們家人可沒有演戲天賦。你媽放棄演藝事業，你覺得好還是不好呢？我倒是覺得，要是有個關係親密的人對百老匯和好萊塢名人瞭若指掌，真是棒透了！（**自我表露法**）

珍：我也覺得那樣很棒，不過，我還是喜歡她現在這樣，能夠照顧我爸爸和全家人。（**關於母親的自由訊息**）

彼得：你是不是覺得那就是你的生活模式？做個家庭主婦，就那樣嗎？有時我覺得對於女性來說，家務事真是煩人呀！（**自我表露法**）

珍：我不曉得。我只知道我還不想結婚，我想先看看自己能做什麼。（**關於個人目標的自由訊息**）

彼得：我也這麼想，我想先自立一段時間。你想做什麼工作，演戲嗎？（**自我表露法**）

珍：也許吧。要是我夠厲害，能在演藝界闖出名堂就好了。那你的目標呢？（**關於自我懷

疑的自由訊息）

彼得：我還沒想好到底是要當一名腦外科醫生呢，還是做電車車掌。

珍：真是好笑！太好笑了！那麼老掉牙的玩笑，大家都不說了。

彼得：我知道這個玩笑不怎麼樣，不過這是我最喜歡的玩笑。你聽過更好笑的嗎？**（自我表露法）**

珍：沒有，我記得的全都是腦筋急轉彎。**（關於幽默品味的自由訊息）**

彼得：腦筋急轉彎也很不錯呀，你也許知道一些我沒聽過的呢！**（自我表露法）**

珍：可是我想聊聊你。畢業後，你打算做什麼？**（自我表露法）**

彼得：難道你總是把跟你約會的人調查得這麼徹底嗎？

珍：得了吧。你主修什麼？

彼得：我投降。老實說好了，我讀航太工程。不過，我有點像個好戰分子。**（關於政治的自由訊息）**

珍：也沒那麼糟糕啦。但你看起來不像航太工程師呀！**（自由訊息）**

彼得：那我看起來像什麼？

珍：（吃吃地笑著）你看起來更像是公羊隊的後衛。

彼得：我也曾經這麼覺得。沒想到你還挺喜歡運動的。**（自我表露法）**

珍：你在碎碎念什麼呀？

彼得：對齁，我在碎碎念什麼呢？

向別人透露我們的個人訊息，是相當有效的自主技巧，不但在社交場合如此，發生爭端時也同樣有效。對於你個人的情感、煩惱、無知或性格上的優柔寡斷，別人都無法透過否定或忽視你的真實感受來回應。

若你不想借別人車子，遇到人家來向你借時，你會推三阻四地編出很多理由來說明，為什麼你在那個特定時間不能借出車子。然而，即使是對自己，你也不會承認要是把車子借出去，你就會擔心、不安。其實，這才是最無懈可擊的「理由」。就算明知沒什麼好擔心的，你就是會擔心。以前把車子借給人家用時，也沒發生過什麼不好的事呀！但是，這樣的邏輯其實並沒有什麼關係。你的情感可能並不合理，但它們仍然是你的真實情感，我們必須尊重這些感受。

遺憾的是，通常我們並不尊重自己的情感。有人想借車時，我們也許會告訴自己「不應該」擔心，但是，並未坦誠直言「不行」並且不加解釋，而是編出很多聽起來覺得容易接受的理由。當然，我一直強調的這種主動自我表露，是指透露那些我們認為應該隱藏起來的部分，比如反感、憂慮、無知和懼怕等。主動的自我表露，不應與全盤托出、毫無自尊可言的「告解」混淆，因為「告解」代表的是不自覺、無意識和已成習慣。

要防止他人操控、確保自己內心平和，主動表露自己的不足之處，並表示願意接納自己的不足，很可能是一種最有效的自主技巧。

如果你主動透露出自己內在的本性與擔憂後，別人卻想要讓你相信你「不應該」或無權那樣想，你的回應就應該更簡單而直接：「也許是如此，不過我就是那麼想的。」這是一種誠實、坦率的回應，讓別人無法加以操控。做出這種自我表露之後，對方也必須同樣誠實、坦率地說出他的需求，不然就是根本不搭理你。

在接下來的許多對話例子中可以看到，適當地運用自我表露法，不但可以幫你應付企圖操控你的二手車經銷商、店員、推銷員、生意人、修車師傅、你的同事和老闆，以及朋友、鄰居、親戚、父母和孩子，還能提升你的社交和溝通技巧。

「不敢看別人」透露出你的焦慮

到目前為止，我所談的大都是與他人相處的語言行為。訓練自主力的目的，是為了培養出一個沉著自信、善於因應衝突，並且相當冷靜的人。如果你在表現自信的同時，流露出別人可以察覺的焦慮，那麼你可能對其他人產生不了影響。有人嘴上說的是一回事，但肢體語言顯示的卻是另一回事。別人或許無法明確指出你感到焦慮的小地方，但他們仍然能精準地捕捉到。

跟他人打交道的時候，最明顯暗示出你不安的線索，就是不跟對方眼神接觸。當你把肯定的語言訊息傳達給對方，但同時又表現出內心焦慮時，對方就會傾向於注意你的焦慮不安，而不會留意你所說的話，如此一來，你向他人傳達想法的機會就減少了。因為焦慮往往被認為是一種不正常的行為，而一般人因應非正常行為的方式，就是面對醉鬼的模式。大多數人都不會把一個表現異常的人當回事，因而對你做出的承諾通常也兌現不了，那只是權宜之計，目的是迅速擺脫掉眼前這個焦慮不安的人。

「缺乏眼神接觸」這種最常見的焦慮暗示，屬於一種習得性的逃避反應。我們是在不知不覺中避免與他人目光交流的。過去，若我們在衝突中與對方眼神接觸，但又沒有處理好爭端的話，對方就會讓我們焦慮不安。儘管我們自己並未意識到這一點，但為了降低焦慮感，便逐漸形成了習慣性的逃避反應，也就是把注意力從那個人身上移開，這樣感覺就好多了。不看著對方，我們就不會那麼焦慮。年深日久，當我們多次使用這種方法成功地消除焦慮後，漸漸就養成了不與他人對視的習慣。

由於這是一種焦慮反應，所以治療缺乏眼神接觸的方法很簡單。除了結合前面的社交對話訓練，我還運用以下練習，有助於消除目光交流帶來的焦慮不安。

眼神接觸的練習

這種練習是讓學生們倆倆對坐，相距約一至二公尺。

我對他們說：「我要你們其中一人一直盯著對方的眼睛，看能不能判斷出對方在看什麼。假如他看著你的腳，你很可能判斷得出來。若他看的是你鼻子周遭一個半徑二十公分的圓圈，那麼你雖然能看出他的眼睛在轉動，卻無法判斷他真正看的是什麼。現在，我要你們每組中的一個人，按照順序看著同伴的鼻子、下巴、脖子、喉結、領口、前胸，然後再看一看，同伴什麼時候能判斷出你沒有在看他的眼睛。」

（學生們按照指令進行。）

我接著說：「有人能夠準確判斷出，同伴什麼時候沒在看你的眼睛嗎？不是指他轉動眼睛時，而是指他的眼睛不動的時候。當你和他對視時，你感到有多緊張呢？用刻度從零到一百的『恐懼溫度計』來衡量吧！零表示你很放鬆，都快睡著了，一百則表示你極度緊張到快受不了。記住你的緊張程度，然後跟完成整個練習後的感受做比較。

「現在，我要每組的兩個人，都將目光集中到我告訴你們的位置上。我會讓你們把目光逐漸從同伴的腳趾移到他的鼻子上，並在每個不同的部位停留約十到三十秒的時間。預備，開始：

「右腳—左腳—右膝—左踝—右膝—肚臍—左膝—右小腿—左大腿—肚臍—右肘—胸膛—左肩—肚臍—領口—左肘—右肩—脖子—左肩—頭頂—左耳—下巴—右耳—髮際—左耳—嘴—右耳—額頭—左頰—右耳—鼻子—左耳—右頰—左眉—鼻子—右眉—鼻梁—左眼—鼻子—右眼—左眼—鼻子—額頭—右眼—左眼—右眼—雙眼—停住，保持一分鐘不動。」

我還讓學生自己練習，要他們和朋友、配偶或其他人一起，每星期三次，練習三週。在課堂上練習結束後，我會馬上讓同組的兩名學生，在重複社交對話練習最後一部分內容的同時，練習眼神接觸。

大多數的人都覺得在回答問題或說話時，很難做到直視對方，也都發現此時自己很難集中注意力。我建議他們，可以將目光聚焦於對方鼻子周遭半徑約二十公分的範圍內，而非盯著對方的眼睛。

有許多學生發現，回答問題時看著對方的耳朵，會讓他們不覺得那麼緊張焦慮，也不會打斷他們的思路。

第3章 自信回應操控性的批評

模糊重點法、自我否定法和否定詢問法

按部就班地運用本章所說的模糊重點法、自我否定法和否定詢問法等溝通技巧，強勢堅持自己的自主權，將會得到兩個重要結果：

1.練習這些技巧，可以讓我們把由批評引發的負面焦慮反應降到最低，無論這種批評是真實存在還是想像的，也不管是自我批評還是來自他人。我們的情緒回應和態度會發生內在的變化，這一點已經被臨床治療所證實。這種內在變化的最終結果就是：我們內心的衝突少了，更能接受自己個性中的積極和消極面向。

2.由批評所引發的習得性焦慮，會讓我們棄自己的意願不顧。而反覆練習模糊重點法、自我否定法和否定詢問法，將能切斷別人對我們的情感操控，消除那些讓我們下意識做出回應、甚至感到驚慌的因子。

過去在榮民醫院時，我曾教丈夫或妻子某種技巧，使他們能因應配偶的操控性批評——這種配偶通常都自信不足，也許還很愛嘮叨。我發現，被批評的人往往都變得很防衛，並且拒絕接受批評。

比如一位很愛嘮叨的妻子，從小就被教育她的需求必須有正當理由，必須「經得起法律檢驗」，甚至必須經得起宗教道德的檢驗。跟其他心理上已習慣循規蹈矩的人一樣，她也很難說出什麼「合理」的理由，來證明人生中許多需求是正當的。她從小已經習慣了如果想要什麼東西，就必須「給一個理由」。若丈夫做了什麼事，害她沒辦法達成自己想要的（例如丈夫只是待在家裡修修車子，沒有帶她出門找朋友），卻因為她沒有足夠的自信來處理這種情況，就只好將自己的武斷標準操控性地強加給丈夫，怪他沒有照著做。或者丈夫要是想修車，他就得「證明」自己有理，否則就該被指責。就像我奶奶過去常說的：只要你想，總有辦法找到別人的缺點，就像雞蛋裡挑骨頭。

雞蛋裡挑骨頭

在人際交往中，不難見到這種對他人的操控性批評。我們只要將自己的標準武斷地強加於人際關係，就可以輕易挑出毛病，這種標準無非就是簡單地說明對錯規則，說明事情「應該」是什麼樣子罷了。大家經常把自己所設的規範強加給對方，而大多數人也都習慣於接受這種「標準」，甚至會打從心底相信。

自信心不足的妻子，可能會責怪丈夫做了使她不高興的事，說：「你整個週末都圍著那輛破車轉，簡直是浪費時間！」

她試圖強加於夫妻關係和丈夫行為的武斷標準是：整個週末放鬆、修車是不對的！事實上，這種對錯標準與修不修車無關，只跟丈夫沒陪她出門找朋友有關。為了滿足自己的需求，而去批評、指責丈夫，這種做法帶有操控性。她這樣做的原因，還是在於缺乏自信。她無法提供充分的理由，無法說明她拜訪朋友的願望是正當、合理的。

要是被責怪的丈夫不自覺地接受了這種對錯的框架（亦即他的休息和率性是「不對」的），他便會順其自然地承認妻子怪得對、怪得合理。但由於大多數人犯錯時都會習慣性地焦慮、不安或內疚（因為犯錯「不對」），所以被怪罪的那一方，多半會利用邏輯、說理甚至針鋒相對的指責，來否認事實。

比如丈夫會說：「我才沒有整個週末都在修車呢！昨天中午我都沒想到要修車，今天下午我還睡了一個小時的午覺。況且，有什麼話你應該說出來呀！我不在家的時候，你整天就知道守著電視，看那些蠢電視劇！」一旦丈夫如此回應，往往會招來更多的指責，而形成「指責↓不承認錯誤↓繼續指責」的惡性循環。

隨著惡性循環不斷升級，通常一方就會生氣，進而攻擊對方，或走開不理對方。

有效的因應模式

當妻子因自信不足而做出指責時，丈夫除了自衛和不承認過錯外，還需要其他因應方法，才不會破壞雙方關係。有效的因應模式應該包括以下這幾個重點：

1.可以讓你學會區分：(1)他人所說的、與你的行為相關的事實（你總是在修你的車）；和(2)他人未明說，但暗示你「錯了」，進而可能武斷強加於你的對錯標準（放鬆是「不對的」）。

2.可以讓你學會面對批評時泰然處之。對方通常不會明確指出對錯，只會透過指責，表明你的某種行為「不對」（你整個週末都在修車）。有效的因應方式也能讓你學會不焦慮，因為你根本沒必要理會對方的批評，只要對事實做出回應就行了（你說得對，我的確都在修車）。

3.當別人把自己的武斷標準強加於你，認為你的行為是錯誤時（週末你圍著汽車轉是不對的），你可以學會泰然以對。有效的因應方式也能使你不再對這種批評感到焦慮，因為你不需要接受對方強加的想法，反而可以進一步問對方，你的行為有什麼錯（我不明白，我都在修車有什麼錯呢？）。這樣既可以防止自己受操控，還可以鼓勵對方明確說出心中所想：「好吧，我想跟你一起去拜訪朋友，不想要整個週末都待在家。」

4.可以讓你學會區分：(1)他人所指出的、與你的過錯相關的事實（你又忘記蓋上牙膏蓋了）；和(2)對於你的行為事實，他人可能武斷強加於你的對錯標準（忘記蓋上牙膏蓋是「不對的」）。

5.可以讓你學會面對過錯，不因為犯了錯而被人操控。儘管這些過錯會導致效率降低、造成浪費、常常徒勞無功、愚蠢又氣人，需要加以改正，但你也只要說：「說得對，我又沒蓋上牙膏蓋了，真蠢（這個詞還可以替換成沒用、浪費、白費力氣）。」

運用模糊重點法、自我否定法和否定詢問法，有助於我們因應他人的操控性批評。現在，讓我們從模糊重點法開始，依次來學習這三種溝通技巧。

溝通技巧5
模·糊·重·點·法

我常常告訴大家，不要因為拒絕接受批評和指責而做出回應（那不過是以牙還牙罷了），不要戒心重重，也不要用批評與指責來反擊。

對於進行治療的患者，我一開始就設定了一個情境（比如他只是待在家裡修修車子），讓他們用這種模式來回應批評——我讓他們把自己當成一個模糊的「霧區」，因為霧區在許多方面都值得我們學習：

- 霧區很持久。
- 我們無法清晰地看透它。
- 霧區不會阻擋我們對它的深入洞察。
- 霧區不會反擊。
- 霧區沒有堅硬的盔甲做武裝，要是對那裡丟石頭，石頭不會反彈回來，所以我們無法撿起同一塊石頭再次投向霧中。
- 我們可以把石頭扔進霧裡，霧區卻絲毫不受影響。

因此，大家自然不會試圖改變這一塊持久堅韌、獨立自主又無法操控的霧區。而同樣地，在受到批評和指責時，你可以自信相對，方法就是不抵抗，不以堅硬的盔甲武裝內心，不給這些挑剔機會傷害你。

模糊重點法的對應模式

關於模糊重點法，我還取了其他一些名稱，比如「承認事實」、「承認可能性」或「原則上同意」等，以便更具體地加以描述。模糊重點法的對應模式有以下三種：

1. 當他人開口批評時，我們可以承認其中所指出的「任何事實」（承認事實）。比如一位太過溺愛孩子的母親，即使女兒已長大離家了，卻仍想要事事都管著她。女兒可以運用模糊重點法回應母親的批評（這種批評是暗示或表明女兒做得不對），就像我的一位患者莎莉。

母親：莎莉，你又很晚才回家。昨晚我到十二點半了還打過電話給你呢！

莎莉：是的，媽，昨晚我又回來得很晚。

2. 當他人開口批評時，我們可以承認其中所指出的「任何可能的事實」（承認可能性）。在這個例子中，如果母親直接批評莎莉有哪裡不對，莎莉仍然可以運用模糊重點法回應。

母親：莎莉，要是你常常都這樣很晚才回家，你可能又會生病。

莎莉：也許您說得對，媽（或「的確有可能」，或「您說得對，媽媽，要是我少出去，很可能就會多睡點覺」）。

3.當他人想用邏輯性的言語來操控我們時，我們可以同意其中所指出的「基本事實」（原則上同意）。在這個例子中，假如母親堅持要將自己的人生規範強加於女兒的生活，那麼，莎莉可以繼續運用模糊重點法。

母親：莎莉，你知道，對於想要找個好對象結婚的年輕女孩來說，漂亮的容貌非常重要。如果你總是很晚才回家、睡眠不足，氣色就會不好。你不想那樣，對不對？

莎莉：您是對的，媽。您說的很有道理，所以等我覺得有必要的時候，我會盡早回家。

在上述例子裡，莎莉顯然在外面很吃得開，所以她還加了一些帶有目的性的話，以擺脫母親的束縛，比如：

「……不過，我要是您的話，就不會因為擔心女兒而自己這麼晚睡了。」

「……我現在倒是希望經常晚回家呢！因為很多男生都想和我約會。」

模擬對話練習

進行模糊重點法的演練時，我會讓學生兩人一組，其中一人練習模糊重點法，另一人則扮演吹毛求疵的批評者。

練習模糊重點法的人接到的指令是，運用「承認事實」、「承認可能性」或「原則上同意」等方法，同意所受到的任何批評。

而批評者接到的指令是，用否定性的話語，從批評同伴的衣著、態度開始，最後逐漸發展到對於道德品行、可能有的性習慣，以及其他可以想到的、最令人無法忍受的批評。

當兩人互換過角色、結束練習之後，我便逐一單獨會見每一組人，試圖淡化角色扮演中的批評和現實生活中的批評之間的差異。

這麼做是為了讓學生降低因批評引發的焦慮反應，但我沒有明確說出意圖，而是讓學生迅速將練習中的一小段重演一遍，並且認真地插入不切實際的評價，比如：「你能做得更好／那不太好吧／你看起來不善於學習／你的同伴似乎比你更擅長／也許你需要深入分析一下自己的性格，而不是上這種課……」等等。

當學生能夠做到習以為常時，通常會帶著微笑從容地回答我，至少會眼睛一亮。此時，我通常會忍不住大笑起來。起初原本是令他們焦慮不安的練習，最後卻變成了一次樂趣無窮的經歷。真是矛盾啊，別人批評你，但你卻覺得有趣。

運用這種方法，學生們通常都學得很快，因此我會不時改變一下模式，讓四個人一起練習，其中一人練習模糊重點法，一人負責批評，另外兩人充當觀察員。在練習的前半段，由兩名觀察員對練習模糊重點法的人進行指導；到了後半段，他們又得去指導批評者，幫他多想出一些令人受不了的損人話語。

對話4
回應別人不客氣的批評（被批評者─批評者）

對話情境：兩名學生在課堂上練習模糊重點法。

批評者：你跟平常一樣，又穿得邋裡邋遢的。
學生：說得對，我穿得跟平常一樣。**（模糊重點法）**
批評者：再看看你的褲子，就像剛從洗衣機裡偷來的，熨都沒熨過！
學生：褲子是有點縐，對吧？**（模糊重點法）**
批評者：不只縐，簡直醜斃了。
學生：也許你說得對，這條褲子看起來確實不太適合穿出來。**（模糊重點法）**
批評者：再看看你的襯衫！你的品味一定不怎麼樣。
學生：也許是這樣，我對衣著的品味並非我的強項。**（模糊重點法）**
批評者：穿成這樣的人，顯然沒什麼優點。
學生：你說得對，我的確有很多缺點。**（模糊重點法）**
批評者：缺點！你以為有這麼簡單嗎？那些更像是缺口！你的個性簡直就是一個空無一物的大峽谷。
學生：也許你說得對，我還有許多可以改進的地方。**（模糊重點法）**

批評者：要是你連衣服都穿不好，那我真懷疑你能不能把工作做好。
學生：的確，我可以改進我的工作。（**模糊重點法**）
批評者：而你很可能還每週都領薪水，剝削你那可憐的老闆，一點也不內疚。
學生：你說得對，我一點也不感到內疚。（**模糊重點法**）
批評者：這是什麼話？你應該覺得內疚才對！
學生：也許你說得對，我可以感覺內疚一點的。（**模糊重點法**）
批評者：你大概也不會好好運用從別人那兒騙來的薪水吧！他們都是辛苦工作的人，不像你，遊手好閒。
學生：也許你說得對，我可以更完善地安排開支，而我也的確經常無所事事。（**模糊重點法**）
批評者：要是你聰明一點，還有點道德感的話，可以去問問別人，買幾件好一點的衣服，就不會像個乞丐了。
學生：是的，我可以問問別人怎樣才能買到更好的衣服，而且，我當然也可以變得比現在更聰明。（**模糊重點法**）
批評者：我跟你說了這些你不喜歡聽的話，你看起來很緊張呀！
學生：是的，我看起來的確很緊張。（**模糊重點法**）
批評者：你不該感到緊張的，我是你的朋友。
學生：是的，我不該像現在這麼緊張。（**模糊重點法**）
批評者：大概也只有我才會跟你說這些吧！
學生：是的，這一點你說得真對！（**帶有諷刺重點的模糊重點法**）

批評者：你這是在挖苦我！

學生：對，我剛才是挖苦。（**模糊重點法**）

批評者：你到這裡來，不是為了學會挖苦諷刺的，這一點你很清楚！你這是在故意抗拒去學習模糊重點法。

學生：你說得對，我已經知道如何挖苦諷刺了，很可能我是在抗拒學習新知識。（**模糊重點法**）

批評者：只有蠢蛋才會這麼做。

學生：也許你說得對，這麼做，我可能是很愚蠢。（**模糊重點法**）

批評者：那你永遠都學不會。

學生：也許你說得對，我可能永遠都掌握不好。（**模糊重點法**）

批評者：你又在掏耳朵了。

學生：是的。（**模糊重點法**）

批評者：我一說出來，你立刻就把手拿開了。

學生：是嗎？（**模糊重點法**）

批評者：看來我指出這個事實，又讓你緊張了起來。

學生：我想你說得對。（**模糊重點法**）

批評者：你呀，真是無藥可救了。

學生：也許你說得對。（**模糊重點法**）

批評者：還有，你這是什麼髮型啊？像是髒兮兮的嬉皮髮型。

學生：的確。我可以再理得乾淨一些，對吧？（**模糊重點法**）

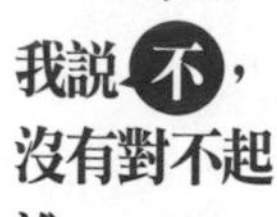

批評者：你大概很想像嬉皮那樣生活吧！永遠都用不著梳洗，整天邋裡邋遢的。

學生：也許你說得對，或許我該考慮考慮！**（模糊重點法）**

批評者：你大概也很欣賞他們做出的那些性變態行為吧！

學生：有道理。你可能真說到重點了！**（模糊重點法）**

批評者：在我看來，你就像是那樣的人，根本用不著去跟嬉皮學。很可能你早就了解了。

學生：是的，我終生都在研究呢！**（模糊重點法）**

批評者：是呀，不過從你那雙發光的眼睛我便看得出來，你早已付諸行動了吧！

學生：（這次笑得合不攏嘴）也許你說得對。**（模糊重點法）**

批評者：別人說你好話的時候，你可不該張大嘴巴笑。

學生：是的，我不該笑。**（模糊重點法）**

批評者：你只會附和我。

學生：說得對。**（模糊重點法）**

批評者：聽起來你真像應聲蟲，沒骨氣，沒個性。

學生：聽起來我的確是。**（模糊重點法）**

批評者：你不是聽起來像應聲蟲，你分明就是應聲蟲！

學生：也許你說得對。**（模糊重點法）**

批評者：你又來了。

學生：是的，我又這樣了。**（模糊重點法）**

批評者：我覺得你除了說「是」，其他就一個字也擠不出來了！

學生：我能明白你為什麼這樣想。**（模糊重點法）**

批評者：好吧，你說一聲「不」，認真一點行不行？

學生：也許吧。（**模糊重點法**）

批評者：難道你不知道怎麼說？

學生：這就得看情況了，不是嗎？

這一段對話練習，達到了幾個練習模糊重點法的目的。首先，這種練習迫使學生要仔細聽清楚批評者說的話。比如要是批評者說：「你聽起來像是……」學生應該回答：「你說得對，我聽起來確實像是……」而要是批評者說：「我覺得你……」學生則回答：「看得出來，你確實覺得……」或說：「我能理解你為什麼會認為……」

剛入門的學生所學的，只是回答批評者明確說出的話，而不必回應批評者的言外之意。這種方法，能夠指導初學者變成一個善於傾聽的人。不用去猜測批評者的心思，不用為了順應心裡的不安而強去理解對方的意思，其實在我們每個人的內心深處，都存有這種自我懷疑和不安全感。

此外，這種練習還迫使學生考慮各種可能性：你不是絕對會贏的，事情也不是只有對錯、黑白那麼簡單。他的頭髮很可能的確不乾淨；他的性行為（或沒有性行為）很可能兩頭不討好，色情狂和禁欲主義者都被視為變態。總之，不管是什麼樣的批評，其中至少都含有少量事實，而事實的多少，則取決於批評者站在什麼樣的相對立場來看待我們的行為和性格。

就讓他們去說吧

練習模糊重點法時，總會有學生提出這個質疑：「要是別人跟我說的不是事實，我又怎麼能夠贊同呢？我不願意在自己的問題上說謊！」照我的經驗來看，之所以會產生這樣的問題，若不是因為批評太過切中要害而令人不舒服，就是因為被問的人缺乏自信，需要極力堅持自身的正面部分，否則會忍受不了任何中傷誹謗。

我常這樣告訴學生：「要是有人跟你說你正離地三尺懸在空中，你該怎麼辦呢？事實上，你正穩穩地站在地上。眼見為憑的時候，你確實不用反駁，只需大笑，可是對於那些並不絕對、不好證明的事實，又該怎麼辦呢？假如有人說你笨，你該怎麼回答？你不笨吧？（此時大家往往都會搖頭否認。）哦，那麼恭喜大家！你們都很幸運，因為我就很笨。有時我會做很傻的事，其他時候我又很聰明，不過，我大多數時候都很笨。再說，跟什麼人比才是笨呢？跟愛因斯坦相比，我不過是個白痴。所以要是有人說我笨，我會欣然同意。因此，我會傾聽別人對我的各種評價。就讓他們去說吧！畢竟他們有可能說中，但在同時我仍然有自己的判斷，去做我決定要做的事情。」

有個學生對此窮追不捨，於是我們有了這段簡短的對話。

學生：您知不知道您的智商是多少呢？

我：知道啊。

學生：是不是高於正常值，高於一百呢？

我：是的。

學生：那麼，要是我這樣說：「您的智商遠低於正常值，還比不上半個白痴！」您又如何用模糊重點法來回答我呢？

我：很簡單啊！我會說：「你會這麼想，我並不驚訝，有時我的腦子很不靈光，我甚至都懷疑我的智商是搞錯了呢！」

學生：我們再試試別的辦法。您是同性戀嗎？

我：我覺得不是。

學生：換種模式來說吧。您信奉同性戀嗎？

我：不信奉。

學生：那麼，假如我說：「您是我見過最娘娘腔的男老師了。您把這裡的一切都搞得好娘！」您又怎麼能夠同意我的話呢？

我：還是很簡單呀！我可以說：「也許你說得對吧。我也想知道是不是因為這個原因，讓我不再像以前那樣有性欲了呢！十七歲的時候，我心裡時時刻刻都想著性愛，但現在不是了。」我並不完美哦！還想再試一次嗎？

在我示範時，有的學生會問：「您運用模糊重點法時，到底是不是真心誠意地贊同我的批評？」

我喜歡這樣回答：「真心誠意就是真心誠意，怎麼可以說別人沒誠意呢？」

或是像我的同事謝爾曼，他在聖地牙哥上課時，學生也問過這個問題，他經常這樣回答：「這一點真的有關係嗎？」

會提出這種問題，是因為發問的學生執著於邏輯，執著於其他所有可以用來操控人、讓人無法我行我素的外在規範。

新手的幽默感

在我的經驗中，所有的溝通技巧裡，學生最能夠接受的就是模糊重點法。

有一次，我遇到了以前的一個學生，他是一位物理學家，在加州理工學院的噴射推進實驗室工作，他告訴我一件很好笑的事。

遇到他之前的那晚，我剛為加州理工學院的學生上了一堂自主溝通技巧的入門講座。第二天，這位物理學家注意到，實驗室裡的一名實習生哈利整個上午都在到處蹓躂，並且不管別人跟他說什麼，他都一律用模糊重點法來回答。他一直熱情高漲，不停地以「也許你說得對」來回答所有事情，包括「你要喝咖啡嗎？」這樣的話。

由於這位物理學家聽我在課堂上描述過，這個學習階段就是典型的「躍躍欲試」時期，而且他自己也親身經歷過，所以他知道我能理解其中幽默之處。

隨著他的描述，得知哈利撩撥其他員工批評他，好讓他練習模糊重點法，我的腦海裡出現了種種愚蠢的幻想。儘管覺得對不起加州理工學院那些優秀的員工和學生，但我還是忍不住想像著，哈利正在對一位氣得七竅生煙的教授說：「您說得對。您趴在原子離心器上時，我不該捅您的屁股。」

物理學家眼中閃爍著頑皮的神情，也對那個模糊重點法的新手有些同情。他告訴我，當時他很想走上前去，對那名毫無自覺的實習生說：「哈利，我注意到今天上午你說話時，一直不停地運用模糊重點法。難道你不覺得可以等別人操控你的時候再用嗎？」但出於對哈利所處情況的認同感，他控制住了自己，沒有那樣做。

他仍然記得自己第一次變得自信滿滿，學會跟他人打交道時，心裡有多麼激動。他多希望能聽到那個新手回答：「您的意思是，您早就知道這個方法了？」而他也會回應瞠目結舌的新手說：「當然啦！模糊重點法嘛，地球人都知道。你現在才學會？」

我很欣賞他這種幽默感，並問他：「你憑什麼以為他不會簡單地回答說：『也許您說得對，我大概練習過度了』？」

這個方法所獨有的半嚴肅、半搞笑特性，正好也反映了模糊重點法的另一項功能，就是讓學生在面對自我懷疑過的個人特質時，既不會感到不安，還能意味深長地自嘲：「那又怎麼樣？我還是能好好處理我所擁有的特質，而且工作表現出色、生活幸福！」

模糊重點法帶給我們的，不僅是形式上的應付，更是認知的理解。你可以贊同批評者的意見，而在回應針對個人的刺激批評時，減少自己原本習慣性感到內心糾結的焦慮反應。

溝通技巧6

自・我・否・定・法

在推廣模糊重點法的過程中，我也注意到很多人在出了狀況時，做出的是種種錯誤的回應。為了能夠充分自信地與人和諧相處，我們還得學會因應自己所犯的錯，在別人針對錯誤進行惡意批評時，我們的情緒才不會失控。

透過與一些低自我肯定的人接觸、指導之餘，我漸漸發現，許多人同樣都難以因應日常生活中所犯的錯誤。一名初學者曾問我：「如果有人批評我犯了錯，而那的確是個錯誤，我內心愧疚得很，這種時候，我要怎樣才能用不同的模式來回應，同時還保有自信和自尊呢？」假如你也像他一樣，想要更實際地面對人生中犯的種種錯誤，就得學會在面對錯誤時，改變自己言語回應的方式，並且改正這兩種因「內疚必然與犯錯相關」而產生的想法：

- 犯錯的人，必然會因為自己犯了錯而尋求他人寬恕，並且希望以某種方式彌補。
- 犯錯時，以自我保護的心態和反批評的方式拒絕承認錯誤，並且把批評者當成出氣筒，咄咄逼人地向他們發洩情緒。

這兩種回應方式無疑都很差勁，而事後你的心情也會更糟糕。

大多數人在面對自己的過錯時，必須先改變言語的回應，然後才能從情感上變得不那麼敏感，去面對他人（或自己）可能提出的批評。一旦透過行為調整而達成了這種情感改變，「內疚必然與犯錯相關」這種簡單想法，自然就會改變。

錯了就錯了

那麼，如何以堅強的自信來因應自己的錯誤呢？最簡單的辦法就是，在談論犯錯時，就只當成一個過錯，既不誇大，也不輕描淡寫——錯了就錯了。換句話說就是：你得有強大的自信去接受自己的負面部分。

運用自我否定法，我協助了很多人學會面對自己的過錯或缺點。當你犯了錯，面臨他人的指責及可能的敵意時，可以按照下面的方式，拿出自信，乾脆地接受「你犯了錯」的事實。

你答應了同事，下班前將一份參考資料留在辦公桌上，這樣他在週末時就可以用到。但是到了隔週一的上午，同事找到你，問你那份資料在哪裡，你才想起來上週五下班前，你把文件鎖在櫃子裡了。此時，你還能說什麼呢？

如果以自我否定法堅持自己的權利，你就會這樣說：「哦，天哪！我忘記把資料留在桌上了！看看我做的事，太蠢了，我簡直是腦殘！現在你打算怎麼辦呢？」然後就看同事的接受程度如何了。你可以反覆地說，直到他了解怪你犯了錯毫無幫助，因為指責不會讓時光倒轉，不會在他需要用的時候變出那份資料來。

靈活地回應批評

工作上向他人學習新觀念、技術或語言的時候，或在社交場合，當別人針對你的表現有憑有據地批評你的時候，你可以利用自我否定法靈活地回應：

● 「你在×××（這裡可換成：理解那個、掌握那個、翻譯那個句子、利用那個工具、做那件事、給某人留下的印象……等）方面，做得不是很好。」（批評）

↓「你說得對。我在處理那個的時候不太機靈，對吧？」（自我否定法）

即使是受到他人帶有批判性的讚美，我們也可以用否定的模式來主張自我：

● 「希茜，你年輕、身材又好，走起路來卻不夠優雅。」

↓「我也注意到這點了。我走路的樣子的確很好笑，不是嗎？」（自我否定法）

● 「蘇，你不應該剪掉頭髮的。現在這種髮型一點都不適合你。」

↓「看我做的傻事！媽，我自己也不喜歡這樣。」（自我否定法）

● 「天哪，康妮！你穿這套新衣服，看起來像在裝年輕！」

↓「我也擔心過呢！這些新款式根本就不適合我，對吧？」（自我否定法）

有一點一定要記住，這些自主溝通技巧，是為了幫助你解決人際爭端，而不是用來因應肢體衝突或法律衝突。要是有人指責你說：「剛才你倒車時壓到我的腳了。」此時恰當的回答就不是：「我真傻！」而應該是：「這是我保險公司（或律師）的電話號碼。」

在運用自我否定法回應批評時，應該視批評者的固執程度，決定是否還需要混用其他方法（比如模糊重點法和否定詢問法），來堅持自己的權利。

有自信地回應讚美

無法以強勢自信因應批評的人，好像也做不到有自信地回應讚美。乍聽之下似乎有點矛盾。假如說我們是無奈地被迫回應批評，那麼，接受讚美，將讚美當成解脫負面評價的心理安慰，似乎就成了理所當然。

可惜，事實並非如此。受到讚美或恭維時，我們一般都會羞澀難言、難以開口，表現得不好意思，也可能手足無措，立刻顧左右而言他。

這種不恰當的應對，並不是出於謙虛，而是源於小時候學到的可笑觀念，認為他人對我們的評價是最重要的。從另一方面看，如果一個人在思想、情感和行為上都夠有主見，就會把評價自我的權利掌握在自己手中，即使是評判自己值得肯定的行為也不例外。自信並不會使人不好意思接受恭維和讚美，而會讓人變成自己的評審，去判斷這種稱讚是否準確。

例如，有人由衷地稱讚你很會選衣服，而你自己也覺得很合宜的話，可以這樣回答：「謝謝你。我也覺得，這件衣服穿在我身上很好看。」（承認事實）

另一方面，如果你懷疑這是一種帶有操控性的奉承，可以這樣回答：「事實上，我很不解，這件衣服有什麼特別，讓它穿在我身上會變得好看呢？」（否定詢問法，參見下章）

對於他人恭維你時提到的某件事、某種行為或成就，如果你內心喜憂參半，可以表露出真實感受：「多謝誇獎，不過我自己都還不知道這到底有多好呢！」

在回應他人對你的肯定時，可以靈活運用因應負面評價時的說話技巧，但基本的自主態度是一樣的：自己的價值，要由你自己決定。

第4章 別被是非對錯的框架所限制

讓對方也產生自信

當一些跟你只是建立了社交或利益關係、並非很親近的人操控性地批評你時，以模糊重點法回應，效果很不錯。模糊重點法不僅可以讓你對批評不再那麼敏感，還能減少別人批評你的次數。

運用模糊重點法，會在你和對方之間迅速建立起一種心理界線，但這是一種消極技巧，並不能免除操控。我們真正要達到的效果，是讓對方擁有充沛的自信。在面對關係親密的丈夫、妻子、父母、家人或密友時，運用否定詢問法的溝通技巧，就能使對方也產生自信。

跟模糊重點法一樣，在運用否定詢問法時，不能以否認、辯解或針鋒相對的指責來回應批評。相反地，應該打破這種具有操控性的惡性循環，以一種不帶情緒、克制的低調態度，自信而果決地鼓勵對方進一步提出批評，或者鼓勵批評者詳細說明「過錯」的細節。

顧名思義，否定詢問法，就是讓你能問出更多與你有關的負面訊息。

溝通技巧7

否・定・詢・問・法

為了理解否定詢問法的概念，我們先來看看下面這兩句話的差異，這兩句話乍看很相似，都是用於回答批評。假設這兩句話是你回答妻子（或丈夫）的批評時說的：

1. 「我不明白，我去釣魚有什麼不好呢？」
2. 「你憑什麼覺得釣魚不好呢？」

第一句話，是一種語帶自信，沒有辯解之意的否定詢問法回答。這樣的回應並沒有指責配偶，而是鼓勵她進一步提出批評意見，同時也審視她自己關於衝突的是非標準。第二句話，則有很強的自我辯解意味，將雙方的注意力從你身上轉移到了妻子身上，很容易被理解成你在挖苦和貶損她。雖然聽起來意思相同，但這兩句話卻有天壤之別。用第一句話來回應對方，實際上是在指著自己的鼻子說：「我們來看一看我做了什麼錯事，或是做了什麼讓你不喜歡的事吧！」同時，你也表現得好像批評並不讓你心煩。可是第二句話，是你指著妻子（或其他批評者）說：「你算老幾，要你來告訴我？」

如果你問「我去釣魚有什麼不好」之後，妻子提出了一些「合理」或「充分」的理由說明，比如「釣魚會讓你頭痛……」、「釣魚讓你身上臭死了……」、「釣魚會累壞你的……」。你仍然可以進行否定式詢問：「我不懂，為什麼釣完魚頭痛就錯了呢？」

先釐清衝突的關鍵

始終堅持地運用否定詢問法，要求妻子詳細說明諸如「釣魚會累壞你……」之類的批評，你就會壓制住她，使她不再說出操控性的話語。妻子也更有可能強勢堅持主張，說出釣魚這件事最讓她不舒服的地方，像是：「要是你太累，我們晚上就不能出去看電影了（或找朋友聊天、逛街等）。」

如此一來，你們產生衝突的關鍵便清楚了，就可以由你們二人基於自信，一起設法解決，達成某種折衷方案，使你既可以釣魚，而她也能達成心願（前提是你不會驚惶失措，不會再用否認、辯解和反擊的老方法）。

關於對錯標準的考驗

在最好的情形下，第一次運用否定詢問法，會是對你妻子武斷設下的對錯標準（頭痛不對，累不對，身上有味道也不對）的考驗。她試圖強加於你，操控你，而不是勇敢堅持她想要的：晚上除了釣魚和待在家，她還想做點別的。而最理想的結果是，妻子不再利用這種強加的對錯框架來影響你，而是開始出於自信，對你堅持她所要做的。

要是她沒有說出口，沒有強勢而自信地回應，最糟糕的就是形成僵局，讓她暫時不再對你提出操控性指責。而就算否定詢問法達不到最佳效果，僅僅是中止了妻子的批評，你還是能以此來打破僵局，激起妻子的自信。

比方說，你可以進行（否定）詢問：「我真的不明白。除了累人、腥臭味和頭痛之外，一定還有其他原因吧？你到底不喜歡我釣魚的什麼地方呢？」在這種不帶指責意味的言語鼓勵下，妻子更有可能說出週末她想做什麼，這樣就可以找出對雙方都有利的折衷方法了。

可惜，我們常看到許多爭議都來自「對錯標準」的運用。

在我所治療過的許多夫妻中，透過操控彼此的生活模式而引發衝突的例子，有穿衣習慣、是否愛乾淨、不守時、愛計較金錢、拖延付帳、跟別人調情、家事分工、照顧子女的責任等。在這些領域中，凡是利用對錯標準進行的操控，都可以透過否定詢問法加以消除，雙方可以就個人好惡進行真正的協商，進而達成可行的折衷辦法。

否定詢問法的練習

否定詢問法的背後，包含了一種「非自我防衛」的概念，以下的幾段對話將有助於你理解和練習。在練習中，其他學生會針對某位學生做出批評，這名學生已經受過指導，所以能運用否定詢問法恰當地回答。

跟模糊重點法的練習一樣，批評者會先貶損該學生的穿衣習慣，因為這是大多數人都能忍受的話題。這名學生不否認、不辯解也不咄咄逼人地反擊，而是運用否定詢問法來回應，批評者則逐漸轉向更個人的部分，比如長相、個性和道德感。這段標準的對話練習，一般會持續十到十五分鐘，而且每週都在課堂上、集體治療和家庭作業中（與朋友一起）重複進行，直到學生學會不再下意識地用辯解來回答為止。

就跟運用模糊重點法一樣，我會要求學生在使用否定詢問法時，不要附加挖苦諷刺的言語，初學者很容易犯這種毛病。挖苦諷刺是一種露骨的言語攻擊，會引發批評者的交互攻訐回應，極有可能使交流中止，甚至有可能終結雙方的關係。

雪倫是我的一位患者，她在進行集體治療時明顯黑著眼圈。她說：「我若早聽你的話，就不必吃苦頭了。我現在才明白，原來對男友不能冷嘲熱諷地用模糊重點法和否定詢問法！」

對話5
回應別人挑毛病的批評（被批評者——批評者）

保羅：貝絲，你今天不大好看呢！

貝絲：你是什麼意思呢？保羅？

保羅：哦，我注意到你今天的樣子不太好看。

貝絲：是我不太好看？還是我穿衣服的問題？（否定詢問法）

保羅：哦，你的襯衫不太好看。

貝絲：襯衫哪裡不好看？（否定詢問式回答）

保羅：哦，看起來似乎不合身。

貝絲：你是不是覺得太寬鬆了？（否定詢問式鼓勵）

保羅：嗯，也許是吧。

貝絲：襯衫的顏色怎麼樣？是不是這個顏色讓我看起來很可笑？（否定詢問式鼓勵）
保羅：這顏色是不太好看。
貝絲：除了顏色不好，還有別的地方嗎？（否定詢問式鼓勵）
保羅：沒有了，就是顏色。
貝絲：我的褲子呢？褲子看起來怎麼樣？（否定詢問式鼓勵）
保羅：也不太好看。
貝絲：褲子哪裡不好看？（否定詢問式回答）
保羅：看起來就是不合適。
貝絲：褲子的顏色怎麼樣？（否定詢問式鼓勵）
保羅：不好，顏色不好。
貝絲：那樣式呢？（否定詢問式鼓勵）
保羅：看起來很胖。
貝絲：還有什麼讓我看起來不對勁嗎？（否定詢問式鼓勵）
保羅：哦，你的話太多啦。
貝絲：讓我想想。我說得太多了？（否定詢問式鼓勵）
保羅：你總是抓住一件事情，不停地說呀說。
貝絲：你是說，我會沒完沒了？（否定詢問式鼓勵）
保羅：對，就是這樣，你只是不停地說呀說，不會接受我的意見。
貝絲：哦，現在我得把這一點搞清楚才行。你是說我不聽你說的話？（否定詢問式鼓勵）
保羅：你似乎根本就不在意我講了什麼。

貝絲：聽起來你是在說我感覺遲鈍，對嗎？**（否定詢問式鼓勵）**
保羅：對，你感覺遲鈍。
貝絲：除了感覺遲鈍，我還有別的什麼缺點嗎？**（否定詢問式鼓勵）**
保羅：有，你看起來有點特立獨行。
貝絲：我的行為有哪些地方特立獨行呢？**（否定詢問式鼓勵）**
保羅：現在就是。你現在所做的就是特立獨行呀！
貝絲：你能更詳細地跟我聊一聊這個嗎？**（否定詢問式鼓勵）**
保羅：不，我覺得不能。
貝絲：哦，也許等下次我們碰面的時候，你就想說了，好嗎？
保羅：好吧。

雖然在正式利益關係的人際衝突中，否定詢問法有時也有用（尤其是與其他溝通技巧搭配運用），不過，這個方法在平等關係和親密關係中更有效，原因如下：

- 它讓你對在意的人提出的批評不再那麼敏感，這樣你就可以聽取意見。
- 它讓這些人不再一遍遍地提出操控性指責，就不會逼得你火冒三丈。
- 它使這些人在與你相處時，少用對錯判斷，還能鼓勵他們勇敢說出心中所想，進而找到對雙方都有利的折衷辦法。

對話6

回應別人的操控（主婦—提出要求的鄰居）

我的學生波比原本是個缺乏自信的家庭主婦。上課時，她提供了一個只以否定詢問法處理鄰居爭端的極佳例子。

波比的丈夫是一位事業很成功的會計師。夫妻倆沒有孩子，她因為不想讓自己太空虛，所有家事都一手包辦。在學會了唱片跳針法、模糊重點法和否定詢問法之後，她對否定詢問法特別感興趣。練習後的第二個星期，她便告訴我一段她和鄰居喬治之間的簡短對話。

好幾個月以來，住在隔壁的喬治一直都說要在後院建一座游泳池，這樣他就可以裸體做日光浴了。每次他跟波比提起這件事，波比都回答：「太好了，那你就能有一身超級健康的膚色了。」但從喬治的反應看來，他所期待的並不是這句話。

對話情境：波比正沿著兩棟房子之間的公共籬笆在修剪玫瑰花叢，這座籬笆是他們兩家分攤費用所建的。鄰居喬治從籬笆的另一邊走了過來。

喬治：我打算最近就把這些花叢都挖掉。這道籬笆還是我們兩家五年前修的，現在太破舊了。我得在這兒砌一道空心磚牆才行。

波比：我不明白，這道籬笆哪裡破舊了呢？

喬治：說不定哪天它就會倒掉。

波比：是什麼會讓它哪天就倒掉呢？

喬治：是你在籬笆後種的那些樹呀！

（波比沿著籬笆種了幾棵高大的日本楓樹，楓樹枝條穿過了籬笆。）

波比：那些樹怎麼啦？怎麼會讓籬笆倒掉呢？

喬治：那些穿過籬笆的樹枝啊，它們肯定會把籬笆推倒的。

波比：我沒弄懂，樹枝為什麼會把籬笆推倒呢？

喬治：（沉默了一會兒，接著轉換話題）你知道怎麼修剪杏樹嗎？那邊那一棵怎麼樣？您覺得我修剪得還可以嗎？

在這次交談中，波比意識到喬治想操控她，讓她出一半錢，來修建兩家之間防人窺視的空心磚牆。從兩人的關係來看，她根本就不在意喬治有沒有自信。她對自己能應付他找的那些操控性理由覺得很滿意，並讓這件事就此打住。她不覺得自己有義務鼓勵喬治，讓他直接說出心中所想：只出一半錢就砌好隔牆，這樣他就能好好曬日光浴了。畢竟即使竭盡全力去鼓勵一個她並不在意的人多點自信，最後她對喬治的要求也只會說一聲：「不行。」根據她的最新報告，喬治再也沒提起過這個話題。

威權關係中，化批評為讚美

到目前為止，我說明了如何經由練習，運用唱片跳針法、模糊重點法、自我否定法和否定詢問法這四種溝通技巧，來回應他人企圖控制你的做法（不論他有多溫和親切），以及建立強勢自信的重要。練習這些技巧還有第二個目的，就是當有人說出不中聽的話時，我們要打破急著辯解的習慣（但不該忽略或漠視自己的這個習慣）。事實上，提出批評的人並非總是想操控我們，也並非總是因為缺少安全感。在這個瘋狂的世界上，還是有那麼一些人對別人的行為舉止做出回應，只是出於一種純粹想要幫助人的高尚動機。

不管一個人多麼會操控配偶，卻未必能把工作做好，要是工作毫無成績，老闆就不會加薪。要想挺身解決這一點，可以運用具有同理心的否定詢問法，促使老闆對你提出更多批評，來改善你們的溝通關係。你可以向老闆傳達這些明確的訊息：

- 你樂於提升業績，以達到加薪的標準。
- 你不會被批評擊倒，而是想尋求更多的批評意見加以運用。
- 要是老闆能經常回饋批評意見給你，將能協助你達到提升業績的目標。

用這種不具防衛性的方式果斷因應艱難處境，還有一個附帶的好處，它能改善你和批評者的工作關係與私人關係。我的親身（及臨床）經驗顯示，如果你對批評者的觀點表現出積極的興趣，可以讓對方更自在地提出負面的批評意見，因為有時候，提出批評可不是容易的事。

對話7

要求加薪（作者示範——鼓勵主管對其工作提出批評）

這段對話，是一個想知道「如何要求加薪」的學生哈利與我的對談，說明了以具有同理心的否定詢問法，既可以因應不帶操控性的批評，也能讓自己不再焦慮不安地急著想辯解。

我：哈利，我一直想問你，為什麼不推薦我獲得績效加薪呢？

哈利：曼紐爾，很簡單，你不應該獲得那份加薪。

我：我不明白，哈利。我什麼地方做得不好，沒有績效呢？（**否定詢問式回答**）

哈利：哦，首先，你是個新人，做這份工作還不到六個月，對吧？

我：對。

哈利：你還沒有了解工作的形態呢！你做得並不差，只是表現平平而已。

我：我做的哪些事表現平平呢？（**否定詢問式回答**）

哈利：新人通常會犯下的典型失誤，你都犯過了。

我：我到底做了什麼把工作搞砸了呢？（**否定詢問式回答**）

哈利：很多事，比如林肯大廈通風道的估價。

我：好吧。在那件工作中，我哪裡做得不好呢？（**否定詢問式回答**）

哈利：你把造價估低了九千元。由於你的失誤，我們損失了九千元。

我：我想我太笨了，沒有找個資深員工一起核對一下我估的數字，也許應該請你出馬的。（**自我否定法**）

哈利：別擔心那件事了。我們都會犯錯，你也不例外。

我：還有什麼事情我做得不夠好，可以改進的呢？（**否定詢問式鼓勵**）

哈利：還有很多其他的事啊！

我：我洗耳恭聽。

哈利：你在安排工作進度方面不太利落。

我：我花的時間太久了？（否定詢問式回答）

哈利：不是。不是太久，只是就你的經驗來說，顯得一般般罷了。

我：還有別的什麼嗎？（否定詢問式鼓勵）

哈利：我能想到的還有一件事。你將圖紙交上來的時候，應該把字小的地方弄得清晰一點。圖紙製成藍圖後，這些地方都看不清了。

我：那就是你目前所能想到的，我表現平平的地方嗎？（否定詢問式鼓勵）

哈利：差不多吧。

我：好吧，讓我想想。大致來說，就是我對工作檢查得不夠仔細，對吧？（否定詢問式鼓勵）

哈利：對，差不多是這樣。

我：我應該加快工作速度，同時不犯那些會損失金錢的錯誤，對吧？（否定詢問式鼓勵）

哈利：對。

我：我還應該更細心一點，注意圖紙的整潔？（否定詢問式鼓勵）

哈利：對。

我：嗯，我想下次要在績效加薪表上有所突破，對於偶爾沒弄清楚的那些地方，還得仔細請教你。我必須有進步，所以得盡快這麼做。（自我否定法）

哈利：那是當然。

我剛踏進心理治療這一行的時候，每週都得和一位專業臨床醫師碰面，聽取他關於我工作的意見。我學的是經驗學習理論和精神生理學，因此臨床督導認為由一位長於分析的新佛洛伊德學派導師來指導，對我一定有好處。

由於害怕去接觸某些自己一無所知的領域，所以在首次會面時，我相當緊張，顯得戒心重重。然而，進行到一半時，導師評論我的話語開始變得有道理了——此時，正是我開始把他說的佛洛伊德學派術語，翻譯成我所熟知的學習理論和行為治療術語的時候。

於是，我開始變得喜歡聽他分析了。我慫恿他，讓他盡量多指出我「為什麼」做得不好，「哪些地方」做得不好。我用一種還很生澀的方式來操作否定詢問法，問我如何改進自己的工作，並且試著將他所教的和我理解的行為學知識連結起來。

不用說，在那一年實習中，我學到的新佛洛伊德學派的臨床治療技巧，比那位教授的其他任何學生都多！在那段期間，我讓教授把知識傾囊相授，而他也喜歡我的方式。

有一次，教授說：「曼紐爾，你是我最好的學生之一。你不排斥學習新觀念，也不排斥去了解如何改進你的治療方式，還教了我一些精神生理學知識呢！」

在這種威權關係中，透過敞開心扉，我獲得了什麼體會呢？那就是：除了面對操控時，在其他時候也該鼓勵對方提出批評，這些批評最終可能會變成讚美。

對我來說，最後的結果是：我獲得了這位導師終生的友誼。

平等關係中，建立更親近的溝通

在平等關係中鼓勵他人對你提出批評，也跟威權關係中一樣，有助於改善雙方的相處模式。與你親密的人或是你樂於親近的人，一開始也許並未想操控你。相反地，可能只是因為他相對地被動，才沒有主動對你明說要你做出什麼改變。不過，要是沒有解決這種分歧局面的方法，平等關係注定維持不下去。

無論是操控行為、一受到批評就發怒的表現，或是驚惶失措地逃避批評，這些對人際交往都沒什麼好處，既不能幫助到親密的人，也無法讓對方在回應你時，改掉他同樣具有破壞性的模式。

運用模糊重點法、自我否定法和否定詢問法，可以鼓勵配偶表達心中所想，進而有助於建立更親近的溝通方式。

經過大量練習後，你就能學會聰明地回應及正視配偶提出的任何埋怨，降低自己受批評時下意識的焦慮和自衛反應，也有助於打破舊習，不再這樣回應對方：「你什麼意思，我總是欺負你？要是你能改一改，乖一點（照我的意思去做）的話，就不會讓我這麼煩了！」

若以這種會導致對方內疚的操控方式回應，配偶很可能採取消極被動的態度，不再與你親密交流。在本書最後一章（參見第三〇三頁）的對話中，我們將詳細說明一種新的溝通模式，以供懷有防衛心或慣於操控的夫妻學習和運用。

現在，讓我們再複習一下這個觀念：在日常生活中，別人往往會帶給我們無數問題，這些問題其實很常見，我們應該拿出強勢的自信去回應。

第3部

在生活中練習說「不」

第1章 日常利益關係，談錢不傷感情

綜合運用的實際例子

前面介紹的幾種溝通技巧，假如你能有自信地綜合運用，在面對操控時將更得心應手。其中有些對話很簡短，那正是快速終止某些操控行為的典型範例。有些對話相當長，而保持其完整的目的是為了強調：許多時候，你必須堅持下去。

除了特定的對話練習，接下來這幾章所舉的例子全都是真實對話，分別是我的學生、患者、同事、熟人和朋友間的對話，以便箋、回憶、錄音和準確的報告等形式記錄下來，並經過編輯，以達到守密、簡潔、清晰和指導的目的。

這些對話為我們提供了在不同場合中，自主溝通技巧的運用範例。不管是面對什麼樣的操控，雖然說出的話不一樣，但運用的基本技巧都相同。除了前面提到的某些特殊情況外，唱片跳針法、模糊重點法、自我否定法和否定詢問法等方法，在日常生活中都可以通用。

對話8

最不花成本的堅定性訓練（客戶—推銷員）

這段綜合對話是在家門口最常遇到的事。在學生們進行的這個練習情境中，有個陌生人來到你家門前，介紹自己的身分有以下幾種：1.經歷了美國各種戰爭的殘障老兵。2.世界殘障兒童協會代表。3.弱勢族群代表。4.正在努力爭取獎學金的大學生。5.住在同一條街上的鄰居（你在這裡住了四年，但你從沒見過他），他正在進行一個計畫，打算送附近的孩子參加夏令營，使他們遠離城市和其他不良影響。

自我介紹完畢，這個陌生人接著解釋他正在販售各種有意思的雜誌，如果你訂購，他的公司便會將所得利潤的一定比例，捐贈給他所代表的那個有意義的機構（參見上述1至5項）。

對話情境：推銷員剛剛介紹完自己和他的商品，然後開始遊說客戶。

推銷員：您一定會想要買幾本這樣的雜誌放在家裡，既能夠增長知識，內容又有趣。

客戶：我明白你那麼想的原因，不過，我對雜誌不感興趣。

推銷員：您應該考慮看看，要是您購買這些雜誌，孩子就會從中獲益。

客戶：的確，我是該考慮看看，不過我沒興趣。**（模糊重點法＋唱片跳針法）**

推銷員：要是訂的人夠多，對這項事業來說就是幫了大忙啊！

客戶：也許你說得對，不過我不感興趣。（**模糊重點法＋唱片跳針法**）

推銷員：我不相信，您會任由孩子受罪，任由他們無依無靠。

客戶：我明白你不會相信，但是我不感興趣。（**模糊重點法＋唱片跳針法**）

推銷員：您的鄰居都訂了。

客戶：我相信，不過我不感興趣。（**模糊重點法＋唱片跳針法**）

推銷員：什麼樣的人會不關心孩子，不關心殘障孩童呢？

客戶：那我可不知道。（**自我表露法**）

推銷員：（改換別種模式）您訂了其他雜誌嗎？

客戶：我真的沒興趣買雜誌。（**唱片跳針法**）

推銷員：哦，您看看，我們還有其他雜誌。要是您已經訂閱了其中一些，我可以為您續訂，而那些可憐的孩子也能從您這裡獲益了。

客戶：謝謝，不過我不感興趣。（**唱片跳針法**）

推銷員：您先生（或夫人）在家嗎？這本關於家用工具的雜誌，他一定會感興趣的。

客戶：他大概會感興趣吧，但我並不打算買。（**模糊重點法＋唱片跳針法**）

推銷員：我能跟他聊聊嗎？

客戶：我不感興趣。（**唱片跳針法**）

推銷員：幫孩子買怎麼樣？我們有一整套教育雜誌，可供他們閱讀。您也想讓他們學習能力更強，有好的成績，對不對？

客戶：我當然想啊，但我不想買什麼雜誌。（**模糊重點法＋唱片跳針法**）

推銷員：您真是一個機會都不給啊！就算是為了自己的孩子，您也不肯考慮嗎？

客戶：你說得對，我不會考慮。**（模糊重點法）**

推銷員：好吧，我很高興其他的鄰居都不像您這樣。

客戶：你當然高興啦！**（模糊重點法）**

在以利益交換關係為主的練習過程中，許多學生都說他們只是把推銷員拒之門外，因為他們不想花那個力氣去應付推銷員的廢話。我勸他們，在這種無關緊要的事情上做出強勢回應，不僅安全、風險低，還可以實際訓練能力，以便做好準備因應其他重大的爭端。我鼓勵他們在學習過程中不要逃避這樣的交鋒，等自己覺得熟練了，堅持主張時便不會再感到不安，到時候就真的可以把推銷員拒之門外了。

在下面這段對話中，有一位顧客因為買了瑕疵品想要退貨，強勢地向百貨公司鞋品部經理主張自己的權益。

對話9

堅持退貨並全額退費（顧客—百貨公司經理）

安妮是個美麗的年輕女孩，為了一場派對，她特地去買了第一雙長靴。在趕赴派對會場的途中，左腳靴子的鞋跟卻掉了。她氣得要命，發誓要把買這雙劣質靴子的錢要回來。

對話情境：兩天後，安妮走向鞋品部的專櫃小姐。

專櫃小姐：我能為您效勞嗎？

安妮：也許吧，不過我想跟你們鞋品部的經理談一談。**（模糊重點法）**

專櫃小姐：他現在很忙。您是投訴嗎？

安妮：他一定是很忙的，不過，我還是想跟他談談。**（模糊重點法＋唱片跳針法）**

專櫃小姐：（沉默了一會）我去看看能不能請他過來。

安妮：好，我想見他。**（唱片跳針法）**

專櫃小姐走進櫃台後方的門，幾分鐘後出來了。

專櫃小姐：他很快就來見您。

安妮：（看了看手錶）謝謝您。

安妮：（五分鐘過去，安妮再次走到專櫃小姐面前）你們經理怎麼稱呼？

專櫃小姐：（表情苦惱）哦！他是賽門先生。

安妮：我想要你去跟賽門先生說一聲，我還是想跟他談談。假如他不會馬上見我，我想知道他什麼時候能見我，或我什麼時候可以見他的上級主管。**（唱片跳針法＋可行折衷法）**

專櫃小姐迅速走進櫃台後面的房間。一會兒後，她又出現了，後面跟著賽門經理。賽門走向安妮。

經理：（微笑）我能為您效勞嗎？

安妮：（給經理看那雙問題靴子）我想退貨，這雙靴子是上週在這裡買的。靴子有問題，第一次穿，鞋跟就掉了。

經理：（查看靴子）唔……這種款式的靴子，以前還從未發生過這種事呢！**（潛台詞可能是：「你都做了什麼，把靴子穿成這樣？」）**

安妮：我相信這種事以前沒發生過，不過現在發生了，所以我對你們賣的其他靴子實在沒興趣。我只關心這一雙，並且我想退貨。**（模糊重點法＋自我表露法＋唱片跳針法）**

經理：（將靴子放回袋子裡）哦，在退貨前，我們還得先看看瑕疵品能不能修一修。我先把這雙靴子送給維修人員，看看他怎麼處理吧！

安妮：我相信你們在退款給我前，想要看看能不能修好這雙靴子，不過，我對修不修沒興趣。我想退貨。**（模糊重點法＋自我表露法＋唱片跳針法）**

經理：收回損毀商品並退款，不符合我們的政策。

安妮：我相信那是你們的政策，不過這雙靴子我無法接受，我想退貨。**（模糊重點法＋唱片跳針法）**

經理：（奇怪地看著安妮）您說，您才穿過一次？

安妮：是的，所以我想退貨。**（唱片跳針法）**

經理：您是不是穿著靴子跳舞呢？

安妮：我不明白。跳舞哪裡又對這雙靴子不好了？**（否定詢問法）**

經理：哦，有些人跳舞的時候很不愛惜靴子。

安妮：我相信是這樣的，不過，難道這雙靴子品質這麼差，穿著跳舞都不行嗎？（模糊重點法＋否定詢問法）

經理：不是的……您應該能穿著靴子跳舞。

安妮：我很高興你這麼說，這使我堅信這是劣質品。我想退貨。（自我表露法＋唱片跳針法）

經理：我們一定能為您把靴子修得完美無缺。

安妮：我相信你是那樣認為，不過，我花了這麼多錢，買來的卻是有問題的東西，這點我完全沒辦法接受。我想退貨，請將貨款退還給我。（模糊重點法＋自我表露法＋唱片跳針法）

經理：可是我們沒辦法那麼做。

安妮：我相信你的確是那樣認為的，不過我想退貨，而不是花錢買一雙修理過的靴子。

經理：好吧，讓我看看怎麼辦吧！

（模糊重點法＋唱片跳針法）

經理離開了。安妮看了看手錶，又看了看四周。在她身後，另一名女性也拎著一雙開了縫的靴子，還有一位穿著黑貂皮大衣的老太太坐在不遠處。兩個女人都在注意她怎樣跟經理過招。安妮原本有點羞怯不安，但這種感覺很快一掃而光，因為那個老太太傾過身子，輕聲對她說：「堅持你的立場，親愛的，別放過他。」

過了幾分鐘，那位經理又露面了，他走向安妮。

經理：我知道這給您帶來了不便，但我剛剛跟維修人員研究過了。維修中心就在附近，假如您現在將靴子送去，他馬上就能修好，這樣您就不必再等一週由我們給您送過去了。

安妮：我明白，不過我完全沒興趣去修理這雙靴子。我只接受全額退費。**（模糊重點法＋自我表露法＋唱片跳針法）**

經理：可是我們沒辦法退呀，廠商不會讓我們這樣退貨的。

安妮：我相信廠商不會同意退貨。不過，我對廠商接不接受退貨不感興趣。我是要你們退回我的錢。**（模糊重點法＋自我表露法＋唱片跳針法）**

經理：但這正是問題所在。如果廠商不讓我們退貨的話，我是無法讓您退錢的。

安妮：我相信你們跟廠商之間確實有問題，不過，那是你們的問題，不是我的。我對你們跟廠商的問題不感興趣，只對你們退回全額給我感興趣。**（模糊重點法＋自我表露法＋唱片跳針法）**

經理：可是假如讓您退貨，我們就會蒙受損失。

安妮：我相信你們會有損失，不過我對這個根本就沒興趣，我只關心給我全額退費。**（模糊重點法＋自我表露法＋唱片跳針法）**

經理：我無法讓您退貨。我沒有這個權力。

安妮：我相信你，那麼請你告訴我，有權處理退貨的上級主管是誰？**（模糊重點法＋可行折衷法）**

經理：（沉默不語）

安妮：是你告訴我他叫什麼呢，還是要我去問別人？**（可行折衷法）**

經理：我看看怎麼辦吧。

經理走進了櫃台後面的貯藏室，一分鐘後又走出來，對安妮說話。

經理：我們一般都不能這樣處理，但這次破例，請您將收據給我，我給您開具一張這雙靴子的退款憑證給會計。

安妮：謝謝你。（她轉過頭，對身後拎著另一雙問題皮靴的年輕女子微笑。）

安妮不是我的學生，也不是患者，而是我一位缺乏自信的同事。在逐漸學會更強勢地與別人往來的過程中，安妮分享過許多次成功經驗，而與銷售經理間這段對話是她首次的分享。跟其他學生一樣，安妮的個性起了重大轉變，她變得更篤定，很少理會別人對她的批評或指責，也能以更好的方式面對自己的過錯。與別人產生衝突時，她不再焦慮不安（減少了逃避反應）；對關係親密的人，她也不再生氣好鬥（減少了爭鬥反應）。當我要她聊一聊她最看重自我肯定學習的哪一點時，她簡要地整理了一下內心發生的明顯情感變化，強調她改變了看待自己和他人的態度，而能夠察覺並因應操控，又讓她增加了整體的自信。

現在讓我們換個角度來看，一名員工如何自信而果決地回應投訴的客人。

對話10

接聽顧客投訴不再焦慮（客服人員—憤怒的顧客）

安迪在一家大型賣場的售後服務部工作。每到下午稍晚時，他通常都獨自一人待在辦公室，此時維修人員都出外勤，老闆通常也不在。跟其他人一樣，安迪也發現很難應付火冒三丈的投訴客人，所以有時他會變得很緊張，故意不去理會電話留言，甚至不接自己辦公桌上的電話。以下就是他在上班接電話時，練習自主溝通技巧的一段對話。

對話情境：安迪坐在辦公桌旁，電話響了。他接起電話，與一位投訴家用電器送貨問題的顧客交談。

安迪：售後服務部。

顧客：我是沃斯太太。今天下午，你們把我買的冰箱送來了，可是冰箱有毛病，不冷，沒動靜。你們現在馬上派個人過來修理，或送一台新的給我。

安迪：我真的很想為您效勞，但現在所有的維修人員都出外勤了，我們很可能要到明天才能去幫您修冰箱。**（自我表露法）**

顧客：真受不了！我跟你們訂冰箱的時候，因為晚上要辦自助餐會，所以銷售員答應今天上午就會準時送貨，可是你們到下午三點才送！現在更糟，冰箱還是壞的！

安迪：這種事情是會讓您受不了。假如我是您，我也會受不了。**（模糊重點法＋自我表露法）**

顧客：你們得派人過來。你們向我承諾過準時送貨並及時裝好冰箱，說不會耽誤我的餐會。

安迪：答應您準時送貨，卻沒把工作做好，顯然是我們把這件事搞砸了。我們可真是差勁啊！**（自我否定法）**

顧客：好啦，你們必須派個人過來修理。

安迪：我真的很想幫您解決這個問題，夫人，不過每天這個時候除了我，這裡沒有別的人手呢。**（自我表露法＋唱片跳針法）**

顧客：你能來嗎？

安迪：我不是維修員，不知道如何修理。您確定插頭已經插到牆上的插座裡了嗎？**（自我表露法）**

顧客：是的，我已經檢查過了。

安迪：冰箱還是不會啟動嗎？一點動靜也沒有？

顧客：完全沒有。

安迪：那我就不知道該怎麼說了。難道送貨員沒有幫您啟動冰箱嗎？**（自我表露法）**

顧客：他們把冰箱挪到靠牆的位置，胡亂弄了一下。直到我要把食物放進去，才發現冰箱沒電。

安迪：我很想幫您解決這個問題，可是我無能為力，要到明天上午才行。**（自我表露法＋唱片跳針法）**

顧客：你們這樣做生意可不行。別人怎麼能夠信任你們呢？

安迪：這樣確實不行！這次我們的確是疏忽了。跟您說我所能做的事吧。明天一早，我的第一件事，就是讓維修人員當著我的面打電話給您。**（模糊重點法＋自我否定法＋可行折衷法）**

顧客：你們不能今晚就派個人過來嗎？

安迪：我真的很想幫您解決這個問題，可是現在這麼晚了，我的確無能為力。明天早上，我會親自第一個安排這件事。**（自我表露法＋唱片跳針法＋可行折衷法）**

顧客：我覺得應該跟你們的主管談談才行。

安迪：這是個好主意，但他現在也不在啊。**（模糊重點法）**
顧客：在哪裡能找到他？
安迪：我也不知道。**（自我表露法）**
顧客：明天維修人員來的時候，你能打個電話告訴我一聲嗎？
安迪：我會親自打電話給您的，您也可以在上午九點以後打來。**（可行折衷法）**
顧客：我該找誰？
安迪：找售後服務部的安迪就行。

安迪成功地回應了這名氣憤不已的顧客，而且自己也沒有像以前那樣精神崩潰。他說，在與客人交談時，整個對話過程他都覺得有點緊張，不知道自己究竟能不能處理好，但同時也感到自在。我安慰他，大多數學生第一次都會緊張，這是因為之前所經歷的都是失敗，所以不管模擬練習了多少次，仍然直覺會出問題。但是當自己一再成功地處理人際衝突後，心裡就不會再想著失敗，也不會焦慮不安了。從此以後，安迪面對顧客時再也不曾感到緊張。

我們再來看看另一種情形：在電話裡，顧客必須先自信滿滿地回應商店員工，再強勢回應商店老闆，以達到自己的目的。

對話11

多說幾個「不」，達成折衷方案（顧客—推卸責任的老闆）

馬克的妻子伊芳最近買了一張長沙發，為了找到喜歡的沙發，她可是苦苦尋找了半年多。起初，她對自己選的這張沙發感到很開心，可是才用了八個月，就發現沙發墊的接縫裂開了，這讓她鬱悶不已，於是立刻向家具店投訴。商店拿走了墊子去維修，然後還給了她。六個月後，同一處接縫又裂開了，伊芳再次打電話到家具店，跟老闆的祕書說，她要求替墊子換個沙發面，不能再補來補去。祕書回覆伊芳，由於老闆出城採買去了，所以沙發廠商會過去拿墊子並進行必要的處理。

之後，伊芳與廠商派來的代表進行了溝通，並特別聲明必須換個沙發面，不能接受其他辦法。然而兩週後，她卻意外地接到家具店老闆祕書打來的電話，說墊子已經修好了。她再次跟祕書說，必須是換了沙發面的墊子，除此之外她一概不接受，然而，祕書卻回答自己無能為力，廠商只修理墊子，因為他們沒辦法提供最初的沙發面布料。伊芳回答，她並不關心廠商有什麼問題，只關心家具店打算怎麼辦，她要求商店先保留修理過的墊子，請老闆回到城裡後，給她或她丈夫打個電話。

第一段對話情境：上班時間，老闆格瑞姆打電話給馬克。

馬克：格瑞姆先生，你知道我買的沙發出了問題嗎？

老闆：是的，我知道。我打電話來就是想通知您，沙發墊子已經在我的辦公室了，您隨時可以過來取。

馬克：這麼說，你已經替墊子換了沙發面嘍？

老闆：沒有，沒那個必要。廠商的技術人員查看了問題，說墊子四角的尼龍用乳膠加固一下就可以。現在墊子完全跟新的一樣。

馬克：我相信廠商的技術人員是那樣想的，但我不這麼認為。半年前，你們就保證說把墊子修理得很好了，但那是假話。要是六個月之後，墊子第三次裂開，我可真不知道該怎麼辦。現在墊子四角幾乎已經沒留下什麼面料了，我要求將墊子換個沙發面。**（模糊重點法＋自我表露法＋唱片跳針法）**

老闆：馬克先生，請您相信我，墊子不會再有問題的。

馬克：我相信你是那樣想的，格瑞姆先生，但我不這麼認為。**（模糊重點法＋自我表露法）**

老闆：可是問題在廠商呀！他們不願意重裝沙發面。

馬克：格瑞姆先生，我可不覺得我跟廠商之間有什麼問題。我覺得我跟你之間才存在著問題。我也不關心你跟廠商之間的事，我只是要求換個沙發面。**（自我表露法＋唱片跳針法）**

老闆：讓我想想怎麼解決吧，我會再回電給您。

馬克：什麼時候呢？

老闆：週五我會跟廠商一起吃午飯。那天下午或週一，我打電話給您吧！

馬克：好的，我等你回電。

第二段對話情境：由於老闆沒有回電，於是隔週的星期三，馬克打電話給老闆。

馬克：格瑞姆先生，請問你安排好幫我換個沙發面了嗎？**（唱片跳針法）**

老闆：上個星期五我聯絡不上廠商的人啊！

馬克：我不明白，整件事情跟廠商有什麼關係呢？**（自我表露法）**

老闆：我想替您跟廠商達成一個協議，我會盡力在您和他們之間協調的。

馬克：格瑞姆先生，對於你想跟廠商之間達成什麼協議，我真的沒興趣。我是在你那裡買的沙發，不是跟廠商買的。你想怎麼安排就怎麼安排，只要把墊子換個沙發面就行。我只想換沙發面，不要修理過的墊子。**（自我表露法＋唱片跳針法）**

老闆：我已經重新安排了，這個星期五跟廠商經理談一次，您得多給我一點時間才能解決。

馬克：你會給墊子換個沙發面嗎？**（唱片跳針法）**

老闆：我試試，看能不能給您換張新沙發。

馬克：你人真是太好了，格瑞姆先生，不過真的沒必要換張新沙發。我只要求給墊子換個沙發面。**（自我表露法＋唱片跳針法）**

老闆：讓我先試試我的辦法吧，我相信您會滿意的。您何不先將墊子拿回去呢？這樣沙發就能坐了。

馬克：我相信我會滿意的，不過這段期間，墊子還是留在你那兒，等換了沙發面我再來拿。**（模糊重點法＋唱片跳針法）**

老闆：再給我一、兩個星期，我來看看怎麼辦吧！

馬克：好的。兩週後要是沒有消息，我會再打電話給你。**（可行折衷法）**

老闆：我相信，我在那之前就會回電了。

馬克：要是你因為什麼原因沒有打，我會打過去，這樣我們就可以保持聯繫，解決這件事。**（可行折衷法）**

老闆：好的。我會盡力。

馬克：我相信你會盡力。**（模糊重點法）**

第三段對話情境：兩週後，馬克打電話給老闆。

馬克：格瑞姆先生，我兩週都沒接到你的回電。墊子換過沙發面了嗎？**（唱片跳針法）**

老闆：我跟廠商經理碰過面了，但他們不願意。我已經盡力替您交涉了。

馬克：格瑞姆先生，我相信你已經盡力了，可是關於廠商能怎樣或不能怎樣，我實在沒興趣。我只關心你打算怎麼辦。我要求給墊子換個沙發面。**（模糊重點法＋自我表露法＋唱片跳針法）**

老闆：（沉默了幾分鐘）

馬克：格瑞姆先生，你還在嗎？電話是不是斷了？

老闆：我剛才在考慮，也許還有另一個辦法可以解決這件事。再給我幾天看看能怎麼辦吧！

馬克：我相信可能還有別的辦法來解決，只要你不拖拖拉拉的。我還是要求給墊子換個沙發面。**（模糊重點法＋唱片跳針法）**

老闆：（話音中流露出一絲煩躁）馬克先生，我會盡可能替您想辦法，請耐心一點，再稍等兩天！

馬克：那你什麼時候給我回話呢？（可行折衷法）

老闆：我保證星期五會聯絡您。

馬克：好吧，那我就等著你的電話吧！

第四段對話情境：星期五下午三點，馬克打電話到格瑞姆的辦公室，祕書告訴他，格瑞姆先生出去了。馬克跟祕書說，他想在下午跟格瑞姆先生通話，或格瑞姆先生可以晚上回電。下午四點四十五分，格瑞姆先生回電了。

老闆：（語氣很高興）馬克先生，每天就算有現在的一倍半時間，也不夠用啊！

馬克：我不明白你是什麼意思，格瑞姆先生。（自我表露法）

老闆：（有點尷尬）我只是說，有時候一天的時間不夠用，讓我無法把所有事都處理好。

馬克：是這樣啊，要是我自己有一天空閒的話，格瑞姆先生，我倒是願意把這一天給你，但我沒有。（模糊重點法＋自我表露法）

老闆：（嚴肅起來）是的……哦，我想這樣處理您的沙發。我訂了另一張，下個月初貨就會送來，到時候，我會派一輛廂型車到您家，給你們換新沙發。

馬克：我覺得你真是太好了，格瑞姆先生，不過真的沒必要這樣做。我所要求的，不過是把墊子換個沙發面而已。（自我表露法＋唱片跳針法）

老闆：不，我想這麼辦。那張沙發給您帶來的麻煩已經不少了，廠商也承認有缺陷。我們會承擔所有費用，因為顧客滿意，才能讓我們經營下去。

馬克：我們為何不能只是換個墊子呢？我覺得那樣就很好了。（可行折衷法）

老闆：那樣不行，顏色配不上。

馬克：好吧。希望你能提前幾天打電話給我，這樣家裡就會留人收貨。

老闆：我會讓經理親自打電話給您約時間的。順便問一下，沙發現在的情況如何？墊子看起來還很新，那沙發其他部位也都是嶄新的嗎？

馬克：是的，除了墊子接縫之外，沙發看起來還是新的。

老闆：我會把您的舊沙發當作展示品，這樣問題就全解決了。

馬克：謝謝你，格瑞姆先生。感謝你解決了這件事。

老闆：別客氣，發生了這種事，我很抱歉。請讓您的夫人再次光臨本店，看看我們的家具新品，我相信她會喜歡的。

馬克：我會跟她說的。

在應付老闆的狡猾伎倆時，馬克覺得最困難的是老闆總暗示問題在廠商，跟他的店無關，暗示他不但百分百地支持馬克的訴求，還在為了馬克的利益，千方百計地和一個不好打交道的對手（就是廠商那個精明的混蛋）周旋。馬克很難直接說他不在乎廠商，只關心老闆打算怎麼處理。當然，經過了第一次之後，馬克就毫無不安了。

在成功之後，馬克了解除了堅持不放棄，強勢地一遍遍說明自己的意願之外，別無他法。他沒有法律資源，也沒有什麼社交手腕，假如老闆也一直很堅決地拒絕，他就無計可施了。態度強硬地堅持權利並不保證一定會成功，在利益交換關係中，許多人的因應手段不過就是那麼幾個「不行」罷了。然而，自信果決地接下這幾個「不行」後，你很快就能和對方達成折衷辦法。

下面這段對話，再次改變了我們看問題的角度。有一名文書行政人員，必須當面回應一些憤怒的、想操控她的人，因為這正是她工作的一部分。

對話12 面對民眾投訴不再緊張（服務台人員—不滿的民眾）

桃樂斯是一個行政部門的文書兼打字員，這個部門負責處理民眾形形色色的法律事務。桃樂斯與其他幾位同事輪班負責文書工作，為民眾處理問題。過去，她一直避免與民眾打交道。她說：「我總是會緊張，要是無法讓他們感到滿意，我就不知道該說什麼好。」後來，她花了好幾個星期的時間練習。下面這段簡短對話，就是她成功回應民眾提出投訴時發生的。

對話情境：桃樂斯站在服務台後，有兩對夫妻走向她。

桃樂斯：（向第一對三十多歲的夫妻）你們好，有什麼需要我效勞的？

丈夫：我想要採指紋，然後將這份聲明公證一下。

桃樂斯：公證處目前在四樓，四〇七室。我們採不了指紋，您得去位於第三大道的警長辦公室，或去停車場對面的警察局才行。

丈夫：可是大廳的指標上說，到這裡就可以了呀！

桃樂斯：您說得對。這可真蠢，不是嗎？公證處四個月前就搬了，但他們還沒改掉指標。如今他們該抽時間來改正了吧！**（模糊重點法＋自我否定法）**

妻子：為什麼你們就不能想想辦法呢？

桃樂斯：我也希望我們有辦法。我們發了備忘錄給他們，可是那個指標還是老樣子，我真不知道該怎麼辦了。**（自我表露法）**

妻子：太可笑了。必須想辦法改變這種情況才行。

桃樂斯：應該是可以改變的，但我不知道有什麼辦法。**（模糊重點法＋自我表露法）**

妻子：我們繳了那麼多的稅，政府至少應該給我們指條明路吧！

桃樂斯：您說得對，似乎是我們的工作沒做好。**（模糊重點法＋自我否定法）**

丈夫：他們告訴我說，我可以在這裡採指紋的。

桃樂斯：我相信有人這樣告訴過您，不過，我們不採指紋，這裡從來都沒有採過指紋。**（模糊重點法）**

丈夫：我打過電話給這個部門的人，她在電話裡跟我說，你們可以採指紋。

桃樂斯：是誰接您的電話呢？我幫您把她找來。

丈夫：我不知道，不過我打過。

桃樂斯：好吧，要是您打過，那就是我們的確出了差錯。我碰到這種事，總是會很火大。**（自我否定法＋自我表露法）**

妻子：政府各個部門總是把事情搞得亂七八糟。

桃樂斯：我完全明白您的感受。有時好像確實如此，不是嗎？**（自我表露法＋自我否定法）**

第一對夫妻走了，桃樂斯轉身對著另一對老夫婦。

桃樂斯：兩位需要辦什麼事情？

妻子：我們想領遺產登記表。

桃樂斯：咦，我一點都不清楚這個，以前從來沒人問過我呢！我查一查。（拿起電話撥號，向主管說明情況、聽取回答，然後再轉向這對夫妻。）我們這裡不發遺產登記表，兩位得去州政府辦公室才行。州政府辦公室在洛杉磯市區，我把地址和電話號碼寫給你們。**（自我表露法）**

丈夫：樓下大廳的保全跟我們說，可以在這裡領到遺產登記表呀！

桃樂斯：我相信他是認為你們可以在這裡領到的。**（模糊重點法）**

丈夫：我真希望你們這些人能把指標弄得更清楚一點。

桃樂斯：您說得對，我也希望我們能這樣。**（模糊重點法＋自我表露法）**

妻子：應該有人告訴那個保全，不要讓辦事的人跑冤枉路。

桃樂斯：我很樂意在吃中飯時告訴他，我們這裡不發遺產登記表。**（可行折衷法）**

妻子：要是沒提交遺產登記表，我們得損失多少錢，你曉得嗎？

桃樂斯：不，我不曉得。**（自我表露法）**

妻子：那麼我來告訴你，那可是一大筆錢！

桃樂斯：我相信是一大筆。**（模糊重點法）**

妻子：為什麼這裡沒有我們需要的表格，卻要讓我們跑那麼遠的路到市區去？

桃樂斯：我不知道。我想，是因為那是屬於州政府簽發的表格，而這裡只是縣政府辦公

室吧！**（自我表露法）**

妻子：我覺得你們這些公務員應該合作處理好這種重要的事才對。

桃樂斯：得跑那麼遠的路，我能理解您的感受。**（自我表露法）**

妻子：你還太年輕，沒辦法理解我們面臨的問題，等你到了我們這個年紀，再來看看這種事有沒有意思吧！

桃樂斯：也許您說得對，我確實不知道自己年紀大了以後會有什麼樣的感受。還有別的什麼事我可以效勞嗎？**（模糊重點法＋自我表露法）**

丈夫：（拉著妻子離開服務台）沒了，謝謝。就這樣吧。

在因應民眾表達不滿的要求時，桃樂斯表現出了自信與果決的態度，說出了自己的意見！現在讓我們來看一看比較容易的：要修車師傅幫你修車。如果像以下的對話這樣處理問題，可以讓你的錢花得物超所值。

對話13

堅決要求重新修好煞車（顧客——汽車維修部經理）

阿諾德買了一輛小型進口車。車子跑了一千六百多公里後，他注意到，四個車輪邊緣都有明顯的漏油現象。他將汽車送回給經銷商，跟維修員談了談，得知問題出在煞車泵上，需要修理。修理完後，阿諾德取回車又開了幾天，卻發現每當踩煞車時，煞車都會發出刺耳的聲音，他覺得很不開心。

對話情境：阿諾德回去找汽車經銷商，跟維修員交談。

阿諾德：幾天前，我在你們這裡依照保固條款修理了煞車，可是煞車現在響得很厲害，我想要它們不發出刺耳的聲音。

維修員：哦，關於這點我們無能為力，這是標準煞車器，每一個都那麼響。

阿諾德：我相信所有標準煞車器都會發出這種響聲，不過，我買這輛車的時候，煞車可沒響，現在我也不想讓它們響。**（模糊重點法＋唱片跳針法）**

維修員：我們真的無能為力。

阿諾德：維修部經理叫什麼，我在哪裡能找到他？

維修員：他在那邊的辦公室裡。

阿諾德：怎麼稱呼他？**（唱片跳針法）**

維修員：布勞恩先生。

阿諾德走進布勞恩先生的辦公室，發現他正在處理另一名顧客的投訴，便靜靜地站在一旁，直到那名客人離去。

維修部經理：請坐，請坐。有什麼我可以效勞的？

阿諾德：（仍然站在原地，看著坐著的經理，以平靜的語氣開口）你的維修員告訴我，你們修理不了我的煞車器，這簡直是胡扯。我把車開到你們這裡時，煞車可是不會響的，現在卻響得刺耳。

維修部經理：您有維修單嗎？

阿諾德：（將維修單遞給他）有。我想要不響的煞車。**（唱片跳針法）**

維修部經理：這裡寫著，四個輪子的煞車泵漏油，我們修好了呀！事情是這樣的：師傅發現煞車片上有些煞車油，便決定換掉煞車片，這樣您煞起車來就會更方便。他本來不必那樣做的，但我們想要確保所修的每輛車都十分安全，不會危及我們的顧客。更換煞車片，我們並未收取您任何費用。您可是一分錢也沒花，就得到了一整套全新的煞車器呢！

阿諾德：我相信你說的是事實，不過我買這輛車時，煞車不會響，交給你們修理之後，煞車卻變得很吵。我想要我這輛車上的煞車不發出刺耳的響聲。**（模糊重點法＋唱片跳針法）**

維修部經理：哦，那些都是廠商提供更換的煞車器，比原裝要好得多！它們更耐磨，所以是會有一點響。

阿諾德：說實話，我並不關心你們跟廠商換的煞車器之間有什麼問題。也許那是更好的煞車器，但我只想要我車上的煞車不再響。**（自我表露法＋模糊重點法＋唱片跳針法）**

維修部經理：可是我們幫您裝的是全新的煞車器，而且沒收任何費用。我們本來不必這麼做的，完全是出於一片好意，只是想確保客戶的行車安全。

阿諾德：這的確是一片好意，不過，我不想要我車上的煞車發出刺耳聲響。**（模糊重點**

法＋唱片跳針法）

維修部經理：可是，假如我們再替您的車子裝回原型號的煞車器，它們的使用壽命不到這些新煞車器的一半呢！

阿諾德：這些煞車器可能更經久耐用，不過坦白說，我並不在意你們幫我的車裝的是哪種新的煞車片，只要我踩煞車的時候不響就行。（模糊重點法＋自我表露法）

維修部經理：（沉默了一會兒，咬著嘴唇思索，表情透露出擔心）今天下午您能把車子放在我這兒，五點鐘再來取車嗎？

阿諾德：你打算修理煞車，不讓它們發出刺耳的聲音嗎？（唱片跳針法）

維修部經理：要是今天下午您把車留在這兒，我會修理好的。

阿諾德：那我會相當感激的，謝謝你。

阿諾德發現，大家說修車師傅和修車廠經理很頑固，只不過是謠傳罷了（他們的頑固很可能是人為培養的）。他也發現，關於「為什麼不能維修」這個問題，維修員只有寥寥幾句操控性的回答，經理則更少。這段對話也許會給你留下太過容易的印象，覺得在面對修理人員時，根本用不著太多技巧。在指導初學者的過程中，我認為，要是製造商或修車師傅把學生車子的什麼地方弄壞了，那就是碰上了意外的好運。派學生以強勢自信的態度因應這類處境，就是我所能給的最有意義、也最容易的家庭作業之一。

在這種利益交換關係中，有些學生為了達到目標，得堅持幾個禮拜之久，但沒有一個人說自己失敗了。也許我得感謝那些笨拙的汽車業巨頭，因為他們始終如一地為我的自主力訓練課程，提供了最佳練習教材。

下面這段對話也與利益交換有關。這個例子說明在某些情形中，你必須拿出更多毅力，還需要具備這種能力：能在幾週或至少幾天內，因應他人對你的行為進行的「全方位操控」。

對話14

預測對方行為，提前做好準備（顧客──立場強硬的二手車商）

傑克是一名半工半讀的學生，兼差賺錢，自食其力。他的舊車最近徹底完蛋了，只能拖到廢車場，於是他從一名經銷商那裡買了一輛二手車，並且用支票付清了五萬六千元的車款。

結果，買車的第二天，車子的自動變速箱就開始大量漏油，傑克把車子開回去，銷售員答應會把車子修好，但是從修車廠把車開回來兩天後，變速箱又開始漏油。他向我請教，於是我們詳細討論了他的選擇：繼續維修、再換一輛車或要回購車款，以及他如何展現強勢的自信，處理這個問題。

隔天，在開車前往二手車行的路上，車子不停地拋錨，重新點火極為困難，最後甚至還得他來推車。把車開進車行的停車場後，傑克便下定決心退掉車子，再也不跟這個二手車商有任何業務往來。

第一天對話情境：傑克走進二手車行的辦公室，跟賣給他車子的銷售員交談。

傑克：科茲先生，你賣給我的那輛車簡直是垃圾，我要退掉車子。

銷售員：怎麼啦，小夥子？我以為星期五車子就修好了呢！

傑克：是啊，我也這麼以為，可是變速箱昨天又開始漏油，現在這輛車開起來比我原來那輛更差勁，我要退掉車子。**（模糊重點法＋自我表露法＋唱片跳針法）**

銷售員：哦，我們跟變速箱廠又沒什麼關係，你得去找他們解決。

傑克：我相信你是那麼認為的，不過我的錢是付給你，而不是變速箱廠。我跟他們才扯不上什麼關係，所以我要退掉車子。**（模糊重點法＋唱片跳針法）**

銷售員：那沒道理。你當然跟他們有關係，你把你的車子開到他們那裡去了，不是嗎？

傑克：是的。我真笨，自己把車開到那裡，而沒有堅持從頭到尾都讓你來處理，不是嗎？**（自我否定法）**

銷售員：不是的，事情都是那樣處理的。我來跟你解釋是怎麼回事吧！我們是言出必行的，你的問題不在我們這裡，我們跟變速箱廠沒有任何關係。你的問題在他們那兒，你去他們那裡解決變速箱的問題吧！我們這裡對變速箱可是無能為力。我們實在沒有那種設備，所以我才會請你去找他們。

傑克：我完全明白，你想要我去變速箱廠，不過我不打算那麼做。我跟他們之間沒問題，跟你們之間才有問題，所以我想退掉車子。**（模糊重點法＋唱片跳針法）**

銷售員：要是你非這樣不可，我很樂意馬上打電話叫他們來，並且幫你跟他們談談。

傑克：科茲先生，假如你想打電話給變速箱廠，那就打吧，不過，你打電話要他們過來是為了你自己，而不是為了我。我承認把車放到了他們那裡，後來又取走了車，但我跟他們沒有任何關係。我不在乎你怎麼處理這輛車。我只是想退掉車子。**（模糊重點法＋唱片跳針法）**

銷售員：（冷冷地看著傑克）要是你擔心我們賣出車子卻負不起責任的話，那就算了！我們會替你把變速箱修好的。

傑克：科茲先生，我相信你是那麼想的，不過第一次你就是這麼說，結果並沒有修好。說實話，現在你再這樣告訴我，我沒辦法相信了。**（模糊重點法＋自我表露法）**

銷售員：不能這樣，小夥子。我不辭勞苦，當時就叫人修理你的汽車。變速箱廠沒把工作做好又不是我的錯，你沒道理對我說那樣的話。我們會把車子修好的。

傑克：我相信你真是這麼想的，科茲先生，不過，我還是不相信你說的，所以我想退掉車子。**（模糊重點法＋自我表露法＋唱片跳針法）**

銷售員：好吧，假如你是這個態度，我就無能為力了。

傑克：也許吧，不過，我還是想退掉車子。**（模糊重點法＋唱片跳針法）**

銷售員：我沒辦法讓你退掉這輛車，手續都已經辦好了，我們沒辦法更改法律文件。那是你的車子，汽車登記到了你名下，對此我無能為力。

傑克：我相信你真是這麼認為的，所以我們這麼辦吧，你跟我一起去跟主管談談，他是能讓我退掉車子的人。**（模糊重點法＋可行折衷法）**

銷售員：哦，我不知道史密斯先生今天會不會來。

傑克：就算他沒來，要是你不著手處理我要退車子的問題，我還是想見見他。**（模糊重點法＋唱片跳針法）**

銷售員：我打個電話看看。（拿起電話撥號，跟電話那頭的人交談，然後轉向傑克）他要明天才會過來。

傑克：好吧。我們明天什麼時候見他呢？

銷售員：他一般上午九點左右到。

傑克：那九點半，你會在這兒嗎？

銷售員：當然，我整天都在這裡。

傑克：很好，那麼史密斯先生到了的時候，請你轉告他，我想要我們三個人在九點半碰面，行嗎？

銷售員：我沒有問題。

傑克：好。順便說一下，這是車鑰匙。

銷售員：我們不需要你的車鑰匙。

傑克：我明白你的感受，不過，我打算把車子就停在外面。要是擋住了你們的車道，你也許會想把車挪一挪。**（自我表露法）**

銷售員：把車子開走吧，你需要交通工具呀！明天上午我們就會解決這件事了。

傑克：是沒錯，不過，我打算把車子留在這兒。**（模糊重點法＋唱片跳針法）**

銷售員：隨你的便吧，但是得把車子停在街上。

傑克：我把車還給你。我並不在意你將車子停在哪裡。**（自我表露法）**

（銷售員沒有答腔。他一聲不吭，嚴肅地抬頭看看傑克，接著低頭看了看辦公桌上的鑰匙，用一根手指頭扒拉著鑰匙。）

傑克：明天九點半見。（離去）

那天下午，離開二手車行不久之後，傑克打電話給銀行，要求止付他開的那張支票。銀行告知他，已經從帳戶劃走了五萬六千元。儘管如此，傑克還是決心堅持自己的權利，把錢要回來。

第二天對話情境：傑克跟科茲先生一起走進史密斯經理的辦公室。

經理：請坐。我聽說您的車出了點毛病。

傑克：是的，所以我要求退回我付的購車款。

經理：您為什麼不想要這輛車了呢？

傑克：昨天科茲先生跟我已經談過這個問題了，請問你跟他討論過沒有呢？

經理：我們研究過了，不過，好像只要我們把變速箱修好，就什麼問題也沒有啊！

傑克：我相信你的確是那麼想的，不過我不相信，所以我想退掉車子。**（模糊重點法＋自我表露法＋唱片跳針法）**

經理：難道您是在說，我是個騙子？

傑克：我確實認為你相信自己所說的。但事實是，我不相信你說的。之前你們也告訴過我保證會修好，所以我並不相信這樣的話。我想退掉車子。**（模糊重點法＋自我表露法＋唱片跳針法）**

經理：（沉默了一會兒）您不喜歡這輛車，那好吧，有很多汽車我自己也不喜歡。跟您說吧，我準備這麼做，您跟鮑伯到停車場去，選一輛您想要的車，而我們把您原來那一輛收回，只要調整價格就行。這可是個合理的提議啊！

傑克：這個提議聽起來很合理，不過，我不想再買你這兒的車。我只想退掉車子。**（模糊重點法＋唱片跳針法）**

經理：您是擔心換的那輛車子車況不好嗎？您先開個一星期，要是不喜歡，我們會再幫您換一輛。假如您需要，我還可以幫您挑一輛。事實上，我們這兒有很多您會喜歡的小型車，我們可以等價更換。鮑伯！到後面的停車場，去把那輛紅色的小型Jobbie開到前面來。

傑克：我相信那是一輛好車，史密斯先生，不過我不想再要你們的車。我只想退掉車子。**（模糊重點法＋唱片跳針法）**

經理：哦，退掉車子是不可能的。所有的法律文件都已經送出去了，這輛車是您的，登記在您名下了。

傑克：我不明白，要是你們可以把車收回去並換一輛給我，那麼，你們收回這輛車並且退我車款，又有什麼做不到的呢？**（自我表露法）**

經理：換車是沒有問題的，我們只要遞交一份修正書，改正汽車登記表上的差錯就可以了。

傑克：我還是不理解，遞交一份修正書，說明是退掉車子而不是換車，怎麼就不行呢？**（自我表露法）**

經理：我們就是不能那麼做！

傑克：我相信你確實是那樣認為的，不過我仍然要求退車和退錢。**（模糊重點法＋唱片跳針法）**

經理：為什麼您就不能換一輛車呢？那樣問題不就都解決了嗎？那些都是好車啊！

傑克：或許吧，不過，我可不想再冒險來聽你們的藉口。我只要求退掉車子。**（模糊重點法＋自我表露法＋唱片跳針法）**

經理：（對科茲先生）鮑伯，讓我來處理這件事吧！你回停車場去。（科茲先生走了，經理轉身面對傑克）您是對他處理維修一事的做法不滿意吧？我不會怪您，我自己也不怎麼滿意那個鬼東西。就我們倆，您和我來商量商量吧！我會親自去看著他們修好您的車，或幫您另外物色一輛。我當面向您保證，一定做到，這樣您覺得公平嗎？

傑克：我之前就說過，這聽起來很公平，但我不想再修理那輛車，也不想再換一輛車。我只要求退掉車子。**（模糊重點法＋唱片跳針法）**

經理：您的要求太過分了，我辦不到。

傑克：我相信你是那樣認為的。那麼，你的上面是不是還有人呢？他有權來決定這件事吧？**（模糊重點法＋可行折衷法）**

經理：您得去跟我老闆談才行。

傑克：我們什麼時候能見到他？

經理：他吃過中飯後就會來。

傑克：下午兩點怎麼樣？

經理：我沒問題。

傑克：（起身離開）請你安排一下，我們明天下午兩點在這裡見面吧！

第三天對話情境：史密斯經理陪傑克走進老闆辦公室，介紹了傑克的身分之後，就離開了。

老闆：請坐吧，別拘束。您的汽車怎麼啦，弄得這麼雞飛狗跳的？

傑克：史密斯先生跟你說明情況了嗎？

老闆：是的，但是為什麼您非得退掉車子不可呢？
傑克：我對這輛車不滿意，所以想退掉車子，拿回我的購車款。
老闆：車子怎麼啦？
傑克：要是史密斯先生已經說明了情況，你應該很清楚啊！
老闆：似乎我們一直都在盡力讓您滿意啊。我們會修好您的車，或幫您換一輛，那樣處理有什麼不對呢？我覺得這是個很不錯的交易呀！您知道，我們不是對每個顧客都這樣的。
傑克：我相信你們不是，不過，我對這輛車或別的車都沒有興趣。我只要求退掉車子。**（模糊重點法＋自我表露法＋唱片跳針法）**
老闆：哦，那是不可能的。
傑克：我相信這樣做確實不容易，但我只想退掉車子並拿回錢。**（模糊重點法＋唱片跳針法）**
老闆：我們只是想做到公平、合理，為什麼您就不能通情達理一點呢？
傑克：我相信你們想要公平、合理。我想要退掉車子。**（模糊重點法＋唱片跳針法）**
老闆：假如因為自己改變主意了，隨便來個湯姆、迪克或哈利之類的，每個人都可以堂而皇之地來把錢拿回去，您覺得整個業界會變成什麼樣子呢？要是我們那樣做，您覺得我們的生意又能維持多久呢？
傑克：我並不知道。
老闆：好吧，我們不能那麼做。
傑克：我相信你的確是那樣堅決認為的，不過，車子就在你的停車場裡，鑰匙也在你的桌子上。我並沒打算把車開回去，我要退掉車子。**（模糊重點法＋唱片跳針法）**

老闆：那樣的話，您就太不通情理了。

傑克：或許吧，不過，我還是要求退掉車子。**（模糊重點法＋唱片跳針法）**

老闆：假如您在生活中也如此，那就是根本沒打算舒服過日子嘛！

傑克：也許你說得對，不過，我還是要求退掉車子。**（模糊重點法＋唱片跳針法）**

老闆：（發起脾氣來，起身抓起車鑰匙扔在辦公桌上，放聲大吼）你這個該死的傢伙，什麼也不懂的小流氓，自以為無所不能！到這裡來，自以為聰明！只有你這樣的下流胚子才會不守協議！狗娘養的！

傑克：（平靜而沉著地）我相信這件事讓你感到不舒服，不過，我想盡快拿回我的錢。今天除了這件事，我還有別的事情要做。**（模糊重點法＋唱片跳針法＋自我表露法）**

老闆：（張口結舌地瞪著傑克。沉默了一會兒之後，他恢復了常態，對傑克笑了笑，繞到傑克所坐的地方，態度一百八十度大轉變）我很高興您來見我，這樣我們就可以解決掉這件事。我們這一行啊，客戶的口碑最重要。我們下樓到出納室去，讓出納給您開張支票。今後不管什麼時候，假如您想再買一輛車，儘管到這兒來找我本人，我會給您特別優惠的。我們的車可是全市最好的。

（老闆替傑克打開門，一邊微笑著跟他說話，一邊搭著他的肩走到大廳。）

在前面這段對話中，每次談話之前，傑克都會聯絡我，把他處理的情況回饋給我，並請我給他進一步指導。我們討論了銷售人員可能表現出的操控行為或「爭鬥——逃避」行為，我

也教過傑克如何去應對。而我們準備因應的那些具體方法，正好就是傑克碰到的，甚至連老闆退款前抓起車鑰匙、把鑰匙甩在桌子上、咒罵傑克的行為，也都預測得分毫不差。

對於這種預料中的勃然大怒，傑克只是冷靜地回應：「我相信這件事讓你感到不舒服，不過，我想盡快拿回我的錢（而不是：我能要回我的購車款嗎？）。今天除了這件事，我還有別的事情要做。」

對於我們仔細準備的結果還有他自己的實際表現，傑克都很滿意。我們甚至還準備好因應這樣的可能性，就是第一個銷售員可能會沮喪、生氣或緊張，可能會離開，這樣傑克就得打電話給他，或採取他走到哪兒就跟到哪兒的模式。不過，這種情形不太可能會發生，因為：

- 那名銷售員的工作就是去面對不滿意的顧客，他很可能有成功推諉顧客的豐富經驗。
- 傑克經過了充分訓練，能夠在冷靜、平和地贊同銷售員觀點的同時，仍然堅守自己的立場——維修、換車，或者退掉車子。

在與車廠老闆會面後，還沒等我問進展如何，傑克就把一張支票遞過來，笑著說：「簡直易如反掌啊！」

傑克這次的遭遇，儘管運用自主技巧的效果很理想，但有一點我們必須記住，才能精準地複製成功。

當傑克把成功經歷告訴我的一位同事時，同事立刻問了我一個問題：「你怎麼知道要告訴傑克什麼？又怎能準確地預測出銷售員和老闆的行為呢？」這很簡單，沒什麼神祕的。過去我還是個學生時，也跟二手車商有過類似的交手經驗，這回我只不過是根據親身經歷，做了一個聰明的猜測罷了。

其實人類發展到現在，「爭鬥——逃避」的應對模式並沒有發生太大的變化。在可能發生什麼、如何強勢而自信地因應、怎樣因應等方面，我給傑克的建議，僅僅是基本自主溝通技巧的一小部分而已。在還沒有面對他人的操控時，我們就要推斷出對方將如何、並在何時採用「爭鬥——逃避」行為來對付我們。

傑克透過學習，不但恢復了自尊，也使別人無法再操控他的行為。即使他沒有決定要退掉車子，或那個老闆拒絕讓他退掉汽車，他也仍然達到了自己的首要目標——能夠直面他人，說出自己心中所想，而不會感到害怕或受人擺布，以此來解決分歧。這些他都做到了。

解決醫病關係的衝突

接下來的對話將教導我們，對於另一種利益關係——病患看病和醫生行醫產生的衝突，又應該如何展現強勢的自信去因應。

在15—1的對話中，正在學習自主技巧的瑪麗，就她所擔心的事跟醫生進行討論。

而在15—2的對話裡，精神科醫師阿貝拉面對的是一位不切實際、強人所難的患者父親。

對話15—1

病人與醫生理性溝通自己的需求（醫病關係之一）

瑪麗是位老婦人，患有輕度腦中風，這種病曾使她暫時喪失行動能力六週。瑪麗跟我說，她有好幾件事都無法跟醫生溝通，其中最重要的一點是，中風治癒後，她想重新口服雌激素，但醫生卻老是給她用注射的，每次都害她痛了好幾天。套用瑪麗的話來說就是：「我怎麼能跟他這樣的人說呢？關於服藥的事，他比我懂得多。」

許多人（包括一些自以為是的醫生）將「上級——威權」關係跟利益交換關係混淆了。醫生並不能幫瑪麗做決定，要她在就醫時「應該」或「不應該」做什麼。為了獲得自己想要的治療，瑪麗跟其他自信不足的患者一樣，不得不面對殘酷的現實：醫生是一位技術顧問，他們會推薦某些特定的治療方式，而這些方式有可能把病醫好。

身為病人的瑪麗仍然可以我行我素，自己決定要做什麼或不做什麼，並且無論是否依照醫生的建議進行治療，最終都由她來承擔後果。另一方面，醫生所負的責任為是否提供治療，而殘酷的現實，也要求他自信而果斷地制定出限制措施。醫病之間的基本關係，是一種需要雙方就治療方式進行協商的關係。實際上，這是一種利益交易關係，不是威權人士吩咐你做、而你毫無選擇餘地的關係。

可是瑪麗擔心，假如她向醫生堅持自己的權益，醫生可能就不會再去在意她的健康，或者會把她推給別的醫生。其實，瑪麗已經找這位醫生看了二十多年的病了，她把他當成了家庭醫生，並且很信任他，所以醫生也不太可能選擇極端的模式對待一位老年病人。即使他不再善待瑪麗，瑪麗也可以從其他管道獲得專業建議，而不必理會這名醫生。

若一名專業醫師拒絕重新思考患者所質疑的治療方式，我本人是萬萬不會讓他來幫我的小狗治療皮膚病的，更別說替我看病了。

以下的對話顯示，這位醫生能夠回應瑪麗的自信與堅定，還滿足了她的心願。

對話情境：瑪麗走進貝克醫生的辦公室，坐下來。

醫生：哦，瑪麗，護士跟我說，你的血壓只有一四〇／八十，比三週前大有起色。

瑪麗：我一直都聽你的話在鍛鍊身體、放鬆心情，還有舒緩精神呢！

醫生：不錯！不錯！讓我看看你的手。手腕能轉動了嗎？

瑪麗：這個星期好一些了，我的手指動起來還是有困難，抓不住東西。

醫生：假如你堅持下去，繼續鍛鍊，手指的情況很快就會改善了。

瑪麗：現在我的手臂能完全舉起來，還能轉了，上週還做不到呢！這下我放心了。

醫生：情況會愈來愈好的。我要你繼續服藥，隨著血壓逐漸回復到正常水準，我們也會逐漸降低劑量。記住，你得一直持續服藥才行，不能因為覺得好一點了，就停止吃藥。

瑪麗：我不會的，我不想再受罪了。

醫生：好的。你看起來氣色很不錯。過幾天我再給你看看，我會請護士提前安排好的。

瑪麗：醫生，我想跟你談談你給我開的雌激素。我想要重新開始用這種藥，這藥非常不錯，用藥後，我覺得雙腳非常輕鬆又靈活。**（自我表露法）**

醫生：當然，我也覺得這種藥管用。我開張單子，你現在就可以打一針。

瑪麗：這正是我想跟你商量的事情。我想用雌激素，不過，我不想打針。護士用那麼大的針管扎我，讓我好幾天都沒辦法坐。我想要吃藥丸。**（唱片跳針法＋自我表露法）**

醫生：（若有所思地看著瑪麗）雌激素用注射的效果好得多，打一針就結束了，你下次來看病之前，都不需要再打了。

瑪麗：是的，不過我更喜歡藥丸。**（模糊重點法＋唱片跳針法）**

醫生：要是我開藥丸，你得記住每天吃才行。

瑪麗：是的，我得記住。我更喜歡藥丸。**（模糊重點法＋唱片跳針法）**

醫生：瑪麗，開藥丸的問題是，很多像你這樣的女性都濫用雌激素，以為如果兩顆可以讓人感覺舒服，那麼四顆的舒服會加倍，最後就服用過量了。

瑪麗：我相信她們是那樣的，不過，我還是想要口服藥丸，不想再打那些該死的針！**（模糊重點法＋唱片跳針法）**

醫生：瑪麗，你這次中風，問題已經夠多的了。你何不現在先打一針，等下次過來的時候，我們再商量藥丸的事呢？

瑪麗：到時候你就會開藥丸給我嗎？**（可行折衷法）**

醫生：我還會再跟你談談這個問題。

瑪麗：我能理解，但我還是想吃藥丸，再也不想打那些該死的針了。**（自我表露法＋唱片跳針法）**

醫生：（看了瑪麗一會兒）這樣吧，我開給你從現在到下次你再來看病這段期間，夠用的劑量，到時候我們再看看情況如何，好嗎？

瑪麗：好啊！這對我來說太好了。（可行折衷法）

瑪麗說她很高興，因為醫生對她的強烈願望做出了回應，她還覺得由於她展現了自信的堅持態度，所以他們的關係也變得更好了。雖然認識貝克醫生二十多年了，但在他面前，她總是感到緊張。在成功地與醫生溝通之後，瑪麗面帶溫柔的笑容說她自己更有掌控力了，可以更自在地去跟醫生談論有關中風的一些真正問題。

導致醫病關係惡化的原因之一，就是醫生沒能好好處理患者的焦慮心理，也沒能好好因應患者提出的特定治療要求。有些醫生面對需求，只知道愚弄病患，惱羞成怒地趕走他們，讓他們去找心理治療師治好心理疾病再來。這種方式，與我的一位好同事——精神病醫師阿貝拉的做法，形成了鮮明對照。

對話15—2

醫生向家屬說明自己的治療方案（醫病關係之二）

阿貝拉發現了一種良好的模式，他會在與患者或家屬交談時展現自信，限定自己的治療行為並加以解釋清楚。這些限定（通常是拒絕病患的某種請求）可以用於因應所謂「歇斯底里」或「愚蠢」的病患，而且對患者本人也有好處。用這種更實際的模式來因應，也無損於他身為醫生的技術和能力。他是第一個如此坦承的：自己和全科醫生不同，不能帶有操控性地說某個患者歇斯底里、不可理喻、把他推給心理醫生，而推卸掉自己的責任！有些患者的要求，從職業道德角度來說他無法贊同，而他所用的這種因應方法的確非常管用。

最近，我針對如何回應精神病患者父母的問題向阿貝拉諮詢。那時，他正要與一位十六歲的精神分裂症患者的父親會面，便邀我去旁聽。

對話情境：自五天前患者住院治療以來，患者的父親詹尼克先生看到兒子的行為有了明顯改變，而想帶兒子回家過週末。

詹尼克：大夫，我們真的很高興把他送到您這裡來。勞瑞差不多回復正常了。

阿貝拉：我看得出來，勞瑞病情的改善一定讓您感到很欣慰，詹尼克先生。不過，到他回復正常還得要好一陣子。**（模糊重點法＋唱片跳針法）**

詹尼克：他又開始跟我說話，不再只是低著頭一聲不吭了。我知道他好多了。

阿貝拉：他是好多了，但我可不想要您太早對他的康復抱有期待。**（模糊重點法＋自我表露法）**

詹尼克：昨晚我們去看過他，我太太跟我說，想在這個週末帶他回家。

阿貝拉：雖然勞瑞的病情有起色了，但我覺得現在回家還不是很明智。**（模糊重點法＋自我表露法）**

詹尼克：他上大學的姊姊就要放假回家了，我太太想讓他回家看看姊姊。她有五個月沒見到弟弟了。

阿貝拉：我相信您的女兒一定很想看看弟弟，不過，就算只是過週末，勞瑞的健康狀況也還不適合回家。您週末帶她來這兒看看勞瑞怎麼樣？**（模糊重點法＋唱片跳針法＋可行折衷法）**

詹尼克：我不想讓她見到勞瑞住在精神病院裡，那樣她會難過的。

阿貝拉：我相信您不想，但她是個大女孩了，我認為她必須面對弟弟患有間歇性精神分裂症的事實。**（模糊重點法＋自我表露法）**

詹尼克：我只想讓勞瑞回家去見見她。您就不能給他開一些週末吃的藥，讓他整個週末都沒事嗎？

阿貝拉：我能開，而且給患者簽發了出院許可之後，我也的確是要開藥。但在勞瑞康復的這個階段，我並沒有什麼藥能讓他控制住與家人團聚所帶來的緊張和興奮。真希望我有藥可開啊！**（模糊重點法＋自我否定法）**

詹尼克：我覺得可以冒個險。我想週末帶他回家。

阿貝拉：我相信您想那樣，詹尼克先生，但我不會批准勞瑞這個週末外出的。**（模糊重點法＋唱片跳針法）**

詹尼克：您不能阻擋我帶兒子回家！

阿貝拉：您說得對，我不能擋著您，而我也不想那樣做。不過，如果您拒絕遵循我的治療方案，我會讓您兒子出院，由您自己照顧。您可以簽個「A.M.A.」（拒遵醫囑）文件，帶他出院。您自己決定吧！**（模糊重點法＋自我表露法＋可行折衷法）**

詹尼克：那樣不就太過分了嗎？我不過是想帶勞瑞回家過個週末而已。

阿貝拉：我相信對您來說，似乎是有點過分，詹尼克先生。不過，我覺得勞瑞還沒準備好面對家人，而我也沒有其他符合職業道德的選擇。我希望我有，可是……**（模糊重點法＋**

唱片跳針法＋自我否定法）

詹尼克：這家醫院是您在負責嗎？我要跟院長談！

阿貝拉：要是您想的話，可以去跟管理部門談，不過說實話，我覺得您從他們那兒只能得到奉承和討好。他們不會干涉我如何治療病患，而我也不會干涉他們如何管理醫院。但是，如果這樣做能讓您舒服一點的話，我還是會替您跟他們約一下。（伸手去拿電話）（自我表露法＋可行折衷法）

詹尼克：不用！別麻煩了。我星期五下午來接我兒子。

阿貝拉：我會讓住院部的護士填寫A.M.A.出院證明，準備好放在那兒的。我也會去跟勞瑞談談，看看能不能幫助他做好出院準備，還會開出三十天的鎮靜劑。好嗎？（可行折衷法）

星期五下午，勞瑞的父親接他出院了，而星期一上午九點，他們又回到了阿貝拉醫師的診間，這時，勞瑞的父親有了不同的看法。儘管整個週末都沒停藥，但因為家人的團聚，讓勞瑞的行為和情緒都改變得很厲害。儘管起初阿貝拉和患者父親的交鋒是一場災難，但此後卻帶來了莫大的好處。

有個重要的改變就是，阿貝拉醫師再跟這家人說什麼，他們都明白他是認真的。他不會說令人困惑或模稜兩可的話，也不會因為患者父母不聽建議就責怪他們，而只是指出那些他覺得可能不好的處理模式，然後讓他們自己決定。從阿貝拉醫師身上，患者父母理解到自己也能做同樣的事，而他們也真的做到了！

第2章 職場威權關係，人和不受擺布

與掌權者達成折衷共識

許多時候，事情的處理模式是潛規則，不像正式的交易那樣把所有規則都說得明明白白，有法律合約和法律規範。有很多人都依賴著這種規範框架，只要遵循「能」或「不能」做什麼，這樣他們堅持自己的主張時也會覺得更自在；要是這種規則和指明「應該」怎麼做的既定規範不明顯，他們就會感到擔憂。

如果修車師傅胡亂修理你的車子，你可以事先演練好自己的憤怒反應，「毅然決然地」對付他。然而，你跟公司老闆的關係與修車師傅不同。面對老闆，你也能這麼做嗎？

在老闆與你的威權式人際關係中，包括了很多「未知」的結局。假如修車師傅不喜歡你，他能怎麼樣？不能怎麼樣！可是，假如老闆不喜歡你說的話，他會不會炒你魷魚？會不會降你職？會不會把討厭的工作都塞給你？這些後果出現與否，取決於你是否能自信而果決地與老闆達成折衷辦法。

與掌權者達成折衷共識，就是我們這一章的主題。

展現強而有力的自信

「威權」一詞，其中一個含義是指有權讓你聽從吩咐去做事的人，比如父母跟子女、主管與員工，都是這種關係。

「威權」還有另一種含義，即指專業知識，比如師生關係，或演講者和聽眾的互動關係。在這些關係中，預先確立的原則是：學生向老師學習知識，老師為學生的學業評分。學生年紀愈小，老師承擔的威權責任愈多。

也許你會感到好奇，我為什麼會強調醫病關係的「利益交換」關係特點，而不強調威權呢？「醫生」的稱呼，最初含義正是「老師」，為什麼不能因為醫生具有專業醫學知識，而簡單地把醫病關係歸入威權關係呢？

起初，我理所當然地認為，任何一位看病的醫生都會教我許多健康知識，就像修車師傅會教我汽車知識一樣。後來，我卻認為這是一種利益關係，因為你可以明快地要求對方，把用藥、後續治療、併發症、診療費用等相關的一切都說得清清楚楚。或許這樣比喻一下你就明白了：你會信任一名陌生的修車師傅，讓他大修你那輛要參加世界賽車大賽的賓士嗎？畢竟，大多數涉及專業知識的威權式互動關係，並不像醫病關係那樣可能嚴重危害到我們的健康。

還有一種更有意思的「專業人士兼威權」關係，就是演講者和聽眾，這也是一種預先在架構上偏向一方的關係。演說者答應演講，聽眾也同意傾聽，雙方一致，初始角色很明確。專業人士將訊息介紹給聽眾（學生、同事或社團成員等），聽眾則透過掌聲（但願如此！）和發問，來對演講做出回應。至於雙方的其他互動，則需要經過協商來確定，比如演說者用什麼方式演講、在什麼環境演講、涉及或禁止什麼內容，這都取決於演說者在聽眾面前的自信與強勢程度。

若你能像面對群眾演說的領導者一樣，自信果決地因應狀況，將有助於你知道自己想說什麼，怎樣把自己掌握的知識說出來，以及在面對批評者、搗亂者時，怎樣勇敢表達自己的觀點，還有如何讓聽眾信任你。

在一些威權關係中，很少有預先設定好的情況，所以強勢的自信態度尤其適用。例如在找工作面試時，由於時常被問到蠢問題，所以求職者只能努力去描述自己掌握的技術和能力，來讓面試官認為他值得錄用。

以下這段對話的重點是：以某種關係的現存架構為基礎，達成相互妥協，同時減少操控規範。無論是部屬還是掌權者，都能試著以更好的方式因應威權式互動關係。員工可以展現自信主張自我權利，因應老闆的操控；老闆可以根據雙方都認可的工作制度，在員工面前自信而果斷地堅持自己的權利。這也適用於沒有既定模式的「灰色區域」。

這段對話是在處理威權式互動關係中出現的衝突：一名員工展現了果決的自信去面對老闆，拒絕老闆在非上班時間提出的過分要求。

對話16

坦率說出自己的想法（員工—老是要他代班的主管）

十八歲的麥克剛從高中畢業，他找到的第一份工作就是在食品店當服務生。這家商店雇了十名員工，每天營業十四個小時，一週七天無休。對這樣的公司來說，缺勤是個問題，員工流動率也高。麥克從高三開始就在這裡打工，畢業後成了全職員工。他正直、負責，除了做好分內工作，他也總是在經理提格的要求下，為別的「生病」員工代班。

不過，麥克對這份工作又愛又恨。他喜歡為各式各樣的人服務，但是毫無規律的工作安排，卻影響到他的社交生活。更令人心煩的是，經理動不動就要求他代班。儘管很討厭加班，但他不知如何去因應經理的要求。他擔心經理會冷落自己，擔心要是堅持自己的權利，對經理說「不」的話，就會被炒魷魚。在接受我的指導之後，他與我們分享了以下這段對話。

對話情境：星期五深夜，麥克在家裡，經理打電話來了。

經理：麥克，格雷病了，我要你明天上午來代班。

麥克：哎呀，經理，我明天有事，去不了。

經理：哦，你的事情必須取消，明天我需要你。

麥克：我相信您確實需要我，但我就是去不了啊！**（模糊重點法＋唱片跳針法）**

經理：是什麼事呢？看醫生？

麥克：不，沒那麼嚴重，我只是明天去不了。**（唱片跳針法）**

經理：你有什麼事呢？

麥克：是點私事，經理。只是一件我很久以來就想鼓足勇氣去做的事，所以明天我去不了。**（自我表露法＋唱片跳針法）**

經理：不能過兩天再去做嗎？你這樣讓我很為難。

麥克：我明白，經理，不過要是我這次再拖延，很可能永遠都做不成了，這會讓我恨死自己，所以明天我去不了。**（模糊重點法＋自我否定法＋唱片跳針法）**

經理：可以這樣安排啊，要是你明天來，星期天你就不用上班了。

麥克：我相信您會那樣安排，經理，可是我明天去不了。**（模糊重點法＋唱片跳針法）**

經理：唉！這讓我很為難，我不知道還能找誰代格雷的班。

麥克：的確是很為難，不過，我相信您會想出辦法來的。**（模糊重點法）**

經理：沒關係，雖然為難，但我會找到人代班的。

麥克：我相信您會找到人的。**（模糊重點法）**

經理：格雷星期二很可能也會缺勤。要是他沒來，我還是想要你代班。

麥克：他可能會因病缺勤，不過星期二我也代不了班。**（模糊重點法＋唱片跳針法）**

經理：那我要找誰替他呢？

麥克：我不知道。**（自我表露法）**

經理：這樣我很難接受啊，麥克，你以前一直都很可靠的。

麥克：的確如此，經理。我不知道是怎麼回事，不過以前無論您什麼時候叫我，我都隨傳

隨到，不是嗎？**（模糊重點法＋自我否定法）**

經理：唔，我得另外找一個可靠的人才行。

麥克：是的，不過您不妨在下次需要找人代班時，打個電話給我，看我有沒有空。雖然不知道我去不去得了，不過問一下也不會有什麼損失。**（模糊重點法＋可行折衷法）**

經理：好吧。到時再說吧！

麥克：希望您能找到人代班。

經理：我會找到的，別擔心。

麥克：那好，再見。

麥克說，跟經理談過之後，他對於自己的因應能力有了更大的信心。讓他詫異的是，經理在試圖找出一個他可以接受的折衷方案時，竟然能忍受到那樣的程度。他本以為自己毫無選擇，只能聽從吩咐，但現在他覺得，經理已經開始尊重他的意願了，遇到困難也願意試著和他一起解決，而不再只會命令他。

後來的幾個月，麥克都用這種嶄新的坦率模式與經理共處，明明白白地說出自己想要什麼、不想要什麼。經理適應了麥克的變化，並沒有厭煩麥克的明顯跡象。我猜想——只是猜想而已——經理以前認為麥克是乖孩子，需要加以掌控（並因此加以利用）。如今，他既不會把麥克看作是需要命令的乖孩子，也不會看成不能信任的小夥子，而是把他當成可以共事的成年人。

接下來這段對話正好相反，描述的是一位主管如何強勢而自信地回應想操控他的員工。

對話17
多使用模糊重點法（主管—要求員工增加工作量）

三十七歲的山姆在一家大型企業工作，是一個小型部門的主管，帶領十四名員工，其中有幾個人還是他的朋友，所以他感到苦惱，不知怎樣才能既保持友誼，又讓每個部屬都認為他是一位公平的主管，儘管他相信「公事和友情不能混為一談」、「上司不是為了贏得聲望」之類的信條，但他覺得要做一名強有力的主管，不一定非得冷漠地對待員工。

這段對話發生的時候，山姆正處在很不好受的狀況下。就在上星期，公司董事會召集所有部門主管開會，決定盡快實行經濟緊縮措施。開會時，山姆向大會說明了自己部門現有的困難，表達了他對部門能否節省開支的疑慮。然而，儘管聽取了困難，大會還是決定所有部門都要削減預算。

這種事自他接任主管以來，已經發生過兩次了，每當山姆不得不向員工說明必須提升生產效率的時候，他都很緊張。他覺得以前面對這種狀況時，自己的表現都很差勁，給人一種漠不關心、沉默寡言又「強硬」的老大形象，使他事後跟那些朋友相處時感到內疚。

以下這段對話練習，是為了幫助山姆更換一種適當的方式去回應部屬而設計的。山姆得到的指令是：對於增加工作量的事，不要給予任何理由，不要為董事會辯護，員工在反對增加工作量時，只承認他們提出的事實，而對於員工們說自己可能會崩潰的任何話語，都表示贊同，同時，仍然要求員工配合執行。

對話情境：在休息時間，山姆走向一位朋友哈利，準備跟他說增加工作量的事。

山姆：（看到哈利在茶水間，便向他走去）嗨，哈利。你有空嗎？

哈利：當然有，山姆，請坐。什麼事？

山姆：上週召開的大會，你聽說了嗎？

哈利：我知道開會了，不過我只曉得這個。

山姆：開完會，經濟緊縮計畫也就定下來了。最後的結果是，要求我們部門在未來三個月到六個月內增加百分之十五的工作量，但人員和預算都不增加。

哈利：這太蠢了吧，老天！我們現在已經超量負荷了，好不容易才完成工作。你跟他們提過這點嗎？

山姆：（微笑）我沒有說他們是腦殘，不過我確實告訴過他們，我覺得相當困難。

哈利：他們怎麼說？

山姆：跟我告訴你的一樣，增加工作量。

哈利：山姆，我不知道別人怎麼想，但我快累趴了。我可接受不了百分之十五的額外工作量，連一點都接受不了，更別說百分之十五了。

山姆：我同意你的看法，哈利，這種辦法很可能沒什麼用，你們大家都會很辛苦。不過，我們還是得增加工作量。**（模糊重點法＋唱片跳針法）**

哈利：這真是太奇怪了。你沒告訴他們這項政策在我們部門行不通嗎？

山姆：我同意，這真的很奇怪。他們不聽我的提醒。你跟我說的，我都告訴過他們了，只是講得更委婉一些。**（模糊重點法）**

哈利：要是你不那麼委婉，直接挑明了說，說不定他們更聽得進你的意見！

山姆：或許吧。**（模糊重點法）**

哈利：或許個屁！要是你誇張一點，態度堅決，他們就不會強人所難，要我們增加百分之十五了。

山姆：也許你說得對，不過我們還是得增加這麼多工作量。**（模糊重點法＋唱片跳針法）**

哈利：但我現在忙得焦頭爛額才能完成任務，你是知道的！

山姆：是的，哈利，所以不管什麼時候，如果情況失控，我要你立刻通知我。第一個月過後，我要你和大家都交一份備忘錄給我，寫出每個人的具體困難，這樣要是我不得不跟上面說明情況，就有根據了。**（模糊重點法＋可行折衷法）**

哈利：好啦，我覺得我可沒辦法接受增加百分之十五的工作量。

山姆：也許你說得對，所以我們會先從比較簡單的做起，看看情況如何。你的工作記錄簿上目前有六十件案子。接下來的兩週，再從新案子中挑四件吧。**（模糊重點法＋可行折衷法）**

哈利：山姆，四件新案子至少要花八小時準備和記錄，才能著手處理。我得加班才做得完。

山姆：也許你說得對。要是你發現你根本抽不出時間來完成新的工作，還得加班才行的話，那就記下時間，我會把它定為我們的加班時間。**（模糊重點法＋可行折衷法）**

哈利：好吧，我實在不喜歡這樣。

山姆：我也不喜歡，哈利。你心煩，我不怪你。不過決定權不在我們手裡，所以我們還是來看看怎麼解決吧，好嗎？**（模糊重點法＋可行折衷法）**

哈利：再說吧！
山姆：好嗎？
哈利：好吧。

這種針對山姆的指責性對話重複了幾次，從工會的抗議到朋友的孤立，山姆每次面臨的操控性挑戰都不同。經過充分練習後，他說在真正面對員工時，他覺得相當自在，部屬也沒有對他發脾氣，基本上沒怎麼抗議、指責或試圖操控他，就接受了增加的工作量。

讓我們再次回到「反面」，看看一名員工如何展現自信，果斷地回應干涉她私生活的主管。

對話18
果斷回應，不用發脾氣（員工—干涉她私生活的主管）

貝蒂是一位活潑又迷人的年輕祕書，最近剛離婚。離婚後，她面臨的主要問題是主管令人厭惡的干涉。她的主管是個年長的已婚男人。當貝蒂從一名穩重的已婚女性變回活躍的單身女子，經歷了情感和行為的雙重危機時，主管像父親一樣地照顧她。儘管讓上司知道她的私事不太好，但她也說不出拒絕的話。

過去幾個月來，這位主管一直在查問貝蒂離婚後的生活安排。當她說自己準備搬到某間公寓去住時，他馬上說她不應該住那裡，而應該去住他所說的另一棟房子。他還查問貝蒂的社交生活，當貝蒂把約會的那些男人告訴他之後，他又指出她不該跟這種人交往，以及為什麼不應該。他甚至還過問貝蒂的其他事情。當貝蒂說自己正在上夜校和學騎單車時，他又指導她，說應該參加哪些訓練班、應該騎哪種單車。他幾乎像是貝蒂的父親一樣了（後來她面對父親時也很成功）！

貝蒂花了幾個禮拜來練習如何展現自信，果斷地回應主管。她的目的自然是不再害怕他，但同時也不能對他發脾氣，不能斥責他，以免破壞了工作關係，那樣她可能就得辭職或被逼退了。她的目標是：

● 對於主管出於好意、但仍然屬於干涉的話語，她必須讓自己不再那麼敏感。
● 讓主管根除干涉的習慣。她希望主管能把她當作一個盡責、有責任心的成年女性，她的私生活並不需要他插手。

對話情境：貝蒂坐在辦公桌後，主管走出辦公室，與貝蒂交談。

主管：今天怎麼樣？
貝蒂：還不錯。
主管：正在處理這個月的合格清單？
貝蒂：是的。
主管：有沒有問題？
貝蒂：沒有。

主管：我希望你這個月處理得比上個月好一點。
貝蒂：上個月真是一場糊塗，對吧？（自我否定法）
主管：確實是。
貝蒂：我就知道！天哪，我沒有搞砸吧？（自我否定法）
主管：我希望你盡快安頓下來，這樣你就不會心煩，不會影響到工作了。
貝蒂：有道理，我也這麼希望。（模糊重點法＋自我表露法）
主管：你決定好要去上哪些課了嗎？
貝蒂：已經決定了幾科。
主管：你不會去上中世紀文學課吧？
貝蒂：我還沒決定呢！（自我表露法）
主管：你不該去上那種課，簡直是浪費時間。
貝蒂：是啊，可能吧。（模糊重點法）
主管：嗯，那你打算去上這門課嗎？
貝蒂：也許吧，我還沒決定。（唱片跳針法）
主管：你應該去上一些實用的課程，這樣才能學到有用的知識。
貝蒂：也許您說得對。我決定好了再說吧！（模糊重點法）
主管：哦，我希望你做出明智的決定。
貝蒂：我也希望如此。（自我表露法）

第二天，貝蒂告訴我這次的交談情形。她發現僅憑一次快速而果斷的對話，並不足以消除她每天都會面臨的操控。她必須在別的話題上（比如說和男友約會）多次重複，直到主管不再對她的私生活橫加干預為止。

自從在上司面前展現自信之後，貝蒂工作時舒服多了，上班犯錯的次數也大幅減少。她說：「現在我期盼去上班，我覺得自己有所作為，做的工作也有了意義。」不出所料，貝蒂開始找尋更好的工作，尋找比祕書更有意思、責任更重的工作，兩個月後，她成了辦公室主任助理。她也以更明快的自信來對待男友們，尤其是她最喜歡的史丹。他們在性關係上發生了驚人的變化。在與史丹歡愛的時候，她開始能跟他一起達到高潮了，這種情況以前偶爾才會有。

對於工作面試（或其他面試），你可能往往緊張得難以招架。接下來，我們可以看看對話中的學生，在面試時如何發揮堅定自信，回應面試者所提出的問題。

對話19—1

承認緊張，不要掩飾（學生—研究所面試官）

這是米爾在研究所入學面試時的對話。

米爾是個聰明的年輕大學生，有一天下午，他匆匆忙忙地加入我的自主力訓練小組。是我的一位同事讓他來的，同事之前見過米爾，認為他可以表現得更有自信一點。

米爾帶著一絲緊張，上氣不接下氣地向我們說明，隔天他要去接受某所醫學院研究所的面試。他的輔導老師跟他討論，對他提出面試官可能會想知道的幾個問題，聽了米爾的回答模式之後，就叫他趕快到訓練小組來。我們本來覺得在這麼短的時間內（其實我們對所需時間的估計簡直大錯特錯），基本上不可能讓他增強自信心，米爾雖然也這麼想，但他還是想試試看，即使只有一、兩個小時，能不能讓他在面試時稍微放鬆點，讓他看起來不致太緊繃。

於是，那天下午我們進行了一場模擬面試，大家輪流扮演面試官，除了提出關鍵問題，也會問相當愚蠢的問題。這些問題，我們自己都曾經被別人問過。其他人則指導米爾怎樣展現自信去聊自己，談他想讀醫學院的原因。在僅僅兩個小時內，我們排練了好幾段對話，最終的修改版本如下。

對話情境：上了年紀的面試官——醫生校友請米爾走進他的辦公室，隔桌相對而坐。

面試官：（看著手中的文件）看起來，你準備的申請書寫得不錯，也很完整。

米爾：謝謝您，我花了不少時間準備。**（自我表露法）**

面試官：（看著米爾）告訴我，你為什麼想當醫生？

米爾：我確實不知道怎麼回答才算好。我相信我應該知道，但事實上我不曉得。我有各式各樣的理由：我一直都想當醫生；我有許多興趣，不過醫學對我最有吸引力；我喜歡人，喜歡跟人打交道並給予幫助；我喜歡解決問題、探究事理；我喜歡既動腦、又動手……您是不是覺得我東拉西扯，說得太多呢？**（自我表露法＋自我否定法＋否定詢問法）**

面試官：沒有，請繼續說。

米爾：好的，那我只挑重點說吧！我喜歡在實驗室工作，生物學令我著迷。我在加州大學洛杉磯分校醫學中心義務擔任助理，我很喜歡跟患者打交道。我喜歡當一名專業人員。當我考慮要成為醫學博士的時候，想到的就是這些。（然後笑起來）我還聽說，醫生的薪水也很不錯。**（可行折衷法）**

面試官：（沒有笑）是的。那麼，你為什麼特別想上南方醫學大學呢？

米爾：我並沒有第一手資料，不過，我跟許多來自不同學校的醫學博士談過，他們告訴我，南方大學培養研究生很有名。我想在一所有聲譽的學校拿到醫學博士學位。**（自我否定法）**

面試官：接下來這五年，你想做什麼呢？

米爾：我希望能以某種身分行醫。

面試官：什麼身分？

米爾：（未經指導，米爾自行回答）我還不知道。全科診療很吸引我，因為病患會帶著各種問題來找醫生。我對精神病學也很感興趣。**（自我表露法）**

面試官：精神病學和其他專業，在你畢業實習後，至少還得有三年住院診療經歷才行。

米爾：對，是這樣。不過我覺得，假如做的是自己喜歡的，時間會過得很快。**（模糊重點法＋自我表露法）**

面試官：你畢業五年後想做什麼呢？

米爾：這我還真的不知道呢。主要是取決於我在醫學院的經歷。我覺得，我不會直接去開私人診所。我想先在醫院的住院部工作一陣子，直到真正明白自己想做的事再說。**（自我表露法）**

面試官：你似乎對自己沒什麼信心啊，好像在說自己不夠自信，沒辦法獨立行醫。

米爾：我相信聽起來是這樣的，不過，那並不是我的本意。我覺得自己可以成為一個超棒

的醫學博士。我夠聰明，對這些感興趣，也很用功。我並不擔心弄髒我的手。**（模糊重點法＋自我表露法）**

面試官：（有點嘲諷）哦，我們會盡量教你不弄髒手的。我一直在看你的成績單，除了一科之外，分數似乎都不錯。您在有機化學這一科只得了C。（抬頭看著米爾，要聽他的解釋）

米爾：是的。有機化學是我比較弱的一科。我一直都在重新旁聽這門課，還找了一個朋友輔導我。有機化學對於我來說，就像三角學，我花了三週才弄明白三角學的內容。不過現在我覺得沒什麼問題了，我正在重修有機化學，希望能得A，至少得個B。**（模糊重點法＋自我否定法＋自我表露法）**

面試官：醫學的要求很高，尤其是對像我們這樣的全科醫生。有時我真希望自己從未踏入這一行！病患會糾纏你，護士令人生氣，家屬令人生氣，別的醫生也會讓你生氣。大家都希望你能解決問題，所以你不得不長時間工作，但有時卻一無所獲。你怎麼知道自己承受得住這種壓力呢？

米爾：您說得對，我無法向您保證絕對能受得了所有壓力，不過，我認為我承受得住。上大學時，我承受著許多壓力去學習，目的是取得優異成績。我經常熬夜，到現在為止，總算是達到了自己的目標。我的所有經驗都顯示我能做到。雖然有時我也會對自己說：「見鬼去吧！你為什麼總要這麼努力呢？」但我還是堅持著。我並不知道這個問題的答案。也許我是個受虐狂呢！**（模糊重點法＋自我否定法＋自我表露—自我否定法）**

面試官：有時候我也覺得自己是這樣的人。你應該也申請了別的學校吧？

米爾：是的，我覺得這樣最好。雖然我很想上南方醫學大學，但大家都跟我說萬一沒錄取怎麼辦，說我也應該申請別的學校。您當學生的時候，也是這麼做的嗎？**（自我表露法）**

面試官：是的，那是個好主意。（沉默）

米爾：您還想問別的什麼嗎？想問我的缺點還是長處呢？（否定詢問法）

面試官：跟我聊聊吧。你認為自己最不好的地方是什麼？

米爾：這只是我自己的看法，別人也許有不同的觀點。我覺得自己最弱的一點就是缺乏經驗。我還年輕，很容易就相信別人。我還不夠有自信，面試時容易不知所措。一開始跟您聊的時候，由於緊張，我覺得腦子一片空白。不過我認為，這樣的經歷會幫助我克服這些情緒，至少我希望如此。（**自我表露法＋模糊重點法＋自我否定法**）

面試官：（打斷米爾的話）現在你的狀態好像很不錯啊！看起來一點都不緊張。

米爾：我相信看起來是不緊張，不過我內心還是覺得不自在。（**模糊重點法＋自我表露法**）

面試官：也許真正重要的是你的外在表現，而不是內心感受呢！

米爾：我相信您說得對，那就看看最後的結果再說吧。（**模糊重點法**）

面試官：你覺得自己最大的長處是什麼？

米爾：前面我說過，這只是我自己的印象，也許不對。我覺得自己最大的長處，就是良好的學習習慣、堅持不懈、好學努力，還有點聰明。而最重要的一點，可能就是我喜歡跟人打交道、喜歡醫學。（**模糊重點法＋自我表露法**）

面試官：你想問我什麼嗎？

米爾：是的，我想問您幾個關於南方醫學大學和醫學院的問題，都是我不怎麼了解的。我相信，這些問題聽起來可能會很幼稚、很不懂人情世故，不過我還是想聽聽您的意見。（**自我表露法＋自我否定法**）

面試官：可以，問吧！

接著，米爾詢問了以下幾個問題。這些問題都是在我們的鼓勵下，他自己歸納出來的：

1.我對研究很感興趣。在南方醫學大學，你們是如何讓學生參與研究的呢？

2.第一學年，除了大家都必須掌握的綜合性知識之外，醫學院有沒有某些科目是要求學生擅長，並做到真正精通的呢？

3.您知道有哪些綜合參考資料可以讓我在這個暑假裡學習，為秋季開始的第一學年做好準備嗎？

4.在南方醫學大學，醫科學生暑假時有沒有什麼工作可以習得經驗，並能支付生活費呢？有沒有讓我們既能學到知識，同時還能賺錢的工作？

這種自信接受面試的練習，進行了兩小時。最後我們看到，米爾靈活回應問題的能力有了顯著變化。我們要他把面試的情況告訴我們，後來卻再也沒有他的消息了。我從別處得知，他的好幾次面試都進行得很順利，他被幾所醫學院錄取，最後就讀的，是一所我們沒有特別鎖定練習的學校。

米爾的成功，讓我想起了一句古老的座右銘：「困難的事情馬上處理，不可能的事就多花點時間。」很顯然地，米爾接受面試時的缺乏自信，不過是一種「困難」罷了。而看他改變得如此迅速，連我也感到吃驚。

也許你已經想到了，米爾為面試所進行的練習，其實就是一種角色模擬。工作面試這種經歷，許多人都不喜歡，甚至會因而感到緊張不安。許多學生都要求接受工作面試指導，但大部分的人練習過後都說，無論有沒有得到所求的工作，他們在那種緊張情形下都感到比較自在，回應的內容也更實際了。

愈想掩飾緊張，愈會暴露缺點

在與自信心不足的學生相處，以及治療精神疾病患者的過程中，我發現許多人遇到工作面試時，總有一些難以自處的問題。

他們通常會試圖掩飾緊張，而不是以這樣的話做開場：「我找工作時常常覺得緊張，這樣會不會影響到面試呢？」（自我否定法＋否定詢問法）當面試官針對工作經歷提出明確的反面意見時，很多人也不知該如何應對，而經常會把自己對工作能力（即使那項技能並不重要）的疑慮心理傳達給對方，給面試官留下的印象是：他們很脆弱，工作時可得小心對待，將來可能會變成公司的麻煩。

低自我肯定的人，對面試官似乎都有一種虛幻的「分享」態度。在需要做決定時，這些不幸的人似乎對自己毫不負責。有位想找工作的精神病患提供了一個經典回答，我覺得最能用來描述這種「共享」的態度。面試時，當面試官問：「你會開車嗎？」（因為公司經常得快遞文件。）他並未簡單地說「是」，或「是的，不過我的駕照得延期才行」，而是回答：「我以前會開，後來被送到精神病院住了六個月。汽車管理局發現我是強制住院治療之後，就收走了我的駕照。」

你不難猜到，面試官馬上就中止了面試。儘管這個「認罪」的例子很極端，但這種行為模式並非患過精神病的人才有。很多學生說，一旦面試官深入查問他們存有自我懷疑心理的某個領域時，他們就會不知所措，會誇大自己想像中的缺點，不僅承認這種自我懷疑心理，還想要辯解。

也許你遇過這一類的問題，比如面試官委婉地說：「你的年紀比我們打算應徵的對象小了一點（或大了一點）」、「你的經驗好像較少（或太多），不太適合這個位子」、「你好像經常換工作」，或其他沒有確定答案的、目的在鼓勵求職者多談談自己的話，這時，該怎麼辦呢？

以下這段對話，是我指導年輕的文書人員伊凡進行工作面試時，如何因應可能會讓她緊張的一些話語。

對話19—2

表達有能力解決問題的自信（求職者—工作面試官）

伊凡說她來參加自主力訓練課程前，有過一次工作面試，面試官問她：「你會打字嗎？」她回答：「我打字的速度在每分鐘四十個字以下，並且有很多錯誤。」這明顯屬於缺乏專業技能。為了解釋這點，她又說：「我從來就不擅長打字。打字課我有兩次都沒及格，學了第三次才及格。」她應徵的是辦公室文書人員，但打字並不是這個職位的先決條件。在以下對話中，伊凡和我討論了她在面試中的問題。

我：我猜面試官問你會不會打字的目的，是想看看當打字員和祕書都很忙的時候，你能不能臨時打出一封信。

伊凡：我沒有想過這點。

我：你能臨時打出一封信嗎？

伊凡：當然可以。

我：那你為什麼不說？你可以只回答「能」，而不說那麼多廢話顯示你打字有多麼差勁。

伊凡：現在回想起來，我真不知道是為什麼。我想，可能是我不想被套住，答應那些我做不到的事吧！

我：你有沒有問他，那份職務需不需要打字技術呢？

伊凡：沒有，徵人啟事上根本沒提打字。

我：職務內容中沒提打字，那為什麼面試官會談到打字，難道你一點都不好奇嗎？

伊凡：他提到打字的時候，我的腦子就一片空白了……

我：……於是你就開始講一些廢話。

伊凡：……於是我就開始講一些廢話。

我：現在讓我們試一試。我來對你面試一下，如果你需要幫助，凱茜會指導你。

伊凡：好吧。什麼工作？

我：你來定，守衛、腦外科醫生、中情局特工，或跟上次一樣，辦公室文書人員，都不要緊。對任何工作來說，都是一樣的。

伊凡：我想再試一下上次出現問題的那個地方。

我：試試他可能問你的其他問題如何？

伊凡：好，那些也問。

我：（角色扮演）你會打字嗎？

伊凡：會。

我：很好，辦公室裡偶爾會很忙，我們大家都會互相幫助。

伊凡：這種工作模式非常好，不過我不大明白，這個職務需要會打字嗎？**（模糊重點法＋自我表露法）**

我：倒也不是。但我剛才說，我們想應徵一個靈活有機動性的人。

伊凡：我這麼問，是因為我不想給您留下我打字很熟練的印象，我打字並不熟練。假如您實際上需要的是打字速度超快的人，那我就不符合要求了。但是必要時，我還是能打出一封信或記個備忘錄。**（自我否定法）**

我：不是的，你的工作，主要是讓辦公室大大小小的事情都井然有序。

伊凡：聽起來真不錯。

我：從履歷表看來，你在辦公室工作的經驗不是很豐富。

伊凡：從工作時間上看是如此。不過在以前的公司，我學到了很多辦公流程的相關知識，必須努力工作並學得很快，才能保住自己的飯碗。**（模糊重點法）**

我：看起來你經常換工作。

伊凡：是的，我經常換，每當有更好的工作機會出現，我就會抓住它。**（模糊重點法）**

我：哦，我們可是希望員工對公司不離不棄呢！

伊凡：我相信公司是這樣希望的。你們有哪些獎勵措施來留住員工不跳槽呢？**（模糊重

點法）

我：我等一下會跟你聊聊員工福利。你的年紀比我們打算應徵的對象小了一點。

伊凡：我相信是如此，而您很謹慎，我也不會怪您。許多像我這麼年輕的女孩子都不太成熟，跟別人相處好像也不太融洽，不過，這對我來說不是問題。**（模糊重點法）**

我：看起來，你只有檔案管理人員的工作經驗。

伊凡：是的，我的經驗還不夠，還沒辦法去考慮像當主管這樣的事。**（模糊重點法）**

我：未來的幾年中，你希望做什麼？

伊凡：希望能一直為你們工作，不過這得看加薪、升遷等方面的情況。我對貴公司了解不多，還沒辦法做出更具體的回答。**（自我否定法）**

我：你有什麼問題要問我嗎？

伊凡：有，我想了解一下薪水、工作環境和福利方面的情況。

我：（由衷地想要肯定伊凡的新做法）很出色。你被錄用了！

伊凡：（咧嘴而笑，接著若有所思，嚴肅起來）但要是我不會打字，而他希望我會打字的話，該怎麼辦呢？

我：你的意思是說，貼出徵人廣告後，他又改變了主意？

伊凡：對。會怎樣呢？

我：這部分我們何不再重來一下，看看結果會如何？

伊凡：好吧。

我：你會打字嗎？

伊凡：不會。

我：唔，我們希望雇用一個懂得打字、能夠幫其他同事一把的人。

伊凡：（未經指導）那是不是說，您不會錄用我了？

我：是的，恐怕你並不符合要求。

伊凡：現在我又該說什麼呢？我失去了這份工作，我會起身離開。

凱茜：（打斷了伊凡的話）伊凡，在這種關鍵時刻，要注意的可不只是「沒得到工作」。當面試官說你不符合要求，你有什麼感受呢？

伊凡：這讓我憤怒。他的徵人廣告不實，還讓我來面試，浪費了我的時間。

凱茜：那你為何不跟他提這個？

伊凡：對，為何不提呢？好的！

我：（重複）是的，恐怕你並不符合要求。

伊凡：那我可真受不了。您在徵人廣告上寫的是那樣，等我來了又跟我說是這樣，浪費了我一上午。假如您需要徵求一個會打字的人，那就得花錢呀！（停止角色扮演）現在我又該怎麼做呢？

凱茜：什麼也不用做，只要坐在那裡，看著他的眼睛。

我：唔，你本來就該知道，一般辦公技能是包含一定的打字能力的。

伊凡：（意識到了面試官的操控企圖）我明白您為什麼這麼說，不過您的做事方式讓我非常生氣。

我：唔，我們給你帶來不便，我非常抱歉。

伊凡：我相信您感到抱歉，但您的做事方式還是讓我非常生氣。

我：那我能怎麼辦呢？給你帶來了不便，我道歉。

伊凡：以後您在廣告裡的職務描述可以更明確一點，這樣就不會再浪費我的時間了。

我：（中斷角色扮演）我還能怎麼說呢，伊凡？你把我擠到牆角裡，讓我無計可施了。

凱茜：你對自己剛才的表現感覺如何呢？

伊凡：我的感覺實在不錯。可是這說不通啊！我丟掉了工作，卻還覺得很好。

我：也許是因為你說出了自己對面試官耍手段的感受？好好想想吧！

在指導低自我肯定的學生如何恰當地進行面試時，我會強調這三點：

1. 傾聽面試官問（說）了什麼，而不去想面試官用問題（話語）暗示了什麼。
2. 對於面試官可能會指出的、自己本身可能存在的缺點，不要否認。
3. 對面試官說，不管自己有什麼樣的缺點，仍然覺得自己能在這份職務上做出成績。

我必須不害臊地說，我是用自己求職的經歷做範本，讓他們模仿的。我告訴學生：「當我應徵現在這個職位的時候，他們問我的問題是：『你能上危機干預課嗎？』我立刻回答『能』，結果當場就被錄用了。後來，我趕緊花了六個星期惡補專業知識，但這都無所謂了。他們問我的只是我能不能教危機干預課，而事實就是，我能。

「我只聽面試官問了什麼，而不去想他問這個問題的意思。但假如面試官這樣問：『在危機干預方面，你有多少經驗呢？』我會回答：『很少，只在常規臨床培訓中接觸過一些，但我對這方面很有興趣，希望能在這裡學到一些實務經驗。』若面試官接著說：『我們想請一個能為其他員工上危機干預課的人。』那我就回答：『沒問題。我已經教了十年的心理學，要是我不適合教危機干預，那我就安排專家來輔導，或安排員工去上培訓課程。』

「我向面試官傳達了很清楚的訊息：我很有自信，能夠解決問題，完成他賦予的任務，而我回答問題的方式無關緊要。無論職務名稱是什麼，文書、經理、會計、業務、維修員、修車師傅、卡車司機、警衛還是心理學家，面試官在求職者身上所尋找的，實際上都是他有沒有為這個組織解決問題、完成任務的能力。」

一名優秀的求職者，可以自信滿滿地在多種職務中擇優挑選，同時不向可能的雇主做出任何承諾。恐怕許多人都希望這樣吧？請看下面的例子。

對話20

避免被別人影響而妄下承諾（演員——喜歡擺布人的電影製片）

凱爾是一個很有天賦的年輕演員，他已經演過三部電影，贏得了普遍好評。他和經紀人打算為演藝事業做一個規劃，認真過濾和選擇所演出的角色，以便名利雙收。

凱爾知道自己很有天賦，具有成為大明星的潛力，但他也覺得必須事事都順著製片人，才能保住他們的好感，不然可能就沒人理他了。他想他必須在製片人面前表現得「懂規矩」，因為單憑天賦並不足以成功。但是這麼想並不正確。

有三位大牌演員——喬治．史考特、馬龍．白蘭度和彼得．法爾克，他們想要什麼時候工作，就什麼時候工作，而且對角色挑三揀四。他們似乎從不在乎別人的看法，大家都認為他們在談判的時候非常自信而強勢。儘管這三人的表演才華不同，但他們的自信程度卻是一樣的。對凱爾來說，這三個人都是怪人、瘋子，因為他們不愛被別人擺布，總是自信地提出要求，而且還能輕而易舉地實現！凱爾認為，他們的成功應該歸功於性格中的獨特之處。而他自己呢？卻跟雇主保持一種不成熟的關係。

進行這次對話的時候，我正在輔導一個戲劇研究小組，其中包括身為前百老匯音樂劇明星的凱爾，以及其他年輕的男女演員，他們都拍過電視廣告，所以我都覺得面熟，只是叫不出名字。那時，我正在輔導他們如何堅持自我的主導性，如何去面對必須應對的人：導演、助導、製片人，以及圈外的贊助人、專家、影評人和臨時演員。

凱爾提出了一個問題，說是他不久將拍攝的一部電影製片給他施加壓力，企圖操控他。凱爾的經紀人正在協商兩個有可能簽約的角色，其中之一就是跟這位製片人協商。經紀人建議凱爾，他可以選其中一個或兩個都不選；要是檔期合理，也可以兩個都選。但那位製片人卻要求他馬上簽約。與此同時，凱爾的經紀人正在就第二個可能簽約的角色，跟別人談判。凱爾不想讓那位製片人知道自己正在考慮另一個角色，他擔心對方會懷恨在心，或者利用這個消息去破壞另外那份合約。

總之，凱爾的問題是他不想馬上簽約，想協商一個時間，讓自己來得及考慮到底簽哪個。但他不知道要怎樣表達這種想法。

來找我諮詢之前，凱爾剛與製片人碰過面，他藉故沒有當場做出決定，但答應盡快去見對方。

以下這段指導性的模擬對話，就是戲劇研究小組內部設計來讓凱爾練習的，能讓他既不過早承諾，又不顯得無禮、唐突或卑微。雖然對話情境屬於大家不熟悉的電影業，但在雇主面前堅持自己的權利，避免受到操控而做出承諾，是任何行業都會遇到的。

對話情境：凱爾坐在等候室裡。製片人索爾輕快地走進來，跟他打了聲招呼，迅速領他進入裡面的辦公室。

製片人：凱爾，這個角色是為你量身打造的，如果這個都不成功，那就沒什麼別的角色能做到了。我剛從樓上下來，對於由你來演出馬文一角，大家真的是熱情高漲啊！

凱爾：那太好了，我有同感，我也覺得自己能演好。**（模糊重點法）**

製片人：太棒了！現在我們就只差簽約了，簽完後我們喝一杯，慶祝慶祝。

凱爾：太好了！要是我簽了，我會舉杯慶祝，不過我還需要一些時間。**（自我表露法）**

製片人：你還需要什麼時間呢？這個角色很棒，片酬也豐厚，哈爾也這麼認為。他是你的經紀人，條件都是他談的。

凱爾：沒錯，可是現在我還不想答應下來。**（模糊重點法＋唱片跳針法）**

製片人：凱爾，我們真的很想要你來演。我在樓上千方百計地努力，讓大家都很熱情地期待著你，我們要你！我為你做了這麼多努力，你可別讓我下不了台啊！

凱爾：我希望沒讓你失望，索爾，不過目前我還是不想馬上答應。**（自我表露法＋唱片跳針法）**

製片人：兩週後就要出外景了。我們得立刻定下來，可別錯過了，凱爾。

凱爾：或許你說得對，索爾，那你能給我多長時間做決定呢？**（模糊重點法＋可行折衷法）**

製片人：我需要你明天就簽字。

凱爾：我相信你需要，索爾，不過那點時間對我來說不夠啊！我在你們出外景前告訴你，怎麼樣？兩個禮拜，應該夠我做出決定了。**（模糊重點法＋可行折衷法）**

製片人：凱爾！我們不能那麼做。要是你說不行，我們豈不是得中斷拍攝，回來找替補？這樣會把整個計畫打亂的！

凱爾：我不明白，你們難道沒有備選的人嗎？**（自我表露法）**

製片人：還沒有，我們沒找到可以跟你匹敵，演出這個角色的人。要是你不簽約，凱爾，你就會錯過一個非常好的角色。

凱爾：也許你說得對，索爾，但我還是需要一點時間。我們來看看日曆，你們二十八號動身對不對？我二十三號把決定告訴你，這樣要是我沒答應，你還有五天去找別人，如何？**（模糊重點法＋唱片跳針法＋可行折衷法）**

製片人：那樣我的時間太緊了，凱爾。

凱爾：我相信很緊，索爾，但我需要時間，你也是。這樣給我們兩人都留了餘地呀！**（模糊重點法＋唱片跳針法＋可行折衷法）**

製片人：你讓我別無選擇了。我為你做了那麼多，你怎麼能這樣呢？

凱爾：你說得對，索爾，這種做事方式確實讓人受不了。我希望跟你說我願意，不過，目前不行。**（模糊重點法＋自我表露法＋唱片跳針法）**

製片人：要是你提早做了決定，會馬上通知我嗎？

凱爾：當然會，索爾。我一旦決定了就通知你。**（可行折衷法）**

製片人：這個角色我們都指望你了。

凱爾：我知道，索爾，我也想演，不過我還需要一點時間。（自我表露法＋唱片跳針法）

凱爾能如此迅速地抓住要點，並且在稍加指導（不到三小時，加上喝了幾瓶加州葡萄酒的時間）之後就熟練運用，讓我很驚訝。這種迅速或許來自他身為演員的優秀演技。他所要做的，不過就是熟記新的劇本罷了。

最後，凱爾很快地習慣了這個「新角色」。跟製片人會面後，他達成心願，延遲了時間。經紀人與第二家製片公司談完後，他們倆都認為第二個角色更好；結果，凱爾在一個熱帶島嶼上度過了令人羨慕的六個月。不過，他對第一位製片人也沒有食言，還是在預定的時間內將決定告訴對方。

凱爾的經驗聽起來很刺激，但你也許會問，假如製片人說：「答應，答應！你究竟是什麼意思？」凱爾又要怎麼回答呢？事實上，就跟唱片跳針法那一章中的卡洛一樣，凱爾明白，不管製片人問了他什麼，他都不一定要回答。以下這段簡短的對話可以說明這一點：

製片人：凱爾，到底是什麼讓你猶豫不決呢？答應，答應！你究竟是什麼意思？

凱爾：我知道你現在就想要答案，索爾，不過我二十三號之前是不會做出承諾的。

製片人：你的經紀人也贊成這樣，是不是？

凱爾：我理解你的想法，索爾。你想要我現在就簽，但我要到二十三號才會有結果。

製片人：你要去演別的角色嗎？難道那就是原因？

凱爾：我明白那種可能性會讓你擔心，索爾，不過我要到二十三號才會有結果。

從這段假設性對話中可以看出，要自在地回應製片人提出的任何問題，凱爾真正需要的只是用唱片跳針法，斷然有力、不慌不忙地回應。

在下面這組對話裡，我們會看到在公開演講、受邀對談或進行報告時，如何展現自信去面對大眾。

對話21

模糊重點法示範（演講者—提出嚴厲批評的聽眾）

我的好友兼同事蘇珊，應邀在美國社會工作者協會的會議上做兩小時的演講。擁有社會學碩士學位的蘇珊以前從未受邀演講，所以跟許多人一樣，她有點緊張不安，不知道自己會講得怎麼樣。

蘇珊當時處於這樣的狀態（她對於首次演講的感受跟我是一樣的）：要講的內容都知道，但還是對自己的演說能力沒信心。儘管她經驗豐富、能力過人，但第一次受邀演講總是會讓人害怕。也許是因為太焦慮了，她問我能不能先陪她演練一次。我答應了。

後來，蘇珊克服緊張情緒，做了一次了不起的演講，我則享用了一頓上等牛排晚餐。過程中我注意到，示範模糊重點法時，她有點緊張。但演練結束後，她完全放鬆了，無論「聽眾」怎麼評論、發問，她都毫不拘束……即使評論或問題帶有敵意，她也不緊張！她的心態之所以能放鬆，來自於我們示範模糊重點法時的做法。當著「聽眾」的面，她要我批評她，要是我實在找不出什麼具體的責難，還可以編造。

正如以下對話所顯示的，我對蘇珊的批評非常嚴厲，觸及到了焦慮感的核心，而她則以模糊重點法來回應，最後消除了緊張。

在我被她反駁得啞口無言、再也批評不下去之後，她的眼中閃過一抹淘氣，問「聽眾」想不想接替敗下陣來的我，繼續批評她，可是沒人敢應戰。

要是你也有和蘇珊一樣的問題，那你可以讓聽眾在你演講完後（甚至在演講前）對你提出批評，來幫助你改善演講方式。然後，你可以用模糊重點法加以回應（要是他們太快就敗下陣來，或許你還會用到否定詢問法）。

這個方法，已經被學生們運用到演說排練、演講練習以及真實演講當中，來減少他們公開演講的緊張心理。讓我們來看看下面這段我與蘇珊的對話。

對話情境：蘇珊要我對她的演講提出批評，批評的分寸要拿捏合適，讓「聽眾」感覺出模糊重點法的運用。

我：（很傲慢地）蘇珊，很高興你讓我回饋一些意見給你，我相信這有助於你提升將來的演講能力。

蘇：我相信會的。**（模糊重點法）**

我：在我看來，你在某些字詞上的發音有問題。你經常說得含糊不清。

蘇：也許你說得對。**（模糊重點法）**

我：你不該用那些實在發不準音的詞彙，這讓聽眾聽起來很難受。

蘇：是的。**（模糊重點法）**

我：而且讓你看起來好像在竭力壓迫或威嚇聽眾，實在有點華而不實。

蘇：確實，那樣看起來的確華而不實。**（模糊重點法）**

我：要是一個人連音都發不準，代表他們其實也不明白這些詞語的意思。

蘇：是沒錯，我可能真的用了一些我沒有充分理解的詞語。**（模糊重點法）**

我：還有你的口音，聽起來像在費城大街上學來的。

蘇：實際上是艾金公園市，不過我相信自己確實有口音。（模糊重點法）

我：這又引發了另一個問題，就是你演講的方式，聽起來好像你對自己講的內容沒什麼信心。

蘇：我相信，我的確說得不如原本那麼有自信。**（模糊重點法）**

我：你給人的印象是，事實上你並不知道、也不了解演講內容的真實含義和微妙之處。

蘇：也許你說得對，我並不理解所有的微妙之處，這是很有可能的。**（模糊重點法）**

我：要是你真的關心聽眾，關心前來聽你演講的這些人，準備工作就應該做得更好一點。

蘇：確實如此，我相信自己可以準備得更好一點。**（模糊重點法）**

我：要知道，這些可都是通情達理的人。你出現疏忽、犯點錯誤，他們是不會計較的。

蘇：我相信他們是不會計較的。**（模糊重點法）**

我：但你演講的馬虎之處也太多了，簡直令人惱火，東拉西扯的毫無條理，讓他們對一個很有意思的學科失去了興趣。

蘇：我相信，我的確是東拉西扯，我可以更有條理一些，聽眾也有可能惱火並覺得厭

煩。**（模糊重點法）**

我：要是你真的在乎自己做的這件事，根本就應該謝絕演講，讓那些高明的演說家上場。

蘇：確實如此，要是我那麼在意，可能就會婉拒邀請了。**（模糊重點法）**

我：假如你是個優秀的演說家，那你本來可以虛張聲勢，靠自己性格上的強勢掩飾過去的。

蘇：假如我是個優秀的演說家，我相信本來是可以那樣的。**（模糊重點法）**

我：相反地，你的表現說明你顯然怕這些聽眾。

蘇：是的，我有點緊張。**（模糊重點法）**

我：蘇珊，因為是朋友我才說的，所以我要你用心記住。

蘇：我相信你是朋友才會說這些。**（模糊重點法）**

我：在公開演講的時候，你可以站在講桌上帶著肢體動作，不過說實話，你並不是英國首相邱吉爾！

蘇：是的，我並不是英國首相邱吉爾。我是蘇珊．列維恩。**（模糊重點法）**

模糊重點法的示範在笑聲中結束了，蘇珊順利地完成了整場演講，回答了「聽眾」隨後提出的問題。她顯得興奮又活潑，似乎已陶醉其中。

以下這段對話，與蘇珊的公開演說形成了對照。練習的目的，是學會在主持討論或進行報告時，掌握好你的聽眾，同時回應他們的評論。

對話22

以微笑回應批評（口頭報告者——不斷打岔發問的聽眾）

羅恩是一名年輕的研究生，學的是工商管理。他很怕站出來主持一場討論或報告，擔心聽眾懂得比他多，會揪著他的錯誤不放，讓他下不了台。其實，很多人都害怕站到眾人面前，只敢躲在自己的位子上，無法進一步拓展事業，甚至也不敢參加志工服務、俱樂部、慈善組織或娛樂活動。

羅恩修了一門經濟學，要在課堂上做口頭報告。還沒到報告的時候，他便主動提出想在自主力訓練小組中做一次排練。為了減輕羅恩的畏懼心理，我們訓練小組成員要用鋪天蓋地的批評和發問打斷他的演講，可以冷嘲熱諷，可以與演講主題無關，也可以是中肯、深刻的批評。以下這段對話，是由一段二十幾分鐘的報告濃縮而成，包括了聽眾批評與羅恩的回應。正是這些回應，使他能以強而有力的自信帶領大家進行討論，讓他對自己在實際課堂報告中自在回應評論的能力，有了更大的信心。

對話情境：羅恩正在發表報告，小組成員打斷了他，對他提出問題、進行批評。

羅恩：經濟增長的另一個重要因素，就是大眾對經濟發展的信心。可以看到……（被打斷）

成員一：歐洲市場中的外資投機行為，所帶來的影響又如何呢？

羅恩：雖然我相信，美國本土以外的因素確實會影響到我們的經濟，但在這個報告中，我只會討論國內因素。**（模糊重點法）**

成員一：那樣的話，討論不就漏掉了一些相當重要的部分嗎？這說明你的報告很不完整，有很大的漏洞。

羅恩：我相信其中是有我們可以涵蓋的漏洞，不過，我這次討論僅限國內因素。**（模糊重點法＋唱片跳針法）**現在回到大眾信心這個主要因素……（被打斷）

成員二：假如有影響的話，那麼證券交易委員會的政策對經濟又有什麼影響呢？

羅恩：這是一個很有意思的觀點，不過，我想稍後再結合其他調控因素一起討論。到時候請把您的問題再提一遍。**（自我表露法）**還有別的問題嗎？我要接著講了。

成員三：有。你到現在還沒談到任何跟聯邦優惠稅收體系相關的內容，這可是一種潛在的經濟增長動力呀！

羅恩：是的，我還沒有提到，不過我認為，那是需要花上數小時才能討論清楚的主題。由於時間有限，我無法把這個值得討論的主題講到位。**（模糊重點法＋自我表露法＋自我否定法）**現在回到大眾信心上來……（被打斷）

成員四：凱恩斯主義在過去三十年間的影響又如何呢？

羅恩：對於這個主題，我還不是很清楚。也許其他報告者會樂於討論。要不，討論完後如果時間還充足，您不妨跟大家分享一下您對這個主題的了解。**（自我否定法＋可行折衷法）**還有別的問題嗎？那我接著說……（被打斷）

成員五：你在開場白裡說，你的報告內容涵括自一九三六年的羅斯福政府到現在這段時間。他上台是一九三四年，那正是經濟大蕭條的尖峰期。為什麼你要從一九三六年開始呢？

羅恩：我說過一九三六年嗎？那應該是口誤。報告內容涵蓋的是一九三四年到現在。**（自我否定法）**回到討論主題來，大眾信心……（被打斷）

成員六：你還打算討論大眾信心啊？

羅恩：依照這種速度，我永遠都講不了什麼吧？要是你們在報告結束後再提問題，我會很感激的。現在，回到大眾信心這一點上來。**（自我否定法＋自我表露法＋可行折衷法）**

面對著一群虎視眈眈的聽眾，羅恩一開始非常緊張，對自己所講的內容和回應聽眾批評這兩方面，感到憂心忡忡。但到了快結束時，小組成員開始覺得要質疑、批評羅恩愈來愈難了，尤其是每當有人打斷他時，他都會微笑，更讓人難以質疑和批評他。報告結束之後，這群故意刁難的人都報以熱烈的掌聲。

此後，羅恩在班上進行報告就簡單至極了。他相當輕鬆自在地直接闡述了論文，甚至很享受就這個主題與同學交流。其中，羅恩對於自己果斷回應同學提出的兩類操控性問題，感覺特別暢快。這些問題屬於經典的「法國南部式」和「引誘式」問題。

當一位聽眾問：「但你剛才所說的內容，如何適用於法國南部呢？」他其實是在誘導演講者，讓演講者去評論自己不了解的專業知識。初學者往往認為，對於提出的任何問題，他們都必須回答。事實上，假如無法強勢自信地簡單回答：「我不知道。」那麼這種「法國南部式」的問題，常常會不必要地引發你的內疚感。

「引誘式」的批評或問題，則是由一位知道（或自以為知道）答案的聽眾所拋出。這樣做通常是有意挫挫演講者的銳氣，或是要顯得自己很有學問。提出「引誘式」問題時，發問者通常會一個人滔滔不絕地說上好久，以表示他有資格提問。大多數時候，你甚至弄不清楚他到底在問什麼。身為演說者，要是你不願這樣說：「我沒理解您提出的問題，請重複一遍好嗎？」或是你確實明白了他的意思，但沒有像羅恩一樣說：「對於這個主題，我還不是很清楚。稍後假如還有時間，也許您願意跟大家分享一下……」那你就麻煩了。假如接下來發問者慌了神，不假思索地說出了答案，你就可以簡單地回答：「謝謝您，這似乎很恰當地回答了您提出的問題。」然後繼續演講。

從親子相處到師生關係

讓我們再回頭看看威權關係的另一個層面。接下來的對話，是關於有自信的父母和老師如何應對青少年和小孩，這可是一個讓許多人都很頭痛的主題呢！在以下的情境中，伯特和莎拉夫婦緩解了孩子的不滿，國小老師芭芭拉則以自信引導學生遵守她的課堂規範。

運用有同理心的模糊重點法

伯特是本地一所大學的戲劇教授，跟莎拉已結婚十四年，生了三個女兒，分別是五歲、九歲和十五歲。我認識他們夫妻倆好多年，常常聚在一起玩通宵，有時只是喝點酒，聊聊天，我們會快樂地談寫作，也會聊一聊好萊塢和學術界的逸聞趣事，還有臨床心理學。伯特和莎拉都對我所教的自主力訓練課程頗感興趣。

有一天晚上，孩子們找了許多藉口在客廳裡晃來晃去。伯特給了她們最後一個嚴厲的臉色，讓她們待在自己的房間，不准到客廳來，然後轉頭對我說：「這些小傢伙！她們都很棒，不過有時真讓我抓狂。每個人都是人來瘋。你的自主技巧對她們也有效嗎？」

我問伯特，他想要她們怎麼樣？伯特回答：「就像現在這樣。整個晚上，她們都不停地進來看自己有沒有錯過什麼，總是抱怨東抱怨西，找各種藉口不睡覺。我把一個打發走了，另一個又跑進來。只有我們一家人的時候，她們都乖得很，可是一旦來了客人，就變成三個休假上岸的水手，獨來獨往地不聽話。她們知道我在客人面前是不會吼叫的，但她們要是不睡，我們就毫無祕密可言。她們限制了我說話的風格，剝奪了我跟莎拉親熱的機會。你是專家，會怎麼辦呢？」

伯特如此坦率，讓我大笑了起來，告訴他可以試試具有同理作用的模糊重點法，傾聽她們的不滿，告訴女兒：「我明白你的感受，必須一個人待著（無聊透頂、完全睡不著，還得聽我們發出的噪音等），的確不好受（不公平、不舒服等），不過我還是要你回去睡，今晚不許再出來吵大人。」

這個建議引起了一場討論，於是整個晚上，我們都在討論孩子與父母間的威權關係，以及所需用上的各種奇怪招數。

過了好幾個月，我們又相聚了，伯特接著上次的話題，繼續跟我討論。對小女兒，他以同理的方法解決了一個問題。有一次，小女兒哭著走向他，因為她的膝蓋擦傷了。他沒有抱她，沒有因為這點小傷而大驚小怪，也沒有這樣說：「也不是多厲害的擦傷啦，瑪茜，你現在是大女孩了，不能動不動就哭哦！」而只是簡單地說了句：「你哭得這麼厲害，一定很痛吧！」

奇怪的是，聽到伯特運用模糊重點法的回答，瑪茜馬上就不哭了，只是抬起頭，詫異地看著他，他輕輕拍了拍女兒的頭，她就跑回去跟其他小孩玩了。運用模糊重點法，伯特傳達的訊息是：父親明白她痛，承認她有受傷的權利，但對傷口無能為力，或不想為她的傷去想什麼辦法。瑪茜接收到了訊息，並照此行動了。伯特用自己的行動和話語，給瑪茜上了重要的一課：「在生活中有時你會受傷。我也受過傷，所以我能理解你，不過我無法讓傷痛消失。要是想玩，你就得學會忍受疼痛。」

對話23—1

傾聽、理解，而非讓步（父母—未成年子女）

莎拉對更有自信地去回應孩子這一點頗感興趣，她跟我講了一個大女兒凱蒂的故事。有一次，莎拉原本打算下午三點在一家店裡跟凱蒂碰面，然後一起去買東西。三點四十五分，莎拉急匆匆地把車停在店門口，下車後卻看到凱蒂臉上那種青少年生氣時，慣用的冷淡、僵硬表情，因為等太久，凱蒂不高興了。以下就是莎拉帶著自信，與急躁的女兒凱蒂之間的對話。

莎拉：嗨，我遲到了。**（自我否定法）**

凱蒂：你當然遲到了！我在這裡等了半個多小時！

莎拉：等人確實不好受。你跟我發脾氣，我不怪你。**（模糊重點法）**

凱蒂：你剛剛在做什麼，那麼久才來？

莎拉：沒做什麼。是我的錯，我沒有看鐘，晚出門了。我這樣真糟糕。**（自我否定法）**

凱蒂：好啦，你說三點會到，我就來等你了，可是你老是遲到！
莎拉：是嗎？我真是糟糕，你在等我，我太不細心了。（**模糊重點法＋自我否定法**）
凱蒂：（沉默不語）
莎拉：你想從哪一家店開始逛呢？

莎拉很高興，因為她找到了一種處理老問題的新方法，對她來說真是一舉兩得。首先，在女兒面前顯得更自信，讓莎拉的自我感覺更好了。這個方法讓她了解，事情的確是她搞砸的，但結果又能怎樣？就算遲到，天也不會塌下來。其次，她自信地回應女兒的抱怨，傳達給她一個無法逃避的訊息：「你說得對，我遲到了，把你的事情搞砸了，我也能理解你的感受。不過，我不會讓步和裝可憐。」以前出現這種狀況的時候，凱蒂至少要花十分鐘斷斷續續地抱怨，而莎拉得編出一個又一個的理由一次次地否認，可是現在不到三十秒，問題就解決了。

對話23—2 直接說明自己的要求（老師—小學生）

國小老師芭芭拉在第一年的教學中發現，兒童在家庭以外的環境中，也同樣喜歡操控人，同樣不容易應付。芭芭拉問了我一個「如何帶不聽老師指令的孩子」的問題。「要是有學生不參加班級活動，你會怎麼辦？上體育課時，你要怎麼讓他跟別的孩子一起玩？」

芭芭拉肯定地說，她提到的那個學生是健康、正常的六歲男孩，只是他消極地抵制她，不願按照她的要求去做。我問她，有沒有試過大家熟知的那些操控策略，比如：

- 外在規範：「你必須去玩，這是規定。」
- 威嚇：「要是你不去，我就告訴你媽（或校長）。」
- 假如他不去，就讓他產生歉疚感：「大家都喜歡跟別的小孩一起玩。」
- 讓他覺得自己很無知：「如果想要將來有成就，你就該學會去跟別的小孩一起玩。」
- 讓他產生焦慮：「要是你不跟其他人玩，他們可能就不喜歡你了」。

芭芭拉說，這些方法她差不多都試過，可是都沒用。我又問她，在這種「主管——威權」關係中，她為什麼沒有堅持跟男孩說：「我是老師，你是學生，在這裡我說了算。要是我叫你去跟其他人一起玩，你就得去。你不必喜歡，但你必須去做。」她懷疑地瞥了我一眼，言下之意是：「瞧，笨蛋。也許你懂得不少，但你一定不懂怎麼教孩子！」

不過，她口頭上還是答應試試看這種直接的方法，於是有了以下的對話。事實證明，芭芭拉運用自主技巧，成功地征服了那個小男孩和其他學生。

芭芭拉：湯米，你還是不想跟其他人玩嗎？

湯米：（繞著一個小圈圈打轉，用腳踢著地面，一言不發地搖搖頭）

芭芭拉：我明白你的意思，不過在這裡我負責照顧你，我想要你去跟其他孩子打球。

（模糊重點法）

湯米：我不想去。

芭芭拉：我相信你不想去，湯米，不過在這裡我說了算，我要你去跟其他同學一起打球。**（模糊重點法＋唱片跳針法）**

湯米：（第一個藉口）我腳痛。（開始一瘸一拐）

芭芭拉：我相信你的確腳痛，但我想要你去跟其他人一起打球。**（模糊重點法＋唱片跳針法）**

湯米：要是我跟他們打球，腳會更痛。（瘸得更厲害）

芭芭拉：也許會更痛，但我還是要你去跟他們打球。要是打完球腳還痛，我會親自帶你到復健師那裡去。**（模糊重點法＋唱片跳針法＋可行折衷法）**

湯米：（第二個藉口）我不喜歡他們。（不再一瘸一拐了）

芭芭拉：你喜不喜歡他們都不要緊，我只是想要你去跟他們一起打球。**（模糊重點法＋唱片跳針法）**

湯米：（第三個藉口）我不喜歡打球。

芭芭拉：沒關係，你並不是非得喜歡打球不可。我要你做的，就是跟他們一起去打。**（模糊重點法＋唱片跳針法）**

湯米：我不會打球。

芭芭拉：那也沒關係，你並不一定要會打，我自己打球就很差勁。在學習中，你會犯很多的錯，這一定會讓你不舒服，就像我一樣。不過，我要你出去打球。**（模糊重點法＋自我表露法＋唱片跳針法）**

湯米：我還是不想去。

芭芭拉：我相信你不想去，但我要你去。你願意選哪個呢？是每次遊戲時間都留在這裡，

像這樣跟我說話？還是出去跟其他同學一起玩？（模糊重點法＋唱片跳針法＋可行折衷法）

湯米：（來到操場上，面向其他孩子）我還是不想去。

芭芭拉：很棒！你愛怎麼想就怎麼想，只要打球就行。

湯米逃避跟其他同學打球，是因為他覺得自己打得不好。我問芭芭拉，他是不是很笨拙或協調性不好，芭芭拉微笑著回答：「第一個星期，他的確有點笨手笨腳，不過，如果看到他某個動作做得好，我就會稱讚他。現在他完全跟其他同學一樣了，有接得住球的時候，也有接不住球的時候。」

除了湯米，芭芭拉也更有自信地對待其他學生了。有那麼幾週，她和學生之間反覆進行著自主性的交鋒，芭芭拉發現當她要學生做事時，他們帶來的麻煩愈來愈少了。她說：「以前對我所要求的事，孩子們雖然不說什麼，但有一半的人都不會做。可是現在當我叫他們做什麼，孩子們儘管會發發牢騷，但都會圍上來。他們也許並不喜歡我，但是都會去做，而且做得很快！」

拿出自信面對學生

拿出自信面對學生，哪怕是年紀較大的、夠機靈的學生，也都能迅速解決課堂上的爭端，澤克就是個例子。他是高中老師，將自主技巧用在因應學生的操控手段，尤其是在考試和評分階段。

澤克說，要是學生埋怨他、試圖讓他更改分數，他並不需要跟他們囉唆，只要用「俏皮話」來回應批評和指責就行。這些批評和指責，針對的是他的教學與考試方式，並且帶有操控性。他這麼回答學生：

「你說得對，有些是非題確實模稜兩可，但我沒打算再考一次。」

「是的，我本來可以在考試前把那一點說得更清楚，不過你還是得個C吧。」

「我能理解你的感受，你正好在B和A的分界點上，這真讓人受不了，不過你還是得個B吧。」

「你病了，不得不補考，這確實不公平，不過那正是我打算讓你參加的考試。」

他甚至還幽默地對全班學生說：「我相信你們都覺得，本來大家可以有一個更好的、不嘮叨的老師，不過你們擺脫不了我了！」

啟動孩子「成人對成人」的對話

在以下這段對話中，你會看到一位父親在面對十幾歲的女兒時，如何將父女關係逐漸轉變為兩個成人間的互動關係。

史考特是一名三十八歲的律師，與第二任妻子琳達結婚十五年了。他們有兩個小孩：女兒邦妮十四歲，兒子迪夫十二歲，都是現任妻子所生。第一次結婚他沒有生小孩，一年後就離婚了。娶了琳達之後，夫妻倆對婚姻生活都很滿意，直到邦妮進入青春期才有了煩惱。

在邦妮從小女孩過渡到少女的過程中，由於擔心女兒的身心健康，琳達很強勢地對史考特施壓。她不斷地堅持說，要是邦妮違反了家裡對約會的規定，史考特就應該強硬處置，但她自己卻採取言語的「逃避」策略，保持沉默，很少跟女兒溝通。

邦妮不喜歡按時回家。針對這一點，我建議，史考特應該堅持對邦妮運用自我表露法，把他對邦妮行為的感受表露出來。史考特將個人感受傳達給邦妮，實際上會迫使邦妮以一種「成人對成人」的態度來回應。他會教導邦妮，想要在家庭內享有自由，就必須承擔起成人的某些義務，對自己的行為負責。其中最重要的一項義務就是：透過折衷辦法，在家庭內部控制和限制自己的行為。

她應該學會跟大人一起承擔義務，以便大家可以在影響彼此的行為問題上，做法一致。邦妮將了解，生氣、疏遠或避開大人，無法讓她獨立自主。相反地，她必須學會跟父母一起做出安排，使她得到所允許的最大行動自由，同時也得學會處理這種屬於成人的嶄新自由，可能導致的所有問題。

邦妮跟許多青少年一樣，不肯承認若她不願有所自律，很可能會讓自己受到像這樣的傷害：

- 因被強暴、受人引誘或主動與他人發生性關係，而導致意外懷孕。
- 因同齡朋友壓力或「試一試」的心理，而導致吸毒成癮，或至少接觸到毒品。
- 由於約會對象的非法行為而意外被捕，留下違法紀錄。
- 因為年紀太小，約會經驗不足，導致身體受傷害，甚至因為駕駛不當而喪命。
- 過早陷入感情漩渦，自己又無法處理，因而受到傷害。

這種慈父式的教導模式，史考特以前也嘗試過，但好像對邦妮沒什麼效果，原因可能是那時邦妮還小，還抱有不切實際的樂觀心態。從另一方面來說，由於父母年齡較大，經歷的問題多，對女兒的順利成長抱持的是一種悲觀、但同樣不切實際的心態。由於樂觀和悲觀心態的對立，所以，史考特每提出一條「理由」告誡邦妮，她都可以找出一條同樣正當的「理由」，說明她不該受到約束。

想要影響邦妮，讓她控制自己的行為，最有力的溝通模式就是——一旦邦妮的行為讓史考特擔憂，他就應該反覆地表達不安，去「煩擾」她，同時指出事實：要是女兒將來再讓他擔心，他還會繼續如此。他得讓邦妮明白她要說話算話，這才是從兒童變為成年女性的過程中，不讓父親擔心的唯一辦法（無論這種擔心是否合理）。表露出擔憂，目的不是讓邦妮內疚，而是讓她能從成人的角度來回應父親。

三個重要目的

透過自信、果斷並反覆地表達擔憂，以及想出折衷辦法的方式，史考特便能為女兒和自己實現三個重要的目的：

1.他要跟女兒溝通，指出存在的問題。如果回家晚了，她就得面對父親的擔憂。無論邦妮怎麼抗議說父親不公平、不講道理、不通情理、不合邏輯，都不要緊。她必須明白：歸根結柢，父親在為她擔心。要想不這樣面對父親，她就得處理好父親的擔憂——這是「必須」，而不是「應該」。她不用覺得自己愧對父親的擔心，也不用因為渴望自由而內疚。事實不過是：她回家晚了，父親擔心，她得妥善處理好擔心，否則父親就會一直擔心下去。

2.史考特表露出真實情感、表明自己對邦妮的擔心，會迫使他們的關係發生改變，從威權式的父女關係轉變成另一種關係，這也跟邦妮成長為成年女性的過程相協調，變成一種成人對成人、親密和平等的關係。

3. 以這種成人而非慈父的方式來與孩子相處，史考特也會迫使自己去審視他那不切實際的擔心。在之後幾年中，透過一次次的自主式回應，逐漸給女兒更多的成人地位和自由，也可以讓自己做好心理準備：孩子終究會離開家。

對話24

鼓勵女兒對自己的行為負責（父母—青少年子女）

為了讓史考特做好準備，他所在的小組成員設計了一次模擬情境，讓他跟一位年輕的女組員進行對話。演練完後，我建議他去跟妻子談談，讓她也一起來解決問題，我還建議史考特應該鼓勵妻子，讓她更有自信地與邦妮相處。

對話情境：在模擬場景裡，邦妮晚了一個小時回家，而史考特在客廳裡等她。

邦妮：（打開前門）哦……嗨，爸爸。

史考特：過來跟我坐坐，邦妮。我想跟你談一談。

邦妮：（假裝天真和不懂）談什麼呀？

史考特：今天晚上玩得開心嗎？

邦妮：哦，是的，我們玩得很開心。

史考特：很好。你們都做了些什麼呢？

邦妮：我們去參加好萊塢的恐怖電影節，後來又去莎莉家跳舞。

史考特：我想這就是你晚回家的原因吧？

邦妮：哦，爸爸，你已經這樣教訓過一百次啦！

史考特：我想再跟你談談這件事。

邦妮：真的有這個必要嗎？我是說，有必要現在就談嗎？為什麼不能以後再談呢？這會讓我整晚都不舒服！我剛剛玩得那麼開心。

史考特：我明白。我並不想掃你的興，不過我確實想跟你談一談。**（自我表露法＋唱片跳針法）**

邦妮：每次一說到我，你都會發火。

史考特：是的，不過這次我不會發火。我只是想跟你談一談。**（模糊重點法＋唱片跳針法）**（不能說：「你覺得我為什麼會發火呢？你總是不聽話，總是不按時回家！」）

邦妮：（迷惑，但仍保持警惕）可是如果我早回來，大家就都不盡興了。別人可不是非得十點半就到家的！

史考特：我知道那樣不盡興，不過，要是你在外面待得太晚，我就會擔心你。**（模糊重點法＋自我表露法）**

邦妮：（生氣地嘲諷）難道我就只能那樣，看場電影，然後回家？

史考特：我明白你的感受，不過，要是你沒有按時回家，我就會很擔心你。**（唱片跳針法）**

邦妮：（惱怒地）可是沒什麼好擔心的！

史考特：我知道這樣實在很氣人，邦妮，不過我還是擔心。要是我因為加班、塞車而耽擱了，你媽媽就會擔心我是不是出了車禍。每次我晚回家，從來都不是因為車禍，但你媽媽還是擔心。我想，那是因為我們是親人，對彼此來說，我們兩個人都很重要。在還不曉得發生了什麼事的時候，就讓情感支配自己，的確有點傻，不過我和你都會那樣做。要是你沒有按時回家，我就會擔心你。**（自我否定法＋唱片跳針法）**

邦妮：可是什麼事也沒有呀，沒有什麼值得你擔心的。

史考特：我明白你的感受，邦妮，你說得也對，除了一點，那就是如果你沒有按照說好的時間回家，我就會擔心。**（模糊重點法＋唱片跳針法）**

邦妮：可是你擔心又不是我的錯，你應該知道不會出什麼事的。

史考特：這並不是在講邏輯，邦妮。這只是我的感受。知道你在外面約會、玩得很開心，我覺得很好。不過，如果在說好的時間沒看見你回家，我就會擔心。**（模糊重點法＋唱片跳針法）**

邦妮：不。我晚回家，你不應該擔心。

史考特：邦妮，談到這裡，我並沒有說你不該晚回家。我一直都只是在告訴你，你晚回家我有什麼感受……我非常擔心。**（唱片跳針法）**明白了嗎？

邦妮：明白了，但你不該擔心。

史考特：我就是會擔心，而你必須好好處理這一點，讓我不擔心才行。**（唱片跳針法）**

邦妮：為什麼你就不能對我放心呢？

史考特：要是我真能做到不擔心，那真是有福氣呢！不過事實就是，我的確在擔心……你必須解決這個問題才行。**（自我否定法＋唱片跳針法）**

邦妮：（沉默不語）

史考特：你明白我的意思了嗎？

邦妮：明白了。

史考特：好吧，我不喜歡這樣，你也不喜歡這樣。不過，這是無法改變的事實，你必須去面對。要是你沒有遵守說好的時間，回家晚了，我就會擔心。要是我感到擔心，你就得來聽我嘮叨，也許你還會受到更多限制。就是這麼簡單。**（唱片跳針法）**

邦妮：（起身準備走）

史考特：坐下，聽我說完，邦妮。我還沒講完。你晚回家，我會擔心。要是我感到擔心，就會讓你煩不勝煩，就像現在這樣。這是沒得商量的。**（唱片跳針法）**

邦妮：（表現出興趣了）爸爸，你是什麼意思呢？

史考特：你晚回家，會讓我不高興。要你早回家，會讓你不高興。為什麼我們不能想出個辦法，做到兩全其美，讓我們兩個都高興呢？**（自我表露法＋可行折衷法）**

邦妮：你可以多放點心呀！

史考特：我說的不是那個，邦妮。我也可以說，讓你十點半回家，你應該感到高興呀！但講這些都不實際，就像你叫我不要擔心一樣。我不會告訴你該怎麼感覺，所以你也不要告訴我該怎麼感受。我就是擔心。**（唱片跳針法）**

邦妮：好吧……還有呢？

史考特：你想在外面待晚一點，而我想要你準時回家。

邦妮：我們可以改改時間啊！

史考特：是可以這樣，不過有很多問題，得先解決好才行。

邦妮：（再次起身，準備離開）我覺得你會說「不行」。

史考特：也許吧，不過在我看來，這只是說，假如你想在外面待晚一點，我們就得先處

理好一些事，比如說你媽媽那邊。**（模糊重點法＋唱片跳針法）**

邦妮：她從來都不跟我談這件事。我對她能怎麼辦？

史考特：為什麼你不去跟她談談呢？你的確是想要在外面待晚一點，不是嗎？

邦妮：是啊，可是她跟你一樣。我看得出來，她也不相信我。

史考特：嗯，那麼我們三個人坐下來談談，怎麼樣？

邦妮：你會讓我在外面待得更晚嗎？

史考特：要是我們能解決掉某些問題的話，我會的。**（模糊重點法）**

邦妮：哪些問題呢？

史考特：比如說，首先就是你媽媽對這件事的想法。**（可行折衷法）**

邦妮：還有呢？

史考特：另一方面就是讓我相信你會說到做到。**（可行折衷法）**

邦妮：我說過吧，你就是那樣想的。你不相信我，像對小孩子一樣對我。

史考特：邦妮，到現在為止，你已經讓我明白你想在外面待得更晚。大部分時間，你都是在讓我明白這一點。我不會讀心術。要是改了回家時間的話，我根本沒辦法知道你是不是會在外面待到十二點半，那樣我們又回到老問題上了。我會擔心，而你會受到限制。**（自我否定法＋唱片跳針法）**

邦妮：但我會在十二點半回家，我會的！

史考特：那你打算怎麼讓我相信呢？就目前看來，你那樣說，我很難相信。**（唱片跳針法）**

邦妮：我不知道。

史考特：向我證明你能說到做到，怎麼樣？**（可行折衷法）**

邦妮：怎麼做？

史考特：暫時準時回家，怎麼樣？（可行折衷法）

邦妮：你只關心要我十點半回家！

史考特：對我來說，幾點鐘實際上不重要，邦妮。重要的是你說到做到。（自我表露法）

邦妮：那就讓我在外面待到十一點半啊！

史考特：要是我相信你那時會回家的話，我很願意那麼做。（可行折衷法）

邦妮：我會的。

史考特：你怎麼讓我相信你會呢？（唱片跳針法）

邦妮：不知道。

史考特：暫時照我說的時間準時回家，怎麼樣？（可行折衷法）

邦妮：要是下禮拜我都十點半回家的話，你就會相信我嗎？

史考特：一個禮拜不夠啊！（可行折衷法）

邦妮：那要多久呢？

史考特：五週或六週怎麼樣？要是到下個月中旬，你都沒有讓我擔心，我就會樂意來談一個新的時間。（可行折衷法）

邦妮：以後我就可以在外面多待一個小時了？

史考特：要是你不食言、不再讓我擔心，並且你媽也同意的話。（唱片跳針法＋可行折衷法）

邦妮：她絕對不會同意的。

史考特：試一試有什麼不好呢？（可行折衷法）

邦妮：為什麼你不去跟她說？

史考特：我打算把我的想法一五一十地告訴她。不過，你還是得自己去跟她商量，把問題解決掉。（可行折衷法）

邦妮：我不知道跟她說什麼。

史考特：那何不讓我們三個人坐下來，一起討論呢？（可行折衷法）

邦妮：你會站在我這一邊嗎？

史考特：就我們今晚所談的事情來說，我會的。

邦妮：好吧，爸爸，我們明天就來談！

史考特：要說服你媽，讓她確信你會按時回家，只談一次可能是不夠的。

邦妮：我就擔心這個。

史考特：那你想不想試試看會有什麼結果呢？

邦妮：好吧。

史考特：很好！抱一下爸爸，然後去睡吧！

邦妮：好。

學會這個新方法後，史考特也完成了他的自主力訓練課程。他跟我教過的其他學生一樣，在運用這種技巧與青少年相處上，有了許多成功的經驗。

第3章 日常平等關係，親友輕鬆互動

平等關係中，一切都可以協商

我們最難表現出強勢自信的時候，就是和自己真正在乎的人在一起時。這些人也是跟我們平等相待的人，像是父母、朋友、戀人和配偶。

在所有人際互動關係中，平等關係是最不容易預測的。與平等相待的人發生衝突時，你「應該」如何因應呢？例如，室友想要你跟他（或她）的一個朋友約會，但你卻提不起半點興趣，該怎麼辦？若朋友不斷用特定的行為煩你，你又得依照什麼樣的規則來處理？要是你的配偶也這樣呢？可以用什麼「恰當」方法，來處理親密關係中的衝突？

所有這些疑問的答案是：根本就沒什麼恰當、正確或唯一的模式。即使是聖經也沒有給我們建議說，別人打了你的左臉之後，你該怎麼辦。在這些平等的互動關係中，一切都可以協商，就連誰來倒垃圾這種事，說不定也要你費力去協商呢！

與配偶之間出現爭端時，要是你以為任何事（包括問題的解決之道），都必須依照婚姻或親密關係中的某一套武斷標準才行，就可能很難找出解決辦法。這種例子很多，比如說丈夫不「應該」讓妻子心煩，妻子「應該」依從丈夫，朋友「應該」善待彼此等等。武斷的標準會妨礙你或配偶說出自己真正的意願，妨礙找出雙方都能接受的折衷辦法。而展現強勢自信，可以讓你們了解雙方的真正意願，折衷方案往往也就自然而然地浮現了。

比如，做丈夫的你想穿牛仔褲和粉色T恤，不過只在上班和參加派對時穿；而你太太呢，其實也只有在你穿著這身搶眼衣服去見岳母時，才會真正心煩。低自我肯定的妻子可能會用盡所有操控性的說法：「你應該穿得像個大人，不能穿得像個痞子。」「你難道不在乎別人怎麼想嗎？」「沒人穿成你那樣！」然後才說出「我想」或「我不喜歡」之類的話，以取代這些「應該」的說詞，讓你們找出折衷辦法。

其實配偶對你的操控手段，通常都並非惡意或有害，而只是從小訓練出來的——小時候，每當我們內心忐忑、不知如何因應時，所學到的那些操控手段。

有些患者自信心不足，會用很多操控伎倆去控制別人，在進行臨床治療的過程中，我發現他們通常都帶有隱性的憂慮動機。操控者本人也都意識到了這些動機，但他沒辦法處理，更不用說跟親近的人交流了。

面對在乎的人，更要拿出自信

對於某些人來說，這些隱性憂慮只表現在感受層面上。這一類的人說不出焦慮的具體原因，既說不出是什麼讓他們不安，也無法說出要是你做了「某件事」，究竟會有什麼地方讓他們擔心。儘管解釋不清楚，但他們還是覺得必須掌控或限制你的行為。

一些與成年子女有衝突的老年人，對獨自生活或經濟倚賴子女等問題，往往心存隱性的憂慮，尤其是當配偶年事已高或去世的時候。有時，在一些能發揮自信給予情感支持的成年人（比如成年子女）幫助下，老人家便能妥善處理他們的憂慮。可惜這些隱性的憂慮，往往表現為老年父母最苛求、最嚴格，卻又「和藹」地操控子女的行為。

喜歡操控配偶的年輕夫婦，也有自己的隱性憂慮，主要集中於他們想依賴配偶，以此擺脫現實並獲得幸福的心理。這些可憐人擔心自己沒有性魅力，擔心配偶不愛自己，或擔心配偶有其他對象，擔心自己不是稱職的父母，擔心自身能力有侷限，甚至對「感到擔心」這一點，也覺得憂慮。

總之，在臨床上，大多數低自我肯定的患者都有一種消極心態。他們通常都不是心存惡意、粗俗魯莽的混蛋或潑婦，而是缺乏安全感。他們只是在用自己所知道的最好辦法來因應罷了。

我建議學生，要拿出自信、帶有同理心地去面對自己在乎的人。而重點還是強而有力的自信！

對於被動或有操控心理的夥伴，不妨與他多溝通，運用所有自主溝通技巧來消除他的操控行為，鼓勵他更有自信，去除消極心態，說出心裡的想法，不要怕他挑剔。如此一來，才有可能在不傷及對方自尊的前提下表達你的觀點，並且促使對方檢視自己影響到親密交流的隱性需求。

練習時，我讓學生先從面對最不親近、卻每天都會見到的人（如同事或熟人）開始。只有當他們能心安理得地堅持主見，不需要依賴任何武斷準則時，我才會建議他們去面對自己真正在意的人。

現在，讓我們來看看下面這段對話。這段對話解決的是平等關係中的衝突：如何回應想借車的同事和好友。

對話25

直接說「不」（車主—想借車的同事與好友）

在這個練習中，我要學生們模擬這個情境：有位同事（或朋友、親戚）想向你借車，並用了許多操控伎倆想達到目的。這是生活中很常見的事，許多人都訴苦說自己應付不了。你或許以為把車子借給對方，你們才能和平相處，否則關係就會破裂；不然就是你發火了，才能讓對方相信你絕不會借他車。

為了消除學生的憂慮感，我先讓他們練習說「不」。

對話情境：你在茶水間喝咖啡，同事哈利向你走來，坐在你身旁。

哈利：老兄，見到你真高興！有件事實在很傷腦筋，恐怕沒人能幫我了。

你：什麼事？

哈利：我下午想借你的車用一下。

你：唔，果然很傷腦筋，我今天下午不想把車子借人。**（模糊重點法＋自我表露法）**

哈利：為什麼？

你：我知道你需要用車，不過，我就是不想把車子借人。**（模糊重點法＋唱片跳針法）**

哈利：你要去什麼地方嗎？

你：我可能自己要用車，哈利。**（自我表露法）**

哈利：你什麼時候用呢？我會準時還車的。

你：我相信你會，不過，今天我就是不想把車子借人用。**（模糊重點法＋唱片跳針法）**

哈利：以前我每次向你借，你都借了啊！

你：沒錯，以前我都借了不是嗎？**（自我否定法）**

哈利：那今天為什麼不借呢？以前我也很愛向你借車呀！

你：是的，哈利，我也明白你有困難。不過，我今天就是不想把車子借人。**（模糊重點法＋自我表露法＋唱片跳針法）**

到此為止，你都只是在回應一位帶有操控目的的同事——向你借車、要你抽時間、向你借筆記、跟你借停車證、向你借用最新款的印表機……這種人並沒惡意，他們只是想向你借東西，卻沒有考慮你的感受。

有許多人覺得，如果對象是同事，要拒絕並向對方解釋其實不難。但若對象換成朋友或家人，要解釋清楚就困難得多。為了讓學生學會如何因應，我讓他們把對話中的哈利從同事改為好友，並指導他們直接表達憂慮，來回應朋友的操控。

哈利：我可是開車老手，從來都沒把你的車子弄壞過。

你：沒錯，哈利，但我把車子借出去之後就會開始擔心，我不想再有那種煩惱了。**（模糊重點法＋自我表露法）**

哈利：我不會弄壞你的車子，你又不是不曉得！

你：我知道你不會，我也覺得自己很傻，但我還是會擔心。**（模糊重點法＋自我否定法）**

哈利：那你為什麼不把車借我呢？

你：因為我不想操這種心。**（自我表露法）**

哈利：可是你知道，我是不會出問題的。

你：你說得對，哈利。問題不在你，而在我。我把車子借出去之後，就是會擔心，所以我不打算把車借出去。**（模糊重點法＋自我表露法）**

哈利：好啦，你應該想個辦法才對。

你：比如說呢？

哈利：去看精神科醫生之類的……我不知道！

你：謝謝你的建議。我還說不準會不會去。再說吧！

許多學生都希望偶爾能跟好朋友說聲「不」，說到做到，以維護自尊。因為他們過去老是對別人說「好」，從不拒絕，結果朋友總以為能借到他們的車。有人問我，為什麼不乾脆走到哈利面前，直接說：「你看，哈利，有時候你太固執了。我的車有時你可以用，有時不行。別老要向我借東西！」為何不這麼說，然後也不管他怎麼想呢？

正如《愛麗絲夢遊仙境》裡，柴郡貓對愛麗絲所說的：採取什麼樣的方式，主要取決於你想要什麼樣的結果。如果你想改變朋友長期的操控行為，那麼，在某一段時間裡改變自己對待他的方式，可能是最有效的模式。假如你想發洩出對哈利過去操控你的怒火，獲得更直接的滿足感，那麼，跟他明說就是最有效的途徑。

你可能無法做到在數落哈利的同時，還能跟他維持友誼，除非你們非常非常親密。那種情感發洩方式在小組治療裡的效果很好，但通常不會轉移到現實世界中。

要直接告訴哈利：「我的車有時你可以用，有時不行。」另一個困難點就是，這句話不但可能讓哈利搞糊塗，還可能激怒他。或許他根本就不知道你的問題所在，不明白你為什麼要拿他出氣，畢竟他又沒偷你的車，對不對？他只是經常借而已，何況又是你答應的。如果你不想借他車，為什麼以前不說，現在卻小題大作呢？

你得想清楚，你想要給朋友的是什麼，並果斷地承擔決定帶來的後果。但你不能要哈利猜你會不會借車給他，進而控制他的行為，這樣實際上是要求哈利來猜測你的心思！做出借車或不借車決定的是你，不是哈利。那是你的車，借或不借的決定都在你！

許多學生會問我：「您的意思是說，我不應該給朋友什麼理由來說明我想做的，或解釋我為何想做嗎？」

我的回答顯而易見：「若你跟朋友有著同樣明確的目標，並正在一起努力實現的話，那麼兩人通力合作，通常勝過一個人獨自打拚。不過我們現在說的，是出現了衝突、並且沒有明顯共同目標的情形。你想要這樣，但朋友想要那樣，當你舉出一個理由，朋友就會提出同樣正當的理由。在這種爭端中，說出理由來維護某個觀點跟說出理由來攻擊一樣，都帶有操控性。這兩種模式都不是誠實而自信、果決的『我想要』。只有透過表達『我想要』，才能找出可行的折衷辦法，迅速解決問題。」

以下的對話是出現在鄰里關係中：一名自信而果決的女性，如何迅速因應突如其來的操控行為，這種情況是許多人都感到難以招架的。

對話26

毫無心理準備時，要保持冷靜（主婦—提出要求的鄰居）

波比就是我先前提到否定詢問法時的那個主婦。以下是她與另一位鄰居史力克，因為另一個游泳池而發生的對話。

對話情境：波比在前院種常春藤，這時，史力克開著他的跑車過來了。他向波比做了自我介紹，兩人開始交談。

史力克：你好，我叫史力克，是你後院那邊的鄰居。我想你認識我太太珊達吧！

波比：認識啊，我們常隔著籬笆打招呼呢！你好。

史力克：你好。我想跟你說，我打算在後院修建一座游泳池，就在你的桉樹下方，那些樹會掉很多葉子到泳池裡——

波比：天哪！你沒開玩笑吧！那些桉樹的確會掉葉子進去。你的園丁現在每週一定得撈個上百公升的落葉吧！**（自我否定法）**

史力克：（說到一半被打斷了，停了停，然後改變策略）哦，事實上我並不在意落葉，只是你們家的樹擋住了下午的太陽，而我只有在那時候才能游泳。

波比：（回頭看著那些樹）也許你說得對。假如泳池正好建在樹下，確實會很陰涼。**（模糊重點法）**

史力克：（再次停了停，眼睛飛快地來回打量著波比和桉樹）幾週前我就注意到，這些樹太高，該請工人來修剪了。

波比：是啊。**（模糊重點法）**

史力克：要是我付工錢，你願不願意砍掉呢？

波比：不願意。

史力克：不願意？

波比：不願意。

史力克：哦！

波比：你打算什麼時候修建泳池呢？

史力克：明天。

波比：要是你早點說就好了。我在以前住的那棟房子裡也建了一座泳池，可是後來給我添了不少麻煩。我犯過的那些愚蠢錯誤，也許可以對你有些幫助。**（自我表露法＋自我否定法）**

史力克：唔，現在說太遲了。我已經簽了合約，同意了修建計畫。
波比：或許你可以叫他們把泳池建得靠屋後一點，離樹遠一些，那些樹就不會給你帶來太多麻煩了。**（可行折衷法）**
史力克：（走向他的車子）我沒把握。
波比：（同情地）要堅持你自己的權利！假如你想改改泳池的位置，是有權要求他們改動的。那可是你家的泳池，花的也是你的錢！
史力克：也許吧，我會跟他們談談。謝謝。

波比告訴我這件事的時候十分自豪，因為她冷靜沉著地處理了一場毫無準備的操控性談話，我也認為她做得相當漂亮。
以下這段對話，描述的是一個學生如何回應朋友借錢做生意的請求。他先是暫時答應了朋友，後來又改變了主意。

對話 27
直接說出自己的擔心（手頭寬裕的人——想借錢的好友）

艾倫是一名資料處理員，三十來歲，結了婚但還沒有孩子。他的薪水優渥，所以在婚後，他將一部分薪水存了起來，既是未雨綢繆，也是為將來的投資做準備。除了存款，艾倫也才剛從一位叔叔那裡繼承了一筆六萬多元的小額遺產。

對話情境：在休息時間，好友雷夫走進艾倫的辦公室，開始跟他交談。

雷夫：艾倫，還記得我跟你說過那家電子產品商店的生意嗎？

艾倫：記得呀。

雷夫：唔，我準備接手，不過我還缺五萬元。

艾倫：你打算到哪裡去弄這筆錢呢？

雷夫：這正是我要跟你談的。你出五萬元，我來張羅所有的事，到時候你拿百分之十的利潤。

艾倫：謝謝你的提議，雷夫，不過我不感興趣。**（自我表露法）**

雷夫：這可是一門好生意呀！我們之前商量過的。你當時也覺得很有賺頭不是嗎？

艾倫：是的，不過我現在對它不感興趣了。

雷夫：你可不能錯過。六個月之後，你就可以得到百分之十的收益了。

艾倫：也許你說得對，不過我不感興趣。**（模糊重點法＋自我表露法）**

雷夫：為什麼不感興趣？你又不是沒有這筆錢。你跟我說過，上個星期剛繼承了六萬多塊錢。

艾倫：你說得對，不過我仔細考慮過了，決定不把生意和友誼扯在一起。**（模糊重點法＋自我表露法）**

雷夫：別擔心那個。你知道我不會騙你，這可是合法的生意。

艾倫：我同意你說的，沒什麼可擔心，不過涉及大筆資金，我會很擔心事情的進展。我會對你嚴密關注，看你拿著我的錢在做什麼。我知道可以信任你，雷夫，我也知道自己操這種心很傻，但我就是這樣的人。**（模糊重點法＋自我表露法＋自我否定法）**

雷夫：這我倒是不擔心。你可以查驗你想查的一切。

艾倫：我相信要是我來查你的話，你並不會心煩，雷夫，可是那會讓我心煩。我只是不想影響到友誼。**（模糊重點法＋自我表露法）**

雷夫：你知道，我是有能力還錢的。以前我也借過錢，也都還你了。

艾倫：那是當然，不過這是借錢做生意，不是朋友間的借款。我擔心，要是我們兩個人一起做生意，友情就不保了。**（模糊重點法＋自我表露法）**

雷夫：我不會這樣。

艾倫：我相信你不會讓這個影響到你，問題出在我這邊。要是我把錢借給你，我知道自己對你的感情就會發生變化。我曉得那樣很傻，也曉得不該那樣，但我就是會啊！我的感覺就是那樣。**（模糊重點法＋自我表露法＋自我否定法）**

雷夫：好吧，要是你堅決這麼想，我會試著去向別人借。雖然不知道該找誰，但我會試一試。

艾倫：讓我去跟我認識的一些人談談吧。如果他們感興趣，我會要他們打電話給你，好嗎？**（可行折衷法）**

雷夫：好。

艾倫：雷夫。

雷夫：嗯？

艾倫：謝謝你先來問我。

後來，艾倫給好幾個生意夥伴打了電話，但他們都不想參與。艾倫喜歡雷夫，也喜歡跟他待在一起，可能是因為他總能想出一些有意思的點子，跟艾倫的思考模式大不相同。然而，雖然艾倫喜歡雷夫的創意，但一涉及金錢，他就會擔心，而他並不想讓自己的謹慎影響到對雷夫的好感，所以他直接把擔心以及友誼的重要性告訴了雷夫。

面對父母的操控

在下面這組對話中，你可以學到如何處理極為情緒化、容易激起憂慮感的情形。

許多人——可能也包括你——都很難應付這種情形：成年之後，父母仍然干涉著你的生活。在我指導的自主力訓練班中，有超過半數的學生，都沒能與父母建立起一種平等關係。他們都離開了父母，獨自生活，但過了許多年，父母仍然保有掌控一切的終極威權形象。這些父母並不會直接叫孩子要這樣做、那樣做，而會用某種模式，在成年子女面前，保留著最終的首肯或反對權。

這些可憐的子女，有的四十多歲，有的五十多歲，甚至還有六十多歲的，但他們的生活，卻仍由一個八、九十歲的老暴君支配著。許多人並不明白問題究竟出在哪裡，只知道一旦牽涉到父母，結果就會莫名其妙地變成不愉快和忍氣吞聲，他們無力改變現狀，只能咬牙硬吞。

由於這種過氣的威權關係讓許多學生陷入了困境，所以我總是讓他們練習各種自主溝通技巧，讓他們以一種新方法去因應父母的擺布，不用再不甘願地對父母做出回應，因為父母的很多請求、建議或要求，都帶有操控性。

珊迪的努力

我有一名學生珊迪就做得很棒。這要從對父母說「不」開始。

珊迪學習展現強力自信、在與父母間令人擔憂的互動關係中堅守立場的時候，才二十四歲。她跟傑伊新婚十一個月。大學畢業的她是代課老師，丈夫傑伊正在攻讀ＭＢＡ。

珊迪所進行的自主訓練，主要對象是她的母親。母親總是要求珊迪多關心關心她，而當珊迪的姊姊和哥哥都結婚搬走後，更是如此。珊迪的母親傳統、刻板，個性上的典型特點是她對家人的操控模式，以及她時常公然而狡猾地讓別人產生內疚、無助和焦慮感。我和同事在各個不同種族、宗教、政治傾向或性別主張的人們身上，都一再看到過這種情形。我們愈沒有安全感，愈缺乏自信，就愈像這位母親一樣，只不過我們會比她更狡猾！

我和珊迪進行了討論，看她可以怎樣因應母親與日俱增的操控，同時既不破壞母女關係，又不必像她的哥哥、姊姊那樣逃避。由於去面對母親這一點讓她很擔心，所以她需要進行大量的練習，才能建立新的回應模式。

對話28

化威權為平等（成年子女—父母）

與下面這段對話前半部分類似的交鋒，珊迪經歷了六次，才看到母親的行為和態度有了改變。以下的對話是一個樣本，濃縮了珊迪父母在數週中使用的操控伎倆，以及珊迪的自主回應。這些話是她在減少父母操控，同時鼓勵父母更直接對待她和丈夫的過程中說的。有一些對話是珊迪主動發起，但大多數都是由母親起的頭。

對話情境：珊迪和傑伊坐在家裡的沙發上看電視。電話響了，珊迪接起電話。

母親：珊迪，我是媽媽。

珊迪：嗨，媽。你還好嗎？

母親：你爸爸感覺不太好。

珊迪：哎呀，他哪裡不好呀？

母親：我不知道，他就是想要這個週末見到你。

珊迪：嚴重嗎？

母親：你跟他說吧！

珊迪：爸，你哪裡不舒服？

父親：還是後背的問題。我覺得可能是修剪樹枝的時候，拉傷了一塊肌肉。
珊迪：幸好！聽媽說話的語氣，我還以為很嚴重呢！
父親：沒那麼嚴重啦，只是疼得厲害。這個週末你們什麼時候過來呢？
珊迪：我相信你的後背很疼，爸爸。我希望你很快就好起來，不過這個週末我沒準備回家，我有別的事情要處理。**（模糊重點法＋自我表露法）**
父親：什麼事比看你媽媽還重要呢？
珊迪：我明白你的感受，爸爸。不過，這個週末我不會回去。**（自我表露法＋唱片跳針法）**
父親：（煩躁起來）你這可是在跟爸爸說話啊！
珊迪：你說得對，爸爸，我的話聽起來好像有點不尊重你，不過這個週末我不會回去。**（模糊重點法＋自我否定法＋唱片跳針法）**
父親：你知道嗎？你媽已經買了一隻火雞，準備做晚餐。
珊迪：不，我不知道呀。**（自我表露法）**
父親：她是買給你和傑伊吃的。很大一隻，我們自己根本吃不完。
珊迪：是的，我相信你們吃不完。**（模糊重點法）**
父親：要是你們不過來吃晚飯，你媽拿那隻火雞怎麼辦？
珊迪：我不知道。她能怎麼辦呢？**（自我表露法）**
父親：你媽會很難過的。
珊迪：我相信她會難過，爸爸，但是週末我不會回去。**（模糊重點法＋唱片跳針法）**
父親：（對旁邊的媽媽說）跟你女兒講吧！她說她沒打算回來。
母親：珊迪。

珊迪：嗯，媽。

母親：我們做了什麼，讓你這樣對你爸爸發脾氣？他可是病人哪！自從去年心臟查出有雜音，我一直都很擔心他。他不會永遠活著，你是知道的。

珊迪：我相信爸爸心臟出問題之後，你一直都很擔心，我也知道大哥和大姊不在身邊，你們一定覺得很孤單。不過，我這個週末不會回去。**（模糊重點法＋自我表露法＋唱片跳針法）**

母親：只要我們說一聲，你哥和你姊就會來。我們只需要叫他們一聲就行。

珊迪：是的，媽。他們確實陪你們陪得多，不過這個週末我不會過去的。**（模糊重點法＋唱片跳針法）**

母親：你這樣對待爸爸不對啊！

珊迪：（溫柔地）我什麼地方做得不對呢？**（否定詢問法）**

母親：他想看看你，可是你不回來！

珊迪：他想看我，可是我不回去，這樣有哪裡不對呢？**（否定詢問法）**

母親：一個好女兒一定會回家看爸爸的。

珊迪：我不回去看爸爸，怎麼就變成了壞女兒呢？

母親：要是你真愛我們，你就會願意回來看我們。

珊迪：我這個週末不回去看你們，怎麼就代表我不愛你們呢？**（否定詢問法）**

母親：我這輩子從沒聽說過這種事！

珊迪：什麼事，媽？

母親：女兒跟媽媽頂嘴呀！

珊迪：我跟你頂嘴，什麼地方讓你覺得這麼奇怪？**（否定詢問法）**

母親：你以前從來沒有這樣做過。

珊迪：（不帶挖苦之意）是的，以前我從來都沒跟你頂過嘴，對吧？**（模糊重點法）**

母親：你跟傑伊結婚後就變了。嫁給他之前，我就提醒過你要當心。

珊迪：我不明白。我得當心傑伊什麼？**（否定詢問法）**

母親：首先，他讓你變了。

珊迪：是的，媽，他讓我變了，不過我還是不明白，我變了有什麼不對呢？**（模糊重點法＋否定詢問法）**

母親：我知道他一向都不喜歡我。現在，他又讓你在我跟他兩個人之間做選擇。

珊迪：我相信傑伊跟你之間是有些芥蒂。不過，要是我決定週末不回去，那是我的選擇，不是他的。**（模糊重點法＋自我表露法）**

母親：我們為你操盡了心，送你上大學，現在卻成了這樣。

珊迪：是的，媽。要不是你和爸爸，我到現在都還畢不了業。你們出錢供我上學，我仍然很感激。**（模糊重點法＋自我表露法）**

母親：要是你真的那麼感激，就在行動上表現出來呀！

珊迪：怎麼表現呢？

母親：這個週末回來，讓你爸高興高興呀！

珊迪：你說得對，媽。要是我回去看他，可能會讓他很高興，不過我沒打算回去。**（模糊重點法＋唱片跳針法）**

母親：你這樣說，我覺得你是不想回來看我們。

珊迪：反正這個週末不行，媽。**（自我表露法）**

母親：是不是我們做了什麼惹你生氣了？

珊迪：沒有，我真的沒有生氣，媽。有時候你是讓我覺得惱火，就像現在這樣，我都說了「不行」，你還是一直逼我。但我也太傻了，因為那就是你的作風。不過，你這樣還是讓我心煩啊！**（自我表露法＋自我否定法＋自我表露法）**

母親：好吧，要是我讓你心煩了，我道歉。（眼淚直流）我只是想讓我們在一起，不要彼此生疏了而已。

珊迪：我曉得，媽。我也想讓我們的關係很親密。不過，假如我要過自己的生活，那麼有時我就必須堅定立場說「不行」，哪怕是對你和爸爸。我不知道還能怎樣做，我希望我曉得……可是我不知道。**（自我表露法＋自我否定法）**

母親：你沒必要因為我關心你，就對我這麼凶呀！

珊迪：是的，我不該對你凶，媽，要是你不再逼我，我也會盡量不這樣。好不好？**（模糊重點法＋可行折衷法）**

母親：就是說，你不想再來看我們了？

珊迪：我相信自己給了你那種印象，但媽，我不是那個意思。我覺得，這只是我必須徹底從心裡改掉的一個部分，我覺得自己仍然太依賴你們了。要是不那麼經常回娘家，我相信過一段時間之後，這一點就不會再讓我心煩了。**（模糊重點法＋自我表露法＋可行折衷法）**

母親：（吸氣）起碼你會打個電話給我，讓我知道你過得好不好吧？

珊迪：要是那樣做會讓你覺得舒服一點，那我每個星期都打電話回去，跟你聊聊我想做的事吧！**（可行折衷法）**

母親：你保證？

珊迪：我盡量保證，不過別忘了，有時候我很健忘。我不是十全十美呀！**（可行折衷法＋自我否定法）**

母親：確實如此。不過你會盡量的，對不對？

珊迪：我盡量吧。**（可行折衷法）**

最初的幾次交鋒並非一帆風順。有好幾次，母親都把電話掛了，但她總會隔幾天又打電話來，似乎什麼都沒發生過。在珊迪自信而果斷地跟母親辯論了幾次後，她發覺父母給她的壓力愈來愈少了，母親也不再給一堆意見告訴她怎樣才能當一個好老師了。這種變化開始變得明顯之後，珊迪認為，父母都愈來愈尊重她，讓她按照自己的意願去做事。假如珊迪想做什麼，比如說購物，要是時間跟媽媽的計畫配合得來，那麼她們都會很高興；若配合不上，媽媽也不會發牢騷或嘮嘮叨叨，而是會像珊迪一樣，自己去安排。

在邁向一個獨立自主的成年人過程中，珊迪有了一個奇妙的結論：就算是她的母親，對於逐漸變老和孤獨生活這一點，也有著成年人都有的擔心和憂慮，而成年的女兒，反而可以在「成年人對成年人」的關係基礎上，幫助母親去面對。

珊迪跟父母之間的困境，曾經讓她非常心煩。但並非只是女兒與父母之間才有這樣的問題，讓我們看看下面這段對話。

保羅的堅持

保羅在三十歲之前，一直都像珊迪一樣，跟父母之間存在著問題。在許多事情上，他都很依賴父母。

十年前，保羅跟康妮結婚了，婚禮大大小小的事都是由他父母一手安排；夫妻倆那兩個孩子的教父，也是保羅的父母挑選的。保羅生意做得不順，好幾次都靠父母施以援手。保羅第一次生意破產後，父母又出錢讓他開了一家新公司。儘管保羅的父母並不富裕，但他們還是做了這一切。

從臨床角度來看，父母對保羅的期望很高，事事都想要孩子照他們的方式去做，希望保羅當他們「想要」的那種兒子。他們一直扮演著自我犧牲的「家人」角色，在干涉保羅的人生，結果是，即使從年齡和法律上來說保羅已成年，但他仍然十分依賴父母。

與康妮結婚後的十年間，保羅曾跟她分手了兩次。兩次都是父親插手干涉，即使保羅說他跟康妮一起生活非常痛苦，父親仍然想說服他回到康妮身邊。雖然保羅和康妮經常會在金錢、宗教、養育孩子及休閒生活等方面產生衝突，但他們從來沒發生過嚴重的爭吵。康妮控制保羅的方式，是操控性地、不慍不火地以言語抨擊；保羅則用回應父母的相同模式來對待康妮，他以悶不吭聲來「反抗」，但最後都會讓步。

在他們結婚十週年的紀念晚會上（除了父母，誰會幫他們舉辦呢？），保羅喝得酩酊大醉，他多年積聚的怨恨終於爆發。就在康妮喋喋不休地嘮叨了兩個小時、不讓他多喝酒之後，他走到自助餐台，拿起一塊母親烤的週年蛋糕，對康妮說：「你去死吧！」把蛋糕扣到她頭上。然後他離開了會場，開車到汽車旅館過了一夜。第二天酒醒，他回到家中跟康妮道歉他「搞砸了晚會」，還說以後要是她再嘮叨，就會「狠狠地甩她耳光」。他們爭吵了幾個小時，康妮對保羅說，他有精神病，應該去治療。

保羅對於可能幫他走出困境的任何事情都願意一試。於是，他來到了我的自主力訓練班。經過幾週的強化治療之後，他問我能不能帶康妮一起來。

我明白，他顯然想要我當他們夫妻之間的裁判。我告訴保羅，要是康妮願意來，我很樂意見見她，不過根據我的經驗，要是想讓我當裁判說誰對誰錯，是不會有什麼治療效果的。保羅承認，他這個請求只是一種帶有操控性的嘗試，他的確是想讓我去告訴康妮，說她不該那樣對他。不過他還是認為，夫妻倆一起來上這門課是不錯的主意。後來，康妮也同意來參加。

保羅的進展比較順利，幾週後，他已經不再感到那麼焦慮了，可是康妮卻開始猶豫，不願再參加。我跟她解釋，婚姻問題諮詢初期的唯一目標，是探究夫妻各自對於婚姻的感受，這樣才能協助雙方做出判斷，看是否還需要維持這種婚姻關係，是否可以一起努力，找到彼此相處的新模式。一旦決定了如何處理婚姻關係，兩人才可以共同接受治療，學會以新的模式生活。

不過，任何可以讓保羅對婚姻做出決定的嘗試，康妮都一概消極抵制，實際上就是不想讓保羅做出任何不合她心意的決定。康妮期待保羅應該按照她的標準，做到「行為檢點」。她堅持保羅才是「患者」，需要治療，才能恢復正常。顯然，她並不願意探索什麼新模式來解決共同的婚姻問題。

看到康妮不願正視自己對於婚姻困境的責任，保羅放棄了嘗試，選擇分居，並離了婚。康妮也不再治療了。但保羅要求繼續治療，並且學習與其他人的相處之道。

對話29

要獨立，不逃避（成年子女—父母）

保羅很希望做個加強練習，好讓他能有自信地去面對父親，不讓父親再操控他的婚姻大事，並且能在不逃避或疏遠父母的同時，獲得獨立，不再受父母的影響。

下面這段對話就是某天下午，保羅跟父親討論內容的濃縮版。

對話情境：保羅沒有等父母聯繫，而是主動去了父母家，跟父親說他決定跟康妮分手。保羅走進客廳，父親從椅子上起身，冷冷地跟他打了聲招呼。

父親：我還在想不知道能不能聯絡上你呢！康妮來過，她告訴我們，說你最後一次接受那位醫生的輔導後，就想離婚。有時候我真覺得你的腦袋長反了。

保羅：我也這樣想，爸爸，我也是這樣想。**（自我否定法）**

父親：這次離婚你不是當真的，對吧？

保羅：關於離婚，我還不知道。但對於跟康妮分居，我是認真的。**（自我表露法）**

父親：這樣真傻，我希望你能有個好結局。

保羅：你說得對，爸爸，是很傻，我也相信你希望我跟現在不一樣，不過我會挺過去的。**（模糊重點法＋唱片跳針法）**

父親：之前你已經胡鬧過兩次了，幸好我能讓你明白什麼才是正確的。

保羅：你說得對。以前我試過兩次了，你也的確勸服了我，但這一次不會了。我受夠康妮了。（**模糊重點法＋唱片跳針法＋自我表露法**）

父親：以前你也提出過離婚，結果呢？只是惹出一大堆不必要的麻煩。除此之外得到了什麼？什麼都沒有！

保羅：的確如此，是我太優柔寡斷了。（**模糊重點法＋自我否定法**）

父親：你不會想離婚的。

保羅：是的，爸爸，我不想離婚，不過我跟康妮已經結束了。不管是用什麼辦法，分居還是離婚，不管是什麼。（**模糊重點法＋自我表露法＋唱片跳針法**）

父親：唉！她顯然是做了什麼讓你氣得要命的事吧，否則你也不會用媽媽做的蛋糕砸她頭。還有，你醉得一場糊塗，要不然也不會做出那種事。這些都會慢慢淡忘的。你得像以前一樣，放聰明點才行。

保羅：爸爸，你說得對，她的確讓我很生氣。我只有喝醉了，才有勇氣砸她一下子。那樣做很傻，我應該等到晚會結束再跟她攤牌的。我毀了那場晚會，但我又能說什麼呢？那樣做了，我並不覺得遺憾。我只希望沒有讓你和媽難過。（**模糊重點法＋自我否定法＋自我表露法**）

父親：別擔心我們。你媽剛哭過一陣子。康妮變得歇斯底里，僅僅因為小傑米嘲笑她臉上全是奶油，就把他痛揍了一頓，害我不得不去攔住她，否則小傑米就會受傷。

保羅：我不知道這件事。（**自我表露法**）

父親：我也覺得你不知道，否則我就不會告訴你了。康妮現在沒事了，不過她確實有點歇斯底里。這也是你不能跟她離婚的一個原因。要是你走了，孩子們怎麼辦呢？

保羅：我不知道怎麼辦。我想，我和康妮得一起去跟律師談談。（自我表露法＋可行折衷法）

父親：你絕對得不到監護權的。喝得爛醉，還拿蛋糕砸她，你是得不到監護權的。

保羅：也許吧，不過我的律師會想出辦法的。（模糊重點法＋可行折衷法）

父親：瞧，兒子，到現在為止，我們一直都在說廢話。相信我。離婚是不對的！你不會想離婚的！你是大錯特錯！

保羅：也許是我錯了，不過離婚有哪裡不對呢？（模糊重點法＋否定詢問法）

父親：不該讓孩子們承受這種事。

保羅：讓他們面對現實，面對像離婚這樣的事，又有哪一點不好呢？（否定詢問法）

父親：這會讓他們對人生有不好的看法。

保羅：現實人生的什麼地方會讓他們有不好的看法？（否定詢問法）

父親：孩子們需要保護。

保羅：我同意你的說法，但也不完全同意。我不會跟你爭論，爸，但是我覺得，要是康妮和我每天爭執不斷、打打鬧鬧，還非得讓孩子們一起生活的話，這帶給他們的傷害絕對比離婚要大。（模糊重點法＋自我否定法）

父親：你不會想這樣對待孩子的。

保羅：我不想，但我跟康妮已經結束了。（模糊重點法＋唱片跳針法）

父親：那你要怎麼替孩子們打算？

保羅：我還不知道，不過我會有行動的。（自我表露法）

父親：要是離婚，你知道會給媽媽帶來多大的打擊嗎？

保羅：不曉得，但我猜她會不高興。**（自我表露法）**

父親：保羅，為了你和康妮，你媽媽跟我放棄了很多東西，尤其是為了我們的孫子。別這樣做，這讓我們的辛苦一點意義也沒有了。

保羅：你跟媽已經為我做了很多，爸爸。我很感激，因為這讓我明白你們都很在意我。**（模糊重點法）**

父親：那是做父母的責任啊！兒子。看到情況不對，就幫忙解決。現在我想做的就是這樣。

保羅：我相信你是那樣認為的，爸爸。就算你和媽對我的這種做法感到不舒服，不過現在我所做的，就是我覺得最好的辦法。**（模糊重點法＋自我否定法）**

父親：好吧，我都試過了。我知道你媽會受到什麼樣的打擊，我覺得一定會糟糕透了。

保羅：我不知道，不過也許你說得對。我還想跟你談談別的。**（自我否定法＋模糊重點法）**

父親：什麼事？

保羅：就是公司的事。我打算把公司賣了，把你投入的錢還給你。**（自我表露法）**

父親：我們可是費了好大的力氣才把生意做起來，為什麼要賣掉？現在公司很賺錢呀！你沒必要還我錢。

保羅：你說得對，爸，我知道沒必要還你錢，不過我想還，這一點對我來說很重要。**（模糊重點法＋自我表露法）**

父親：這真是我聽你說過最傻最傻的話！我們所有的一切，反正都會是你和孩子們的。

保羅：我百分之百同意你的話。這樣做很傻，也沒有意義，但我總是有不舒服的感覺，覺得自己是在為爸爸工作，而不是為自己。**（自我否定法＋自我表露法）**

父親：你那樣想真是太不可理喻了。在做生意這方面，我可是從來都沒有插手呀！難怪你需要去看精神科醫生。

保羅：的確是不可理喻，但我就是那樣想的。爸爸，你從沒給過我壓力或要我如何做生意，不過我總有那種感覺，就是你很擔心我在生意上會凸槌，讓你的錢付諸流水。**（自我否定法＋模糊重點法＋唱片跳針法）**

父親：就算你生意做不成功，不也就是那麼回事嗎？把錢給了你，媽媽和我都很高興。

保羅：對於我能不能管好公司，你真的從沒懷疑過嗎？**（否定詢問法）**

父親：（自衛地）也許有一點，不過你曾經破產過，還做過其他一些事，我又能期望什麼呢？

保羅：你說得非常中肯，爸爸。以前我確實搞得一塌糊塗，所以你才有這種感覺，我是不會怪你的。不過自從你出錢讓我擺脫了困境，我就覺得自己總是必須跟你商量，確保我的做法沒有問題才行。**（自我否定法＋自我表露法）**

父親：（反對）可是……

保羅：（打斷父親的話）我知道你要說什麼，我也贊成。那樣想是很愚蠢，但我就是那樣想！說我是精神有問題吧，我打算去做心理治療，不過在此同時，我也想有所改變，這樣我就不會覺得自己像個小男孩，什麼事都得找爸爸商量了。**（自我否定法＋自我表露法）**

父親：（沉默了一會兒，若有所思地看著保羅）我從來就沒想過，幫你度過難關竟然是壞事啊！

保羅：（靜靜地看著父親）我覺得不是壞事。我很感激你一直努力幫我，可是這讓我覺得自己很無能。也許過去我確實沒有能力，說不定現在還是，但不管怎麼樣，我都不想再有那種感受了。**（模糊重點法＋自我表露法＋自我否定法＋自我表露法）**

父親：要是你堅決那樣認為，何不每次還一點給我？這樣就不用把公司賣掉了。

保羅：對於我要賣公司的事，爸爸擔心的是什麼呢？**（否定詢問法）**

父親：如果知道你有一份穩定的收入，我會比較安心。要是我出了什麼事，不能再工作了，我也會心中有數，知道可以指望你來幫我和你媽度過難關。過不了多久我就退休了，退休後，也許我可以去那裡幫你忙，讓自己有點事做。

保羅：爸爸，要是你真遇到了什麼困難，我會盡力幫你的。（一時說不出話）我這麼講，聽起來有點奇怪吧？我來幫你擺脫困境。（沉默了一會兒）要不這樣如何？我們簽一個借據，用公司來抵押我欠你的錢。你到銀行開個戶頭，我定期把還款和利息匯進去，那樣我就會覺得好多了。**（可行折衷法）**

父親：可是離婚時，你跟康妮的財產要怎麼分配？

保羅：律師會想辦法的，她會得到一定比例的利潤。

父親：你不會非得把公司賣掉，給她一半錢來了結吧？

保羅：我們會想出辦法，不會讓這種事發生。

父親：那我就沒什麼問題了。

保羅：好吧，不過還有一件事。即使你退休後去公司上班，我還是你的老大，同意嗎？

父親：（伸出手來，握住保羅的手）同意！

我覺得，儘管保羅在這次對話中達成了很多目標，但他與父親的相處仍然存在著問題。

他們父子倆的互動讓我動容，但我也為保羅感到悲哀，因為他跟父親竟然是那樣的關係；我也替父親感到悲哀，或許他原本不用操什麼心的，卻為了兒子而憂煩。因為動容，所以我犯了一個基本的錯誤：反移情。這是治療師的典型過失，因為我太過同情患者的問題了。更糟糕的是，在下面這段對話中，我竟然把自己的感受告訴了保羅。

我：我覺得你做得特別棒，保羅，不過你跟父親的談話讓我覺得悲哀。你自己有什麼感受呢？

保羅：我覺得很沮喪。不是因為離婚，而是因為我跟父親。

我：你搞清楚原因了嗎？

保羅：我也不確定。起初我覺得很不錯，可以隨心所欲了；接著，我卻對他生氣得要命；後來，我只是覺得不快樂。

我：就是衝突後的那種沮喪嗎？

保羅：不是。我覺得他做事一向都很有把握。當他跟我說假如出了什麼事，想要我幫忙養他的時候，我簡直想哭。

我：你知道是為什麼嗎？

保羅：不知道。

我：你想冒個險嗎？要是試著去找出原因，你可能會受傷。

保羅：為什麼不呢？

我：你覺得父親為什麼就是不承認你很不幸福，因而想要離婚的這個事實呢？

保羅：我不知道，我自己一直在思考。他以前從來就沒承認過。

我：假如他只是這樣說：「我希望你跟康妮能有個圓滿的結局，不過要是你覺得做不到，那就照你想的去做吧！我為你感到遺憾。要是我幫得上什麼忙，就告訴我。」這樣又要他付出什麼呢？

保羅：我不知道。要是他這樣說就好了。

我：他說了什麼，讓你想哭呢？

保羅：就是他說想要我幫他的時候。

我：他以前這樣說過嗎？

保羅：沒有，這是第一次。

我：那就讓你覺得想哭？

保羅：現在想到了，我還是想哭。

我：你要我就此打住嗎？

保羅：不，請繼續。

我：他為什麼擔心你把公司賣掉？

保羅：（不自在地看著我）

我：你心裡是不是有什麼直覺？

保羅：是的，不過我不想考慮。

我：你知道一把鍾子擊中鋼鐵時發出的那種聲音嗎？就是那種清脆的聲音？

保羅：知道。

我：你的直覺是不是也跟這種聲音很像呢？像錘子擊中鋼鐵那樣，一種堅硬、清脆的聲音？

保羅：我想是的。

我：那就說出來。父親為什麼擔心你把公司賣掉？

保羅：他自始至終都指望著我，要是他出了什麼事，就要我來幫他脫離困境。

我：他以前跟你說過這些嗎？

保羅：沒有，從來沒有。

我：你知道他為什麼從來都不說嗎？

保羅：不知道。

我：為什麼他不承認你處在困境之中、想要離婚的事實呢？

保羅：要是我跟康妮離婚，就會把家裡搞得一團糟，他就無法指望我了。

我：怎麼會把家裡搞得一團糟呢？

保羅：我可能會離開家，到別的地方去生活，那樣他就指望不了我。

我：你離開家之前，必須先做什麼呢？

保羅：賣掉公司。

我：那什麼地方會讓他擔心呢？

保羅：萬一他無法工作，退休了，我和這家賺錢的公司就是他的保險呀！

我：你覺得，為什麼每當你遇到困難，他總是幫你脫困，事事都替你做，而沒有讓你像我們其他人一樣，自己遭受挫折並從中吸取教訓呢？

保羅：我是他的保險。他幫我擺脫困境，實際上是在繳保險費。是我欠他人情！那個王八蛋！這些年他一直都在這樣做！

我：你認為父親是個卑鄙自私的人嗎？

保羅：不是。

我：那你為什麼要罵他是王八蛋呢？

保羅：因為他利用了我！我兩次想離婚，但他都因為自己的問題而攔住我！

我：那麼，他說要你幫助的時候，你為什麼想哭呢？

保羅：他說他很擔心，不知道退休後會怎樣。

我：是因為他是個王八蛋，還是因為他很擔心，才來操控你呢？

保羅：我從未像他那樣擔心過我的將來。我是搞砸了很多事，不過我從來沒有擔心過自己老了會怎麼樣。

我：你現在明白他為什麼操控你了嗎？

保羅：是的。我不想明白，但我知道是為什麼。

我：那你現在也明白，我為什麼替你父親感到悲哀了吧？

保羅：我對這種情況也感到悲哀。那個可憐的混蛋。

我：你還覺得自己是一個小男孩，需要父親時時照顧嗎？

保羅：不覺得了。

我：若你覺得他在考驗你，知道該怎麼說了嗎？

保羅：我想我知道。

我：比如說呢？

保羅：爸爸，別再擔心了，我能處理好。

我：現在你還覺得不高興嗎？

保羅：是的。

我：現實有時是會令人不快的。

保羅：對我來說確實如此。

我：（用傲慢的口吻）你願意選擇哪一種？是不快樂地受父親擺布？還是不快樂地掌控自己的生活，並且能照著你想要的去改變？

保羅：（嘲諷地）您覺得呢？

我：（非常嚴肅地）希望你已經學會了我教你的所有方法。

保羅：您的口氣變得真像我父親啊！

我：（微笑）你學得真快。我還可以提些建議嗎？

保羅：當然可以。

我：不要讓任何人，也包括我，來替你做決定。

愛與性之間自在共處

透過下面這組日常對話的例子，你可以看到在男女關係中，如何發揮自信去因應別人的操控。

在30—1、30—2的對話中，年輕的丹娜和貝絲在性與婚姻關係裡，成功地面對了她們自己的複雜感受。對話30—3則是一位心理學家的示範，教導涉世未深的女孩，當對方帶有操控意圖想說服她們上床時，自己要如何自信、果斷又帶有同理心地說「不」。

丹娜的轉變

二十七歲的丹娜是一名聰明的年輕採購人員。從容貌和身材來看，既不能說漂亮，也不能說平庸，只能說她並不迷人。丹娜是這樣描述她的異性約會觀：一個單身女性需要憑藉自己的人格特質，積極主動地吸引單身男子約會，而非只靠身材和長相被動地吸引男人。

你或許能猜到，有多少個夜晚，丹娜都是孤身一人或在單身酒吧裡度過的。在接受自主力訓練期間，丹娜談起一個狀況，對她來說這並不尋常，而且大大增強了她的自信和自尊。

之前她碰到一個男人，讓她動了情，他叫約翰。丹娜喜歡約翰的細心、聰明，也喜歡他的外貌。由於缺乏自信，因此第一次約會，丹娜就跟他上了床（他們是在單身酒吧相遇的）。後來她說，那時她並不想跟他發生關係。那次上床雖然沒有讓丹娜產生內疚，卻令她很不舒服，因為她竟然跟一個幾乎素不相識的人發生了關係。儘管約翰似乎覺得那一晚很美妙，但是丹娜卻沒有享受到快感。

許多單身女性都認為在約會時發生性關係，是她們跟男性交往的「門票」，丹娜也認同這一點，她們是為了擺脫孤單而付出代價，而不是在分享性愛，分享那種既讓人興奮、又使人柔情滿懷的性愛。對丹娜來說，她是受到了過去那種性操控觀念的影響——但那種觀念在現今，卻演變為種種我們常聽到的說法。

比如，在今天有性解放作為後盾，我們常聽人說「大家都是那樣做的」、「女人若是不放開，一定是心理有問題」、「如果女人不那樣，就沒人肯跟她約會了」……然而，這些關於性的說法跟許多操控話語一樣，沒有太多道理可言。在對不同年齡、際遇的女性（單身、離婚、寡居）進行臨床治療的過程中，我注意到一些人會把這些（跟性期望相關的規範概念）當作藉口，不去參與其他更有意義的活動——雖然那些活動反而可以讓她們更成熟些，讓她們不用單憑「性」來吸引男人。

一開始就以性為基礎建立的關係，不過是一種「卑鄙手段」罷了，很容易就能做到，問題是這種關係難以長久。許多人都想要一種「即刻」的親密關係，而要建立起這樣的關係，不但速度很緩慢，有時甚至還很痛苦。對於過程中會出現的疑慮和不確定心理，以及需要付出的努力，他們都不想去經歷。

丹娜理解到她那時正是處在這樣的狀態中，於是她便轉移目標，試著與別的男人交往。直到再次跟約翰偶遇時，她運用了自主溝通技巧，處理得非常不錯。

對話30—1

重新協商基本原則（拒絕性伴侶的操控之一）

對話情境：在一家單身酒吧裡，丹娜巧遇多年未見的老朋友珍。她們兩人以前經常一起來這裡。兩人坐在隔間座位，興奮地聊著舊事。這時約翰經過，看見了丹娜，便走過去與她們交談。

約翰：嗨，丹娜，你好！

丹娜：嗨，我很好。你呢？

約翰：（直勾勾地看著珍）不錯啊。你的這位漂亮朋友是誰？我們以前沒見過面吧？

丹娜：（對珍說）珍，這是約翰。（對約翰說）珍是我的一位老朋友，多年沒見了。我們幾分鐘前才碰巧遇到的。

珍：很高興見到你，約翰。

約翰：（沒有特別針對誰）我有個好主意，我們可以喝上幾杯，稍後我再叫個朋友來一起玩。

丹娜：（並未跟珍商量）那太好了，約翰，但是我只想跟珍坐著聊聊天。**（模糊重點法＋唱片跳針法）**

約翰：我說的那個朋友很不錯，珍可能會非常高興見到他。

丹娜：我明白你的想法，不過我只想單獨跟珍聊聊天。過後再說？**（自我表露法＋唱片跳針法＋可行折衷法）**

約翰：上次我們的氣氛多好啊！丹娜。我相信珍能理解，你們兩人也可以晚點再聊呀！

丹娜：（微笑）你還記得，那真是太好了。我也明白你的感覺，但我現在只想坐著跟珍聊聊天。**（自我表露法＋唱片跳針法）**

約翰：丹娜，你該不會以為，我會任你們這兩隻讓我神魂顛倒的可愛小狐狸獨自坐著吧！

丹娜：我理解你的感覺，約翰，不過我只想單獨跟珍坐一會兒。**（自我表露法＋唱片跳針法）**

約翰：可是這裡這麼大，除了你們倆，沒人值得我去跟他們作伴。難道你想讓我整個晚上都不開心嗎？你就不給渴得要命的人施捨一杯水？

丹娜：也許你說得對，但我還是想跟珍聊聊天。**（模糊重點法＋唱片跳針法）**

約翰：上次那麼盡興，我一直都希望再碰到你呢！

丹娜：（笑得很開心）我明白你的感覺，但我只想跟珍聊聊天。不過，還是告訴你吧，週五晚上我沒什麼事，我們何不那時再碰面？**（自我表露法＋唱片跳針法＋可行折衷法）**

約翰：（驚訝）哦？……好吧……在這裡？

丹娜：先吃晚飯，然後到這裡或別的地方去，怎麼樣？

約翰：好的。我七點來接你，好嗎？

丹娜：你可以在週五前的上班時間打電話給我，我們再好好安排，好嗎？（把自己的辦公室電話號碼寫在餐巾紙上）

約翰：好吧……

珍：很高興見到你，約翰。下次見。

丹娜很高興，因為她在性伴侶面前能夠堅持自己的獨立性，不帶敵意，也沒有因為上次被引誘上床而責怪他。丹娜不但能回應約翰的「殷勤」，還充滿自信地跟他重新協商一些基本原則，當作未來關係的基礎。

以下是我和丹娜的對話。

我：為什麼要他在上班時間打電話給你呢？
丹娜：我希望我們能夠定期地約會，而不是去酒吧見他，跟他喝酒。
我：所以呢？
丹娜：所以我就要他打電話給我，讓他付出努力，也好讓我有所改變。
我：後來怎麼樣了？
丹娜：他星期四下午打來了。你猜他怎麼說？他問：「你還是想明天出去吃晚餐嗎？」
我：然後呢？
丹娜：然後我說「是的」，我們就安排了一下。他問我有沒有偏愛的飯店，我說不喜歡奇森飯店和弗拉斯卡蒂飯店，因為都太貴了。
我：（微笑）所以他長吁一口氣，放下心來了！
丹娜：沒有。他很直截了當，說想去峽谷裡他喜歡的一家飯店，我答應了。
我：然後呢？
丹娜：然後我們就去了。我真的喜歡跟他在一起。
我：然後呢？
丹娜：然後我們就只是喝酒、聊天。
我：後來呢？
丹娜：後來什麼也沒有了！曼紐爾，你可真是追根究柢啊！
我：也許你說得對，丹娜。不過後來怎麼樣了呢？又是上次的翻版嗎？
丹娜：沒有。晚飯後，我對約翰說，我非常喜歡他，不過上一次上床只是我以為，如果不那麼做，他就不會對我有興趣。還有，我並不喜歡那樣。

我：他的反應呢？

丹娜：他一點都不煩惱。他說，很抱歉上次我沒有盡興。

我：所以呢？

丹娜：所以我就跟他說，雖然我們一起有過性愛，可是對於跟他交往，我心裡還是一點把握都沒有……可能是因為我太喜歡他了。

我：是用你最完美的自我否定態度跟他說的？

丹娜：是的。

我：後來又跟他約會了嗎？

丹娜：他說很快會再打電話給我。

我：那是什麼意思？是他也喜歡你……還是一種拒絕？

丹娜：我不知道。這要看他了。假如他下個星期沒打電話，我就會打過去，提議去吃午餐，看看結果會怎樣。

我：對整件事情，你有什麼樣的感受？

丹娜：相當不錯。

我：即使沒有用你的身體牢牢鎖住他，也是如此嗎？

丹娜：像約翰這種人，只要他想，就能隨時跟人上床。我可不想在這方面和別的女人競爭。假如他對我有興趣，想繼續保持關係，我就覺得心滿意足了。

根據最新報告，丹娜仍不時跟約翰見面，同時也和別的男人約會。對於自己變成一個有自信、有選擇能力的女人，她感到更自在而舒服，不再覺得自己像砧板上的一塊肉，任人討價還價、廉價購買了。

透過溝通，丹娜把自己的問題告訴了約翰，而約翰也支持她，讓她能處理自己的複雜感受。假如是一個不太成熟、對自己的男性魅力沒什麼把握的男人，可能會無視丹娜想從「性」以外探索雙方關係的要求，比如共同的興趣、才智、個性、目標與好惡等。若約翰對自己的吸引力沒自信，可能就會試圖以言語操控（引誘）丹娜再次上床，而無視於她的感受。不過，丹娜還是可以自信、果決地因應這種「性操控」，她可以運用對話30—3的自主手法回應（參見第二九八頁）。

貝絲的折衷

貝絲是一個自信十足的年輕女孩，年輕男子泰德向她求婚。貝絲覺得自己愛他，但能否把他當作終生伴侶，她卻仍然心存疑慮，有所保留。來上課時，貝絲把泰德的求婚過程以及他們協商出的折衷辦法，都告訴了我。以下這段對話，就是她和泰德花了數週進行多次溝通的濃縮版。

對話30—2

謹慎協商折衷辦法（拒絕性伴侶的操控之二）

對話情境：一個炎熱的週六下午，貝絲坐在泰德家中的客廳裡。泰德走出廚房，手裡拿著葡萄酒、碎冰塊和水果，這些都是準備帶到泳池畔的東西。

泰德：不如我們先坐一會兒，再去游泳吧！我想談談我們兩個的事。

貝絲：聽起來好嚴肅呀！我做了讓你心煩的事了？**（否定詢問法）**

泰德：（微笑）還沒有。不過，要是你不按我說的去做，可能就要讓我心煩了。

貝絲：說吧。

泰德：你是我見過最可愛、最令人興奮的女孩，貝絲。我覺得你對我也有那種感覺。你有多愛我呢？

貝絲：很愛很愛！

泰德：愛到足以嫁給我嗎？

貝絲：我不知道。**（自我表露法）**

泰德：為什麼不知道呢？我們交往都快一年了。那麼久，你應該想清楚了。

貝絲：也許吧，但我實在不知道。**（模糊重點法＋唱片跳針法）**

泰德：我們相處得很好，不是嗎？

貝絲：當然啦，可是偶爾的相處和約會，跟婚後一天到晚待在一起可不一樣。至少在我看來不一樣，而這正是我擔心的。**（模糊重點法＋自我表露法）**

泰德：不試一試又怎麼會知道呢？否則，我們可能一直都要約會下去呢！

貝絲：是的，但我不明白，只約會不結婚有什麼不對？**（模糊重點法＋否定詢問法）**

泰德：沒什麼不對，我只是想跟你結婚而已。

貝絲：是不是因為我跟你還沒結婚就一起過夜，讓你覺得心煩？**（否定詢問法）**

泰德：不，真的不是。只是我愈是仔細思考，就愈想要跟你結婚。

貝絲：泰德，你這樣說，我真的很高興，我也覺得這是你表達愛意的一種很棒的方式。不過我仍然覺得你有點不大高興。你確定我們現在這樣，不是因為有什麼讓你覺得心煩？**（自我表露法＋否定詢問法）**

泰德：反正只是約會的話，我心裡就沒什麼把握。但要是結婚了，有你那麼愛我，感覺就好多了。

貝絲：我不明白。聽起來你是在說我還不夠在乎你，才不願嫁給你，是這點讓你感到不安對嗎？**（否定詢問法）**

泰德：這讓我焦躁不安。

貝絲：你是不是不想再提關於我們兩人的這些事了？**（否定詢問法）**

泰德：也不是。

貝絲：好吧。有件事也在困擾我。我覺得游泳的時候，你很嫉妒那些跟我搭訕的男人。我說得對嗎？**（自我表露法）**

泰德：（自我保護地）我為什麼要嫉妒？

貝絲：我不知道為什麼。你是不是呢？**（自我表露法）**

泰德：只有一點點啦，可是，像那樣跟他們來往、用那種語氣跟他們說話，你是怎麼想的？

貝絲：你說得對，泰德，我是有點不夠莊重，不過我就是這樣。就算我們結婚，這點也不會改變。**（模糊重點法＋自我否定法）**

泰德：（沉默，似乎有點傷心）

貝絲：要是我們結婚了，你還是會嫉妒的，因為我喜歡跟人打情罵俏，我的個性就是這樣。不過，這並不是說我很想跟他們上床呀！**（否定詢問法＋自我表露法）**

泰德：這我怎麼曉得？

貝絲：我也不曉得啊！所以我想，對你，我得下定決心才行，儘管這種方法也很傻。**（自我表露法＋自我否定法）**

泰德：（帶著點已成定局的口氣）所以你不想嫁給我了。

貝絲：我不知道。**（自我表露法）**

泰德：（嘲諷地）還要多久你才知道呢？

貝絲：我也不曉得。**（自我表露法）**

泰德：那我怎麼辦？我這麼愛你，不想要你推三阻四的。不過，我也不想繼續因為「你在不在乎我」的問題而煩躁。

貝絲：我們為什麼不同居呢？**（可行折衷法）**

泰德：那跟現在有什麼兩樣？這算什麼解決辦法？現在我們差不多就是同居呀！

貝絲：不見得。我覺得會不一樣。現在這樣子，我們兩個都很自由，可是同居後，彼此就有義務了。**（模糊重點法＋自我表露法）**

泰德：我們不能同居！

貝絲：我不太明白，同居有什麼問題？**（否定詢問法）**

泰德：鄰居要是發現了怎麼辦？

貝絲：鄰居發現就發現，你心煩什麼？**（否定詢問法）**

泰德：我想也沒什麼好煩的。很可能他們有些人也沒結婚。

貝絲：好吧，要是你想到沒有熟人的地方去，我們可以找一間新公寓。（可行折衷法）

泰德：不想，我還是想住這裡。

貝絲：那下個週末我就把東西搬來吧！事情可多了。

泰德：可是我要怎麼跟我爸媽說？

貝絲：我們不告訴他們的話，會很嚴重嗎？（否定詢問法）

泰德：他們會發現的。

貝絲：那就到時候再說吧！你媽和我相處得也不錯。你是想用我的那張銅床呢？還是你的雙人床？（可行折衷法）

實際上，泰德的操控心理比對話中的還要厲害，貝絲跟他花了好幾個禮拜溝通，才達成同居的折衷方案，目的是要看看他們是不是真的適合一起生活。

結果證明，貝絲的疑慮成真了。同居六個月之後，兩人決定分手，各走各的路。從對話中泰德的回應，你可能已經猜到了他們分手時很友好，是因為個性上的分歧才分道揚鑣的。在同居期間，這種分歧變得愈來愈難以調和。

從一開始，貝絲就順著自己內心的感覺和想法，然後自信、果決地付諸行動，避免了一場麻煩的情感和法律糾葛。

在貝絲的感覺中，有一部分是對泰德求婚時帶有的一些「隱性動機」的疑慮。這些隱性動機是，他以為結婚後，就有「權利」不讓貝絲再跟別的男人打情罵俏了。貝絲打情罵俏的行為，激起了泰德的自我懷疑，使他疑慮自己沒有魅力，疑慮自己能否在性生活上一直吸引貝絲。

在下一章的對話中，你還可以看到我的學生如何因應伴侶的這些隱性動機，看他們怎樣自信十足地鼓勵伴侶，讓伴侶把對自己、對彼此親密關係存有的不安全感，明明白白地表現出來，然後再找出解決辦法。

年輕女孩必學的拒絕上床技巧

哈斯博士是我的同事和朋友，也是我原先的一名研究生，我在加州大學洛杉磯分校心理系任教時，曾對他進行過自主溝通技巧的培訓。

當時，還在念博士班的他和一名可愛的女研究生四處跑，到一些大型心理課堂上，為一些沒什麼性經驗的小女生講課，展示怎樣對一個誘使她們上床的人說「不」。這些性操控伎倆，從傷心、自責、內疚，到讓人產生無知感的言語或責怪，簡直是五花八門。

哈斯博士指出，大部分的男人並不會一心一意只想跟女人上床。但他認為，就算遇到了極端的情況（比如一個氣急敗壞的男人向約會對象大發雷霆），也可以運用這種自丰技巧來處理。

他曾在心理學的入門課中，為加州大學洛杉磯分校的數百名女學生示範過。

對話30—3

對猴急的男人說「不」（拒絕性伴侶的操控之三）

以下的對話就屬於這種極端的情形，由我和同事蘇珊演練。對話中我所使用的操控伎倆，跟哈斯博士示範的很相似。因應操控的話語則由蘇珊選編，目的是透過綜合練習，來回應一位外表英俊卻很討厭的愛情騙子。

對話情境：蘇珊跟我坐在教室前的一張桌子上，桌子充當她家客廳的長沙發。我們約會完、看過電影後，剛剛回到她家，她邀我進去喝一杯。喝了幾口酒後，我側身去吻她，但她躲開了。

我：怎麼啦？

蘇：（溫和地笑了笑）今晚我不想親熱。

我：但我覺得今晚的感覺真的很好啊！

蘇：你說得對，我今晚確實過得很愉快。**（模糊重點法）**

我：那你是怎麼了？

蘇：我不明白。我今晚不想親熱，有什麼地方不對嗎？**（否定詢問法）**

我：為什麼不想呢？我以為你很喜歡我呢！

蘇：我的確喜歡你，但我還沒準備好今晚就跟你上床。**（模糊重點法＋唱片跳針法）**

我：我覺得那會非常美妙。

蘇：是啊，也許吧，不過今晚我不想跟你上床。（**模糊重點法＋唱片跳針法**）

我：我覺得那對於你我來說，都會是極其美妙的體驗。

蘇：再講一次，也許你說得對，不過我還是不想那樣。（**模糊重點法＋唱片跳針法**）

我：讓自己享受享受，這有什麼問題呢？

蘇：我不知道。（**模糊重點法**）

我：那你為什麼不想？

蘇：我不知道。我今晚就是不想跟你上床。（**自我表露法＋唱片跳針法**）

我：我覺得，要是雙方關係親密，並且彼此欣賞的話，這樣做是自然而然的。

蘇：我不明白。我不想跟你上床，什麼地方不自然了呢？（**否定詢問法**）

我：在床上，我們會濃情蜜意、水乳交融，可以更了解彼此。

蘇：我們是可以那樣。我也想跟你濃情蜜意、水乳交融。不過，要是非得上床才行，那我可不想。（**模糊重點法＋可行折衷法**）

我：我們相處得很不錯……你我之間的感覺很特別，也很舒服啊！

蘇：你說得對。我確實喜歡跟你說話。（**模糊重點法＋自我表露法**）

我：想想吧，在床上我們彼此心中都是濃情蜜意，感覺會更美妙。

蘇：我明白你的感受，但我不想跟你上床。（**自我表露法＋唱片跳針法**）

我：我有什麼地方做得不對嗎？

蘇：我不想跟你上床，為什麼非得是因為你做得不對呢？（**否定詢問法**）

我：哦，是我讓你提不起興趣吧！

蘇：（驚訝地）我真的不明白，為什麼說我不跟你上床，是因為你讓我提不起興趣呢？**（自我表露法＋否定詢問法）**

我：我以為你喜歡我呢！

蘇：我的確喜歡你，不過今晚我不想跟你上床。**（模糊重點法＋唱片跳針法）**

我：你喜歡我到什麼程度？

蘇：我還真不知道呢。**（自我表露法）**

我：要是你真的在乎我的感受，就會願意跟我上床。**（這是可能用到的最最卑鄙的一招）**

蘇：也許你說得對，要是我更在意你一些，我會跟你上床的。**（模糊重點法＋唱片跳針法）**

我：真是孤單啊……

蘇：（只是靜靜地微笑）

我：你並不在乎我的感情。是不是你有什麼問題呢？

蘇：我的問題可多了。**（自我否定法）**

我：你在性這方面是不是有障礙？很多女孩都會有。

蘇：我相信她們有。但是，我的什麼表現，讓你覺得我在性方面有障礙呢？**（模糊重點法＋否定詢問法）**

我：看起來，你心裡似乎對上床有障礙呀！

蘇：我相信看起來是如此。**（模糊重點法）**

我：你要是有這方面的心理障礙，我可以幫助你克服。

蘇：也許吧，不過我不想和你上床。**（模糊重點法＋唱片跳針法）**

我：有些人口口聲聲在意別人，似乎你也是這種口是心非的人。

蘇：也許你說得對，有時我的確會給人不真誠的印象。**（模糊重點法＋自我否定法）**

我：整個晚上，我們談論的都是許多人在相處時有多麼膚淺，對一些有意義的事不感興趣。我想要我們互相了解，讓我們的感情昇華到更有意義的層次，但你卻在逃避。

蘇：我可能是在逃避吧。**（模糊重點法）**

我：你是不是也跟其他男人玩這種把戲？

蘇：我不明白。**（自我表露法）**

我：我覺得你在要我。

蘇：我怎麼要你了？**（否定詢問法）**

我：我覺得今晚被你要夠了……先是氣氛很好，好像真的欣賞我，接著又讓我來你家。

蘇：（絲毫不帶嘲諷語氣）我讓你進來家裡，顯然讓你會錯了意。我太傻了。**（自我否定法）**

我：像你這樣的女人，就是人家說的那一種。

蘇：哪一種？**（否定詢問法）**

我：愛招蜂引蝶。

蘇：（走向門口，打開門，站在門外）我做得不對，不該邀請你來這裡。請你走吧！

雖然這段對話示範的是一種最糟糕的極端情況，但可以看出，這個男人要是早一點聽出對方自信果斷的「不」，可能就會再約她一次，看她是不是改變了想法。在示範中，我們

沒有採用討好、引誘的伎倆，例如：「我覺得我愛你」、「你讓我這麼興奮，我都沒辦法好好想你了」、「你的笑容和個性都好性感」、「你整個人都這麼迷人，一想到撫摸你，我的手就會顫抖」……當然，這樣的討好都是一些放肆的廢話，是刺激和挑逗性欲的語言前戲，此時，雙方都應該已經用語言或生理表明，彼此有了性愛的欲望。

示範過後，我問蘇珊她為什麼要走向門口，打開門並站在外面。她轉過身，面向參加研討會的人回答：

「看看我們身材的差距吧！在那種時候，怎麼做對我更有利？爭鬥，還是逃避？」

第4章 親密平等關係，促進性愛和諧

愈親密，愈焦慮

當學生變得夠有自信，不再是新手，並在課堂上和生活中經過了大量練習，能夠好好運用這些技巧之後，我就會讓他們注意上一段對話中，具絲間接提到的許多問題——這些是當我們日復一日地與另一個人生活在一起時，終究得去面對的。

我讓大家從某些情況開始練習，這樣他們可以學會如何面對真正重要的人，面對最在意的人，面對那些我們很重視其意見的人（也就是伴侶、戀人、妻子和丈夫）。為了加快在這種最重要的平等關係中的學習速度，我建議他們，從一種特殊的行為領域開始練習，這個領域有著一種內在的、精神生理學的特性，能激發大家的注意力和興趣——那就是性！

我讓學生從練習用語言堅定地說出自己的性需求或性幻想開始，因為「性事」確實能引發大多數人的強烈興趣。第一次在班上談起性障礙的根源，以及自信、果斷如何有助於解決這些問題時，我不時停下來觀察學生的反應，大家都緊盯著我，氣氛非常安靜，幾乎聽得見他們的呼吸聲。

由於人類與生俱來的思考模式和精神生理學特點，我們不可能在擔心一件事的同時，又被它深深吸引。要是我們有哪一種近親祖先能同時實現這項壯舉的話，大概也早就滅絕了——當美麗的劍齒虎迎面撲來，怎麼還有人能鎮定自若地站著呢？那些可憐的人吃了不少苦頭，才明白他們的興趣及許多其他的美好情感，為什麼會被自己的恐懼所擊敗。

強烈的恐懼感，足以顛覆興趣。同樣地，強烈的興趣和好感，也可以淹沒某些焦慮。親密關係是人們經歷焦慮感最多的一種關係。所以，我讓學生先從練習處理這種關係開始，試著帶給他們優勢，為他們創造有利的可能性，讓他們將來面對這種焦慮時能占點上風。

透過與性有關的情境練習，還有第二個好處：學生可以得知，自己能否心安理得地因應尷尬的個人需求（在此不考慮「性解放」）。我所遵循的教學模式，是討論性行為、性需求、性障礙，以及性和自我肯定之間的關係。我會先讓他們練習在性這方面施展自信，當他們能平靜如常地表達自己的性需求之後，就讓他們改變主題，針對婚姻中最普遍的爭端，來練習對伴侶堅持自己的權利，比如找工作、打發時間、照顧孩子、家中金錢的運用、買房子等。

當學生在練習全方位面對伴侶的過程中，感覺更自在了，我就會建議他們回到性和自主性，讓他們自己去檢驗缺乏自信的操控行為、婚姻衝突的不當因應方式，與性障礙等問題之間的聯繫。

在最後一項課堂練習中，我建議他們發揮自信去面對他們那疑心很重、性生活有障礙的配偶，幫助對方克服這些問題。

透過性愛，形成親密氛圍

在接下來的討論中可以看到，許多性問題，其實根源都出在性伴侶所用的種種消極被動、缺乏自信或帶有操控的行為模式。

我們最親密也最有意義的一種溝通模式，就是與喜歡的人分享性愛。這對於身心健康及良好的自我觀感來說，都很重要。但作為一種愛的表現，性愛的溝通卻很特別。雖然性只是與配偶之間溝通的環節之一（基本上這是一種原始行為，也是一種無意識行為），但是跟其他環節卻很不一樣。

性關係破裂，不僅對其本身來說是一種損失，還可能使其他與性無關的問題複雜化。若因為外在壓力或性問題，而使得親密的性行為經常中斷，那麼你和配偶可能就會失去一種獨特的私密溝通模式。

人類一直因為自己在智力上的成就而自豪，其實許多衝突都不是靠智力，而是透過令人滿意的性愛才解決的。我個人以為，這些在夜間性愛中協商而得的成果，遠超過梅特涅、季辛吉和張伯倫——這些為人類帶來「我們這個時代的和平」的大人物——所取得的成就。可惜，屬於平等關係的許多夫妻，都不會利用這種能夠減少焦慮感的自然發洩模式。這種模式，可使夫妻形成親密的氛圍，進而有助於雙方找出真正的折衷辦法，來化解爭端。

我和臨床研究過性功能的同事都發現，許多與性愛障礙相關的事情，會使親密、平等關係中的其他問題複雜化。為了釐清低自我肯定與性愛障礙的關係，我們還是先來簡單地探究一下臨床上能夠分離出來，並進行治療的一些性愛問題類型，以及三種基本的心理治療模式。

對於性愛問題，治療師運用得最多的三種基本模式是：焦慮模式、憤怒模式，以及結合了前兩項要素的混合模式。從名稱可以看出，遇到性問題時，原始的「恐懼——逃避」和「憤怒——敵視」的因應模式，仍在支配著我們所有人。

焦慮模式

焦慮模式認為，若是你（或其他任何人）的身體和精神狀況良好，卻始終有著某種特定的性問題，那麼，你就是有了習慣性的焦慮反應，或有了習得性的、由妨礙性能力的性刺激所引發的焦慮反應。簡單來說，焦慮模式就是：「你不可能一邊享受性愛，一邊還擔心報稅的事！」

若是男性，這些特定的性問題就是早洩、舉而不堅或陽萎；女性則是陰道痙攣（陰道不自主收縮，妨礙性交），跟任何男性（或女性）在一起都達不到高潮，而在別的情形下（比如自慰）卻經常能達到。醫生會認為，這些問題都屬於習慣性或無意識、習得的病態性恐懼或畏懼反應（通常稱為「性愛恐懼症」），認為它們跟其他恐懼症是一樣的，比如懼高症或幽閉恐懼症。

性愛焦慮的創傷史

跟大多數恐懼症狀一樣，習得的性愛焦慮反應，通常都有相關的創傷史。有些患者在青少年時期因自慰而受過體罰，產生罪惡感，或在第一次性行為時情緒緊張，或者雙方都太過心急，沒有得到性伴侶的幫助（這種情況很常見）。

在患者自己或性伴侶看來，患者的性事表現不佳，而性伴侶也沒有加以安慰，於是，他便對下一次性事的失敗非常敏感，更加焦慮，最後進而使他期待的那種性愛狀態徹底落敗（這可真是一個自我實現的預言！）。在某些情況下，若性伴侶對這種不成功毫無同情，只是施加壓力的話，患者最初的焦慮感就會更強烈。一次又一次的性事失敗，到後來幾乎任何性刺激都會讓患者緊張——這就是有意焦慮的觸發性刺激了。

在班上，為了向同學們說明性興奮的無意識生理特性，我拿出一張五百元鈔票，告訴他們：「要是你們有誰能控制自己的性衝動，控制勃起或讓陰道充血的話，我就把這張五百元給他！給你們三十秒。時間不夠？想要一分鐘？沒問題！」可是，從來沒人拿走這張鈔票。很重要的一點是，想以意志力控制自己、讓自己性興奮是起不了作用的，充其量只能使你在其他恐懼的情形下抑制住焦慮罷了。

從性愛恐懼到生活恐懼

跟其他恐懼症一樣，性愛方面習得性的焦慮反應，也可以推演至其他刺激，這些刺激都與性行為有關，並且到了令人產生逃避反應的程度。產生這種極端的條件反射時，不幸的性愛恐懼症患者可能會逃避所有接觸，就算只是跟性伴侶說說話也沒辦法（更別提約會了！）。

與所謂「專業觀點」的陳腔濫調相反的是，性愛恐懼並非人格扭曲的表徵，也不是什麼深層且隱蔽的亂倫、同性性欲或精神衝突的象徵，而是後天產生的，就像其他恐懼症一樣，經過一段時間（幾星期到幾個月）的行為治療後，通常就可以「忘掉」。

憤怒模式

焦慮模式中的所有診斷指標都顯示，患者在精神生理學上無法成功維持性關係，有時發病迅速。但在憤怒模式裡，只有一種徵兆清楚地顯示出性問題存在，那就是在很長一段時間內，與配偶做愛的次數逐漸減少。

雖然憤怒模式的描述是說，有性愛問題的夫妻，做愛的頻率大多數時候都為零，但這種頻率，其實總是在無性愛期和低頻性愛期之間反覆。低頻性愛期間，焦慮模式所描述的性愛問題一個也不存在。雖然常說自己無法射精，但男性患者並無陽萎之類的重大障礙，也沒有其他導致焦慮產生的問題；一些女性患者則說，她們「只是躺在那裡忍受配偶的動作」，自己完全沒興趣，有些女性甚至很瞧不起這點，所以總是沒有高潮。

那些隱蔽未言的怒氣

憤怒模式認為，導致低頻性愛的原因在於性愛之外。一般來說，性伴侶的一方對於另一方，心中總是懷有許多「隱蔽」的怨懟及未明說的怒氣。當事人可能會否認有這樣的怒氣，甚至還會否認性問題存在的事實；而另一方則通常很樂意將怒氣發洩出來，並且在回應「態度消極的」配偶時，任意地擺布對方。

在治療這種問題的臨床經驗裡，我發現，其中一方總是說太累、沒心情、頭痛，或者太忙、覺得不舒服，不然就是說有更重要的事要做，隔天得早起上班。這也就是透過逃避性接觸，而直接導致性愛頻率下降的一方——並非出於恐懼才逃避，而是因討厭另一方在日常生活中對待自己的行為，或有著沒說出口的怒氣。

在臨床上，這種問題很常見。其他治療師和我也觀察到了一種普遍現象：那位退縮的配偶不但會在床上退縮，不願跟性伴侶親密接觸，也不願與性伴侶分享其他的事情。他之所以退縮，原因在於找不到有效的發洩途徑，無法讓對方得知自己的怒氣。

或許更重要的一點是，在配偶面前，退縮的一方都很沒自信，這點在我治療的臨床案例中幾乎無一例外。他似乎無法把自己的喜好告訴對方，不然就是對方能操控他，讓他無法依自己的意願行事。此外，他似乎極缺乏這種能力：冷靜地跟配偶明說，不喜歡配偶那樣對待自己。

無法溝通也無法表達，造成性愛障礙

由於缺乏有效的自主溝通方式，也缺少無效的怒火表達模式，他便退縮了。他不願跟配偶做任何親近、私密的溝通，就自己的擔憂、期望與歡樂進行交流，因為他預料到，若配偶不喜歡聽他說的話，那麼，對方那種令他內疚或焦慮的本領，他是應付不了的。因此，過了一段時間後，對於配偶的操控，他會感到愈來愈忿恨、愈來愈厭惡，而跟配偶分享親密的頻率及性愛的頻率，也就隨之下降。

對於性功能障礙，人們普遍接受的療法會考慮到兩點：讓退縮的一方，既能在配偶有損其自尊時適當地表達憤怒，還能更自信、果決地主張自己的權利——他想要的是什麼，願意給予對方的是什麼，他無法容忍的是什麼，以及一起生活時，能達成什麼樣的妥協辦法。

一九七二年美國心理學會年會期間，我在一場主題為「心理治療新方向」的學術研討會上，第一次介紹我的工作，即系統性自我肯定療法的相關概念及其語言技巧。對於這種更有效的性問題療法，與會的希格爾博士給了一個有趣的評價，立即獲得了與會者的認同：

「先有自信，然後挺進。」

混合模式

關於性功能障礙的混合模式療法認為，患者的病史中既涉及焦慮因素，也涉及憤怒因素。比方說，一位退縮的配偶可能會被迫做愛，而實際上心裡並不想，也沒有興趣跟對方親密溝通，他並未充分興奮起來，因而在性交（或前戲）中，無法保持勃起。假如他不夠自信，沒有說「我現在真的不想做愛」，就很有可能被配偶說服，起碼得做出想上床的樣子。沒有興趣，性愛就不會成功，幾次之後，操控性的配偶很可能就會傳達給他一種令他內疚或焦慮的強烈訊息。

積極忿恨與消極怨懟

某些情形下，配偶的這種操控性做法是在床上完成的，很快、也很有效，進而會形成一種體內的恐懼反射過程。在平時，配偶可能會以其他形式表達對性生活的不滿，有時也可能是無聲的抱怨。但不管是哪種情形，「性生活障礙並不出奇」這個訊息都會傳達出來，並且有人接收到了，它讓這種「操控——消極」關係中的不如意又增加了一些，在這種關係中，配偶雙方對彼此都充滿了怨忿之情，只不過一個積極、一個消極罷了。

對於混合了憤怒因素和焦慮因素的性功能障礙做治療時，以下的做法往往是浪費時間：

● 未解決這種「操控——消極」關係中產生的憤怒問題，就對性焦慮進行去制約化。

●不對導致焦慮感的性功能障礙進行治療，而僅僅指導夫妻如何有效地共同生活。

同時治療兩種因素

若只解決其中之一，而不去考慮另一個因素，很可能會出現這種結果：憤怒因素會導致進一步的性功能障礙，或未加治療的性焦慮因素會妨礙將來的性生活。這樣很可能會重新激起雙方因性功能障礙而產生的理性的怨忿感，要想不離婚都很難。運用混合模式時，必須同時治療導致性問題的兩方面因素，即來自配偶或針對配偶的怨忿，以及針對性能力的焦慮。

有些治療師指出，若不先處理明顯的憤怒因素，就不可能治癒性焦慮因素。如果不以坦率、自信的溝通取代隱蔽的操控手段與怨忿，不能夠卸下心防，明快地表達感情，那麼要以混合模式治療將會相當困難。

改變性生活的對話練習

看完了這段開場白，再讓我們轉到對性事進行自我肯定指導的主題上。在親密關係中，用於解決性問題的自信與果斷，與解決其他問題的態度，基本上是一樣的。

我提供了幾個實際情境讓學生練習，都是其他學生（或患者）曾遇過的實際性障礙問題，這些問題很微妙，有時還很令人尷尬。學生中有的已婚或同居，有的則是孤身一人但有性伴侶。每一對伴侶中，都有一方對性關係不滿，另一方則企圖操控或消極地抗拒，不肯改變現況。

聲稱對性生活「滿意」的性伴侶，都有著隱性的焦慮動機，使他們不願有所變化。他們可能擔心，變化會暴露出自己在性方面的某種「弱點」，例如不懂性技巧、無法取悅性伴侶，或害怕對方在性癖好上得寸進尺——誰知道這些癖好會引發什麼狀況？他們能滿足這些癖好嗎？滿足癖好又為了什麼？要是性伴侶提出過火的要求，比如三人雜交，他們應付得了嗎？當配偶面對其他異性的示好而搔首弄姿時，他們會隱約感覺到內心的嫉妒和不安全感，這種「變態的」怪癖又會帶來什麼影響？這種變化，會不會代表著他們的性愛關係結束了呢？

從統計學的角度來看，跟性伴侶一起培養新的性癖好所出現的問題，我在臨床治療和教學中都見過。雖然並不足以說明大家都有這些問題，但下面的例子還是提供了一些樣本，方便學生練習，以更有自信地表達性需求。

我把許多夫妻無法溝通的性需求問題集中起來，放在同一個例子裡：傑克和姬兒是一對疑心很重的不幸戀人，兩人對性生活都有諸多不滿。跟往常一樣，我先讓學生從最簡單的性需求開始，例如想把傳統體位變一變，然後再舉出真實的不滿範例，讓他們盡情發揮想像力，進行最大膽的情色幻想，以此來鍛鍊他們。

之所以建議學生做練習，是想讓他們先跟關係並不親密的人談論自己的性知識和性需求，讓他們有某種「安全的」、有助於降低焦慮的社交經驗。有些學生在學習過程中笑破了肚皮，在這種狀態下，他們的焦慮和壓力便逐漸消失了。

從以下的幾組對話可看出，要求在性愛方面做出改變，並非只跟男女的性欲相關。進行自主溝通技巧的模擬練習時，我讓學生把傑克當成不滿的那一方，在與姬兒的性關係中，他想做出某些改變，但是姬兒出於不安全感而帶有操控性地意圖抵制。在另一種衝突情況中，我又讓學生把姬兒當成想改變的一方，而把傑克當成是抵制變化的一方。

需要注意的是，在這些親密、平等交流的對話中，自主溝通技巧的固定說法都經過了改編，以適應學生本身的說話風格。

對話31

找出雙方認可的折衷辦法（渴望改善性生活的丈夫—配偶）

（在這組對話中，傑克和姬兒之間的「自主」與「操控」角色可以互換。）

傑克跟姬兒結婚八年了，生了兩個小孩。不知怎麼的，隨著一年一年過去，傑克覺得生活中有一件事似乎愈來愈沒意義，就是夫妻的性生活。剛結婚那幾年，他跟姬兒在一起總覺得興奮不已，可是這種興奮感逐漸消失，變得平淡乏味。做愛的時候，他想重新找回感覺，卻又不知道那種感覺是什麼，也不曉得怎樣才能找到。他有些新的想法不曉得要怎麼嘗試，也不確定姬兒的態度是什麼，會不會接受。

對話情境：傑克和姬兒做完愛後躺在床上，談到了性生活。

傑克：最近我一直在考慮我們的事，覺得我們的性生活跟以前不一樣了。

姬兒：你是什麼意思？一直都跟以前沒兩樣呀！

傑克：我正是這個意思。一直都沒兩樣，但不像以前了。

姬兒：你想說什麼？到底是一樣呢，還是不一樣？

傑克：我實在不知道要說什麼。對我來說，沒有以前那樣興奮了。也許是因為我們一直都是同樣的模式吧。**（自我表露法）**

姬兒：（惱怒地）你是不是又在辦公室裡，跟那些人說我們在床上怎麼怎麼了？

傑克：沒有，以前我那樣做太傻，而且還告訴你就更傻了。**（自我否定法）**

姬兒：上次你這樣講，是我們碰到你新同事的妻子時。那個女人除了是個波霸外，還有什麼呀？她根本就沒腦子，但你只知道聽新同事胡謅，說她在床上有多棒。

傑克：我必須承認，我確實聽了他的。**（模糊重點法）**

姬兒：你看，我們做愛的模式根本沒問題，人總是以為家花沒有野花香。

傑克：對，是這樣的，有時我自己也這麼覺得，不過，我還是無法擺脫這種想法。要是我們換個花樣試試，那做愛的時候就可以享受更多樂趣。想想我們剛在一起的時候，多有意思啊！**（模糊重點法＋唱片跳針法）**

姬兒：你是說在汽車後座？你在想什麼啊？

傑克：你說得對，也許我是有點變態。但我想試一試。我有幾個想法，我們做愛時，總是我在上面或你在上面，我覺得要是試試不同體位的話，會更有意思。**（模糊重點法＋唱片跳針法）**

姬兒：（顯得稍微感興趣）你有什麼想法？

傑克：我覺得我們對性愛懂得都不太多，可以學點新的。**（自我否定法）**

姬兒：你是想買書來一起看嗎？

傑克：這主意也不錯，但我實際上是想，跟你一起去馬里布峽谷的龍骨嶺那種地方，看

看能不能學到什麼。**（模糊重點法＋可行折衷法）**

姬兒：龍骨嶺！那裡可是天體營，他們那裡的人都很放蕩。天哪！要是我媽看見我去那種地方怎麼辦？

傑克：是有可能……要是她也在那裡，我們首先就可以問：「爸呢？」**（模糊重點法）**

姬兒：別傻了。那要是我的女同事看見我在那裡怎麼辦？

傑克：她們是有可能去那裡……可是，有人看見我們去馬里布學習性愛，又有什麼不對呢？**（模糊重點法＋否定詢問法）**

姬兒：第二天我得面對她呀！

傑克：你是得面對，可是第二天面對她，又有什麼讓你覺得不安呢？**（模糊重點法＋否定詢問法）**

姬兒：她會怎麼想我？

傑克：這我不知道。你會怎麼想呢？**（自我表露法）**

姬兒：她很可能會以為我是個性變態。

傑克：（微笑）就像她那樣？**（否定詢問法）**

姬兒：好吧……可是萬一她告訴別人怎麼辦？他們又會怎麼想？

傑克：她可能會這樣做……你得自己去面對他們解決這個問題，但我還是想去。**（模糊重點法＋唱片跳針法）**

姬兒：他們會知道我們沒穿衣服。

傑克：的確，不過裸體或有人知道，又有什麼讓你覺得這麼可怕呢？**（模糊重點法＋否定詢問法）**

姬兒：其他在馬里布的人都會看到我們。

傑克：（微笑）是的，不過我還是想去，想學點東西。**（模糊重點法＋唱片跳針法）**

姬兒：你的意思是說，要是別的男人偷瞄我，你不會介意？什麼都看也不介意？

傑克：我不知道，不過我還是想要跟你一起去。**（自我表露法＋唱片跳針法）**

姬兒：我不喜歡。整個想法都讓我不舒服。

傑克：好吧……這很正常。可是我要去馬里布的想法，到底有什麼讓你覺得不喜歡呢？**（模糊重點法＋否定詢問法）**

姬兒：我敢打賭，一定是新來上班的那傢伙告訴你龍骨嶺的……而你又聽信他的話。

傑克：你說得對，確實是如此。可是我想要跟你一起去，想提升一下我們的性生活品質，又怎麼會讓你不舒服呢？**（模糊重點法＋否定詢問法）**

姬兒：你八成是希望在那兒遇到他的妻子，想看看她穿的那些俗氣無比的緊身衣裡面長得怎樣吧！

傑克：（微笑）也許你說得對。他們可能會在那裡，我也不介意看看她衣服裡面有什麼，不過，我喜歡看裸體女人這一點，又有什麼地方讓你不舒服呢？**（模糊重點法＋否定詢問法）**

姬兒：你娶的可是我呀！

傑克：（只是稍帶嘲諷地）沒錯。不過我們結婚這件事，怎麼會讓我看裸體女人變得不對了呢？**（模糊重點法＋否定詢問法）**

姬兒：我要是想看別的男人，你會喜歡嗎？

傑克：你想看別的男人，這又有什麼不對？（不能說：「你都看過了！在哈利的汽車後座上，那時你還沒有遇到我。只是他沒什麼可看的罷了！」）**（否定詢問法）**

姬兒：（刻薄的嘲諷）要是別的男人讓我覺得有快感，你會喜歡嗎？

傑克：我不知道，不過我還是想要跟你一起去，看能不能學到什麼。**（自我表露法＋唱片跳針法）**

姬兒：你的意思是，你覺得我們應該讓別人來激起快感，這樣才能讓我們的性生活更有意思？

傑克：別人激起我們的快感，讓我們的性生活更有意思，有什麼不對呢？**（否定詢問法）**

姬兒：你是說，我現在給你的快感不夠嗎？

傑克：你確實給了我快感，可是，我們的性生活平淡乏味。我想要跟你一起去馬里布，看能不能學到點新東西。**（模糊重點法＋唱片跳針法）**

姬兒：（或怒火中燒，或哭泣）我還以為自己對你夠有吸引力！

傑克：你有，但我想要跟你一起去馬里布，看看能否學到點什麼。**（模糊重點法＋唱片跳針法）**

姬兒：不能找一些書來看就好了嗎？

傑克：可以的，不過，我還是想要跟你一起去馬里布。我們去那裡有什麼不對嗎？**（模糊重點法＋唱片跳針法＋否定詢問法）**

姬兒：我想沒什麼不對，但是這樣做讓我很擔心。

傑克：我能理解……說說看是什麼讓你擔心，好嗎？說一說，好不好？**（模糊重點法＋可行折衷法）**

姬兒：好吧。

傑克：我們去馬里布這件事，哪裡讓你覺得不舒服呢？**（否定詢問法）**

姬兒：我不知道，只是一想到就很緊張。

傑克：你覺得是什麼讓你緊張呢？（**否定詢問法**）

姬兒：那些光屁股呀！

傑克：（安慰地）好吧。要是一堆屁股都那樣光溜溜的，又有什麼讓你緊張呢？（**否定詢問法**）

姬兒：我們自己的光屁股呀！

傑克：我開始明白你的想法了。我們光著屁股，又有什麼讓你緊張呢？（**否定詢問法**）

姬兒：在一堆光著屁股的人面前到處走動，就是不對。

傑克：我們在其他光著身子的人面前走動，又有哪裡不對呢？（**否定詢問法**）

姬兒：我從來都沒有見過這種人。

傑克：我們是很可能從來都沒見過，可是和這些人相會，又有什麼不對呢？（**模糊重點法＋否定詢問法**）

姬兒：他們當中的一些人可能真的很古怪。

傑克：我相信一些人是很古怪，不過和這些光著身子的怪人相會，又有什麼不對呢？（**模糊重點法＋否定詢問法**）

姬兒：不是不對……我以前也有碰過一些怪人，但那時我可是穿著衣服的。

傑克：那跟你不穿衣服遇上一些怪人，又有什麼不同呢？（**否定詢問法**）

姬兒：我會覺得自己完全暴露在他們面前了！

傑克：你是會暴露，不過暴露又有什麼好讓你擔心的呢？（**模糊重點法＋否定詢問法**）

姬兒：他們會怎麼看我？光著屁股，在色情居住區到處亂走！

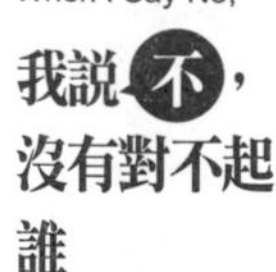

傑克：你說得對。他們很可能會以為你是出於跟他們相同的原因，才去那裡的。**（模糊重點法）**

姬兒：可是接下來，他們就會挑逗我！

傑克：我相信他們會。不過他們挑逗你，又會有什麼讓你不舒服呢？**（模糊重點法＋否定詢問法）**

姬兒：我會覺得很虛偽……因為我嘴上說不行，可是屁股說的卻是另一回事。

傑克：的確是……我們兩個都會那樣……也許我們還會跟那裡的一些人玩遊戲……我還沒準備好參加集體性派對，但我還是想要跟你一起去，看看是怎麼回事。**（模糊重點法＋自我否定法＋自我表露法＋唱片跳針法）**

姬兒：（若有所思地）要是那裡的女人挑逗你怎麼辦？你會喜歡那樣的！

傑克：我當然會喜歡，可是虛偽並不讓我心煩。**（模糊重點法＋自我否定法）**

姬兒：如果你不想離開那裡，怎麼辦？

傑克：也許在學到東西之前，我是不會想離開的。**（模糊重點法）**

姬兒：要是我真的非常緊張，會有什麼情況？我可能想馬上走人。

傑克：我們至少待個兩小時怎麼樣？兩小時之後，要是你真的非常緊張，那我們就走人。**（可行折衷法）**

姬兒：可是，要是他們開始逼我們怎麼辦？天知道我們會遇到什麼！

傑克：老天才知道的事，正是我希望我們看到的呢。**（模糊重點法）**

姬兒：要是你喜歡上那樣子怎麼辦？

傑克：（咧嘴而笑）你的意思是我的「傢伙」不該站起來嗎？**（否定詢問法）**

姬兒：我想的正是這個。

傑克：我也正在考慮那一點。我把我的「傢伙」藏在你身後怎麼樣？（**可行折衷法**）

姬兒：唉！我也想藏在你身後。

傑克：那我們怎麼辦？

姬兒：這樣行不行……要是你有麻煩了，就躲在我身後，要是我有麻煩了，就躲在你身後。

傑克：好吧……去不去呢？

姬兒：要是我們只看看，什麼都不做的話，我就去。

傑克：我們只是去那兒學習。（**可行折衷法**）

姬兒：我不知道……還是有什麼讓我擔心。

傑克：是什麼呢？（**否定詢問法**）

姬兒：要是我們碰到認識的人怎麼辦？

傑克：也許會碰到。要是那樣的話，你想怎麼辦呢？（**模糊重點法＋可行折衷法**）

姬兒：我不曉得。天哪！那樣會丟死人的。

傑克：是啊，可是如果真的遇到了，你打算怎麼辦呢？（**模糊重點法＋可行折衷法**）

姬兒：（自言自語）不知道他們是不是也有同樣的感受？（咯咯笑）要是在那裡的街上看到哈利和珍妮，那可真有意思了。我打賭，他不穿Gucci皮鞋的樣子絕對大不相同。也許會有點意思……不過，除非你答應我們一起去、一起待著、一起離開，否則我是不會去的。

傑克：一言為定，寶貝。

姬兒：你也不會去勾引什麼人吧？

傑克：我們離開後，我只勾引你。（**可行折衷法**）

姬兒：好吧。

這段練習性對話所描述的只是學生的真實情形之一，他們在配偶面前堅定地表達想法，最後找出了讓雙方都更自在的折衷辦法。方法很簡單，也就是進行性愛時，在某種動作上顧慮彼此的喜好，或在不同情況下，交替運用雙方偏好的體位，包括相互挑逗、增加前戲時間、相互愛撫和自慰、親吻陰部、口交等。

在最後的一年半中，三百名學生當中，只有一位說這樣的課堂練習讓她很不安，而這種不安也令她非常驚訝。她覺得自己在性愛方面是個老手，我們談到的一些奇特性行為，很多她都體驗過。她原以為，自己在性愛方面已經很「解放」了，後來才發現並非如此。只有別人來「解放」她時，她才會「得到解放」。在班上練習提出自己的性要求時，她已經夠難開口了，而當她想對性伴侶那樣說時，發現比面對同學更困難。事實上，她在這方面非常沒自信。

有位四十來歲的女學生，下課時走到我面前說：「史密斯博士，假如你兩個月前告訴我，今晚我會在這兒對著一個陌生人談論性生活和性幻想，那我一定會說你瘋了！然而，今天晚上我正是這麼做，還真的了解到我自己和別人的一些事。」她理解到，要是在這種個人風險極高的領域都能應付自如，在其他更平常的情況下就能做得更好。幾個月後，我們又碰面了。她把我介紹給她十四歲的女兒說：「這位是史密斯博士，是我一直跟你說的自主力訓練課程的老師。等你長大了，可以上他的課。」

顯然她堅定地認為，她十四歲的女兒一定能夠從學習自我肯定的過程中受益——也許是性方面的自信吧（雖然當時她心中所想的，很可能是女兒將來跟配偶一起生活時，必須學會處理感情與婚姻裡的衝突）。

以下這段對話，顯示了我的學生在面對配偶操控時，如何展現自信：丈夫想要她待在家裡，但她想拓展自己的生活，不想只當一個黃臉婆。

對話32

坦率說出自己的想法（想外出工作的妻子——配偶）

這段對話是同事蘇珊和我所設計的，曾在一次專業研討會上示範過。對話的內容是根據臨床上，對於因婚姻問題前來就診的夫妻觀察所得，屬於情境式的操控性對話範例。

對話情境：把孩子們都抱上床睡覺後，妻子走到丈夫身邊，展現自信，提出了自己希望改變一下生活模式的想法。

蘇：我一直想找份工作。孩子們經常不在家，我的空閒時間多了很多。

我：從家裡的情況來看，你可不像有很多空閒時間呀，家裡還是那麼亂。

蘇：是沒錯，家裡算不上多整潔，不過，我還是想到外面去找份工作。**（模糊重點法＋唱片跳針法）**

我：唔……我覺得這樣實在不聰明。你根本就沒有什麼專長。

蘇：我同意你的說法。事實上，我自己也一直在考慮這點。我沒有什麼專業技術，但我還是想出去找一找，看看能不能找到工作。**（模糊重點法＋唱片跳針法）**

我：（試著用一種新的策略，但語氣更溫和）在我看來，你這個想法相當愚蠢……我的意思是你不在家，就得花錢請保母照顧孩子，那樣你就剩不了什麼錢了。既然沒什麼擅長的技術，那你工作又有什麼用呢？

蘇：你知道嗎？我已經想過這個問題了。你說我賺不了多少錢，這一點也許對……尤其是剛開始……但我覺得，總得有個開始吧，所以我想找份工作試一試。**（模糊重點法＋唱片跳針法）**

我：你是知道的，你爸媽一直都認為我沒辦法像他們那樣養活你，要是讓他們看到你出去工作，就會更瞧不起我。他們會說是因為我養活不了你，所以你才得去工作。

蘇：我爸媽可能會那樣……不過，真的……就算他們瞧不起你，你又有什麼好怕的呢？**（模糊重點法＋否定詢問法）**

我：你真會幫倒忙。有什麼好怕的？別在我面前自作聰明了。

蘇：在這方面我可能幫不了什麼……也許我是有點自作聰明，但我並不是這個意思。真的……對他們瞧不起你這一點，是什麼讓你很不舒服呢？**（模糊重點法＋自我表露法＋否定詢問法）**

我：你想要我一五一十地說嗎？

蘇：是的，請講。

我：好吧，你們這些人瞧不起我，會讓我很不舒服……你爸爸讓我覺得緊張，有時跟他說話的時候，我覺得自己矮他一截，像是個小屁孩。他常像個混蛋那樣對我……真正的問題在於，我還得尊重他。這個混蛋，生意做得精，賺的錢也不少。

蘇：是的，他確實有一手，不過說到他對我們，我覺得並不是事事都做得很合適……我覺得他那樣對你的確很討厭，但我也認為，是因為我們自食其力、不依靠他們了，才讓他們覺得不舒服吧。**（模糊重點法＋自我否定法）**

我：你去上班，我也許能應付你爸爸窮追猛打地探問……可是，孩子怎麼辦？我是說，孩子們放學回家後需要你！

蘇：我相信他們會希望放學回家時，看到我在家。實際上，他們回家的時候，我也想看到他們呀……但我沒辦法既待在家裡，同時又去上班。我想找份工作。**（模糊重點法＋唱片跳針法）**

我：別忘了，你也沒辦法既上班，又帶喬伊去上音樂課。

蘇：你說得對。不過我覺得，要是我無法兼顧下午三點到學校接孩子跟上班，我會選擇上班，而不是接孩子。我們兩個只要調整一下，訂出新的時間表就行。我不知道結果會怎麼樣，不過我想那樣做。**（模糊重點法＋唱片跳針法）**

我：（自言自語）那可是我小時候一直沒經歷過的啊……那時我爸和我媽開餐廳，兩個人都得工作，我放學回到家，還得自己做晚飯，一個人吃！我像孩子們這麼大的時候，很想跟父母待在一起。我一直都很羨慕堂哥桑尼，每當我覺得孤單，放學後都會去他家，他媽媽就會多擺一副碗筷。他們一直都不富裕，我也不喜歡吃燉羊肉，但我喜歡跟家人待在一起。他媽媽總是在家，桑尼的爸爸不上班時也會在家，他甚至還想教我彈吉他呢！

蘇：我很高興你在孤單的時候，能去堂哥家。那樣的確很痛苦啊！你以前從來都沒告訴過我。**（模糊重點法）**

我：我知道，以前我一直不想說。

蘇：我覺得現在我明白你為什麼擔心我去上班了。

我：是啊，誰能像你現在這樣，帶他們去參加少棒賽和女童軍呢？透過這些活動，他們能學到一些很重要的事情。

蘇：我完全同意你的話，而現在……此時此刻，我還不知道怎麼解決，不過我們會想出辦法的。其他還有什麼讓你擔心的嗎？**（模糊重點法＋自我表露法＋否定詢問法）**

我：我倒不那麼擔心喬伊，男孩子畢竟能照顧好自己。可是珍妮十二歲了，有點想要特立獨行，難道你沒看出來？

蘇：（微笑）我注意到了。

我：她總是跟那個油嘴滑舌的勞瑞待在一起，我可是不欣賞那個小傻瓜。

蘇：這一點我們都得留意才是。要是我去上班，孩子們就會更自由，這也讓我擔心。**（模糊重點法）**

我：我不相信你真的想去上班，讓女兒單獨在家裡，跟那個油嘴滑舌的傢伙在一塊兒吧！

蘇：也許吧。但我又不想為這件事擔心，我確實是想上班。你覺得我們要怎麼解決，才不用擔心孩子們單獨跟朋友在家呢？**（模糊重點法＋唱片跳針法＋可行折衷法）**

我：我不想要你上班。

蘇：（感同身受地）我知道。不過，我們要怎麼解決這個問題，才不用擔心孩子呢？

（模糊重點法＋可行折衷法）

我：（思索）也許我們可以跟他們一起坐下來，說明這個問題，並訂下一些規矩……比方說，我們不在時，不能帶朋友來家裡。

蘇：這主意聽起來很不錯，我也可以跟隔壁的茱蒂談談，假如我們不在，孩子們有需要

時能不能去找她。（**模糊重點法＋可行折衷法**）

我：好吧。我不喜歡你去上班，不過目前讓孩子們獨立一點對他們不會有害，畢竟我八歲起就可以照顧自己了。可是你要上班，又要照顧家裡，要怎麼同時兼顧呢？現在你已經夠累了，要是你去上班，一回來絕對會累趴了。

蘇：的確，我可能會很累，不過我累趴了又有什麼不對呢？（**模糊重點法＋否定詢問法**）

我：你明白我的意思。家裡會亂成一團，我也會內疚，因為你既要上班，又要打掃家裡，但我只有上班。

蘇：我們兩個人可能都會覺得難受，不過，我還是想上班。你會跟我一起想辦法解決嗎？（**模糊重點法＋唱片跳針法＋可行折衷法**）

我：怎麼解決？

蘇：我現在還不確定能想出什麼辦法。你呢？（**自我表露法＋可行折衷法**）

我：晚上我可以去買東西，我一點也不介意那麼做。珍妮跟喬伊可以做點家事，多承擔些責任害不了他們的。說不定我們可以馬上就開始。

蘇：但願如此……你覺得我們還可以做些什麼別的……

這段對話的重點是為了凸顯面對婚姻爭端時，可以自信、堅定地說出內心想法，並不是非得吵鬧不休。除了一般挫折（這種挫折每個人都會遇到）會引起夫妻雙方大動肝火之外，婚姻關係中的許多怨氣和挫折，則都源自「要是……會怎麼樣」這種不切實際的擔

憂，以及為了減少擔憂而採取的「操控——反操控」做法。

我們看到了，感同身受、勇敢地把想法告訴配偶，而不理會「要是……會怎麼樣」的擔憂，可以大大減少彼此的操控心理。操控是一塊可怕的絆腳石，妨礙著雙方進行親密交流，往折衷辦法邁進。

無愛意的性關係

在以下這段對話中，我讓女學生因應臨床常見的一種性障礙：無愛意的做愛。女性患者經常抱怨配偶只想上床，其他什麼也不去注意。這種行為可能說明丈夫對妻子漠不關心，但「迅速開始」的習慣，也是男患者常見的性行為模式——這些患者都是因為無法長時間保持勃起，而來接受臨床治療的。許多人都有過這樣的病史：在延長的前戲期間，他們無法保持勃起，不能在配偶要求的時候插入。經過這種挫敗之後，他們就會產生某種直覺，覺得日後還會出現這種丟人的挫敗。

許多患者還說，在延長的前戲期間，配偶因為性經驗不足，不懂激發他的性興奮。這些患者通常都不夠自信，在過早疲軟時，不敢要求配偶多點調情，所以他們更喜歡草草了事，盡快達到最大的性刺激，以免性事失敗。雖然配偶的漠不關心可能是壓抑怨憤或性無知導致的，但我建議女學生，還是應該先假定原因是配偶擔心自己表現不佳，而產生了隱性焦慮。

儘管要讓女方深入探究這個令人尷尬的問題，男性配偶可能會不喜歡，但臨床經驗顯示，在性事上速戰速決的丈夫，更可能會消極地抵制配偶對其性能力的深入探究，而且還會操控她，讓她接受現狀。反之，假如女方帶有操控意圖（而非堅定自主地）想讓丈夫照她想要的去做，那麼，丈夫也常常會進行反操控。

對話33

心平氣和地鼓勵配偶提出批評（想要更多前戲的妻子—配偶）

對話情境：姬兒和傑克相處得很好，但她覺得，他們的做愛模式少了點什麼。通常做愛時，傑克都會先進入她，然後很快地動作；當他達到高潮後，較少跟姬兒進行身體接觸或語言交流，常常很快就睡著了。晚飯後，姬兒拉著傑克在沙發上坐下，跟他交談。

姬兒：能把電視關掉嗎，親愛的？我想跟你聊聊。

傑克：當然可以。（起身關掉電視）要聊什麼呢？

姬兒：我不知從何說起。我想我應該是知道的，不過說起來讓我不太舒服。**（自我表露法＋自我否定法）**

傑克：好吧，要說什麼？

姬兒：我真的愛你，傑克，但我們的性生活讓我感到煩惱。**（自我表露法）**

傑克：我們的性生活完全正常呀！

姬兒：當然正常，不過，還是有些地方讓我煩惱。**（模糊重點法＋唱片跳針法）**

傑克：（沉默了一會兒）我們非得現在談嗎？

姬兒：也不是，不過我想現在就談。你是想看完新聞之後再談嗎？（**模糊重點法＋唱片跳針法＋可行折衷法**）

傑克：不是的。

姬兒：那好。我們做愛的時候，要是事前多花點時間愛撫、開心一下，而不是立刻就進入主題的話，我會更喜歡。我覺得那樣我會更興奮，還可能會有更多高潮。（**自我表露法**）

傑克：我們沒有一下子就進入呀！聽起來我像一個只顧自己享受的人。

姬兒：也許吧，你說得對。但我還是覺得，要是前戲和愛撫的時間比之前多一點，我會更喜歡。（**模糊重點法＋唱片跳針法**）

傑克：我們以前常常那樣，所以第二天上班經常遲到。

姬兒：你這麼一提，我才想起我們的確經常睡過頭。不過，我們剛結婚那陣子，常常在深夜花很多時間做愛呢！（**模糊重點法**）

傑克：我可不是超人。第二天我得上班，你又不是不知道。

姬兒：你說得對，我並不想要你變成超人，不過，有沒有什麼辦法能讓我們有更多前戲，又不會讓你太累呢？（**模糊重點法＋可行折衷法**）

傑克：我沒有累，只是會有點睏而已。

姬兒：我知道那會讓你覺得睏，不過，你確定前戲裡沒什麼讓你覺得不喜歡或很累的部分嗎？（**模糊重點法＋否定詢問法**）

傑克：剛結婚那陣子，有好幾次都弄得我筋疲力盡，根本做不了愛。你還記得嗎？

姬兒：你說得對，那時我們確實有問題。關於這件事情，我是不是太心急了？你是不是想

以後再談呢？**（模糊重點法＋否定詢問法＋可行折衷法）**

傑克：不是，我沒事。

姬兒：我想要更多的前戲，關於這一點，有沒有什麼會讓你覺得很累呢？**（否定詢問法）**

傑克：唉！以前我累的時候，都沒辦法硬起來，記得嗎？

姬兒：要是我們有更多前戲，你覺得還會那樣嗎？**（否定詢問法）**

傑克：我不知道。也許會吧！

姬兒：如果你硬不起來，我可以幫你，這又有什麼好怕的呢？**（否定詢問法）**

傑克：（樣子很焦急）怎麼弄？

姬兒：（露出挑逗的笑容）你想要我現在示範一下？**（可行折衷法）**

傑克：（這回他自己笑了）

姬兒：要是我們有了更多前戲，而你卻硬不起來的話，你願意讓我幫你嗎？**（可行折衷法）**

傑克：當然啦！（又嚴肅起來）可是如果我們整夜做愛，上班遲到怎麼辦？

姬兒：我們何不試試晚上早點做？這樣到了早上，體力就會恢復了。好嗎？**（可行折衷法）**

傑克：好啊！

夫妻的做愛次數在幾個月或幾年內減少，是所有性愛障礙中最困難的問題。雖然男女兩性的臨床表現都出現過這種性愛逃避模式，但根據同事汪德爾博士和我的經驗，男患者遠比女患者更容易否認，而女患者通常比男患者更坦率。

在這種特殊情況下，我討論的是男方：他在性愛方面逃避配偶，但沒有明顯的可靠表徵顯示他的性無能恐懼是制約反應，他並不是經常無法勃起，或無法被其他女性激起性欲，也沒有早洩的跡象。他的行為病史，更符合心理治療學中的憤怒模式，而非焦慮或混合模式。因此，他的問題有可能是其他原因所造成的。

我所說的「逃避」，並不是短期行為。我認識的夫妻有時會罵對方「去死吧」，並因為生氣而短期內不與對方做愛，我指的「逃避」跟這種偶爾的口角不同，而是一種典型的臨床病史模式，也就是配偶中的一方，在長達幾個月甚至幾年的時間裡，逐漸疏遠對方。

在憤怒模式下，這種疾病有一種顯而易見的療法，就是訓練「確診患者」（即不願做愛的那位配偶），讓他在一些令人不快的事情上，更有自信地面對，或起碼能對某些事表現出憤怒，偶爾也「發發脾氣」，來消除雙方劍拔弩張的氣氛。

可是，怎樣才能做到呢？這個問題很重要，對於不願做愛的男性配偶來說尤其如此。他很可能會否認性愛出了問題，更別提讓別人來教他改變回應妻子的模式了。

從妻子著手

在一些臨床病例中，要是妻子來進行治療，我就會強調運用模糊重點法、自我否定法和否定詢問法，讓她能夠回應不願做愛的丈夫提出的指責——這些指責雖然帶有操控意圖，卻又站得住腳。當她們充分做到這一點，能夠敞開心扉，不再堅持過往的操控做法時，我就讓她們去找丈夫，鼓勵丈夫針對她們、針對共同生活提出批評。在鼓勵下提出的這種批評意見，能夠讓日漸疏遠的丈夫說出他不喜歡妻子什麼地方、不喜歡妻子做的什麼事——這些正是導致他在性生活上疏遠的部分原因。

在這種鼓勵下提出的批評，還能將關於妻子的全新訊息傳達給不願做愛的丈夫：妻子並不是一個脆弱、容易受傷、依賴性強而令人窒息的女人。

然而，按照某些女性的思考模式，努力去找出問題的解決辦法，比丈夫的日漸疏遠更讓人受不了。在這些不幸的人看來，去因應配偶的不滿，就意味著要他們改變生活中的許多地方，意味著不要那麼依賴配偶，意味著要少操控對方或承擔種種責任……總之，就是要探究並實現自己的需求和願望，自主地檢視自己的負面情緒，並認同它們是自己的一部分，與配偶一起找出折衷辦法，還不能迫使對方遵循常規去做（正是這些常規做法能讓她們逃避個人的各種不安全感）。

從臨床治療而非政治的角度，我看得出來，他們是不想努力去「獲得解放」。這些不幸的患者認為，所謂的心理治療所，是一個有人可以同情自己、傾聽自己抱怨的地方，不然就是一個可以學到聰明小伎倆，能不改變自己而改變配偶的地方。不過，抱持這種看法的患者（男女都有）數量不算多，更多的是一些願意付出努力、願意培養新的個人行為或因應模式，來解決人際問題的人。

當丈夫疏遠時

以下這段對話呈現出女性患者運用一些自主溝通技巧，來因應丈夫的疏遠。其中，練習自主技巧那一方鼓勵對方說出的批評意見，很可能來自親身經歷，至少在他們自己看來，這些批評幾乎涵蓋了婚姻問題的各個層面。

這種批評並不是男女大戰。當女學生多過男學生，必須由兩位女性相互練習的時候，她們對疑心頗重的配偶提出的批評跟男學生的經常相同；而在互換自主者和疏遠者的角色後，提出的批評往往也相似（雖然話語和細節不同）。

從以下這段對話可看出，原生的性障礙問題，也可以作為一種很有意思的訓練手段，來指導人們如何在親密的婚姻關係中，改變自己不當的應對行為。

許多患者真正遇上問題時，往往會持續幾週到幾個月之久。這段期間，他們會卸去自我防衛，不帶批評與指責，反覆與疏遠的一方進行交鋒以想出折衷辦法，並改變彼此的行為。這種自信果決的做法改善了性關係，也形成了雙方都更滿意的嶄新生活模式。

對話34

卸下自我保護，積極討論婚姻問題（妻子──配偶）

姬兒和傑克結婚三年了。最初的一年半裡，雙方對性生活都很滿意，可是後來做愛的次數就慢慢減少，並降到低谷，過去四個月裡甚至根本沒做愛。姬兒仍然愛著丈夫，想找回新婚的親密感。她也已經掌握了自主技巧，學會讓自己不那麼擔心，防衛心不那麼重。她已了解，只有她才能決定自己的價值。她知道有的事情她很擅長，有的事情卻做得很糟糕，她有能力對自己的成功、過錯和失敗做出評價，並且明白，若期待在生活中做出任何改變，最後的責任都在她自己。

對話情境：星期天上午，看完報紙後，姬兒跟傑克交談（傑克可能會同樣自信十足，同樣容易取代姬兒而成為對話的發起者。在他們的對話中，我也會試著註明，心理輔導班上那些真正的夫妻在卸下自我保護後，以自信的方式溝通時有怎樣的語氣和情緒）。

姬兒：傑克，我一直都在想一件事……不管你承不承認，我們的性生活都出現了問題。**（自我否定法）**

傑克：別再這樣了，我們已經討論過很多次。你就非得還在大家心情都很不錯的時候提起嗎？

姬兒：你說得對。以前，我為了讓你做愛而嘮嘮叨叨，對你大吼大叫、發脾氣，不過現在我不想再念你了。我只是想從你的角度來看看這件事。**（模糊重點法＋自我表露法＋可行折衷法）**

傑克：（諷刺地）那可真是太陽從西邊出來啊！

姬兒：不是嗎？每當發生這種事，我都覺得我們愈來愈生疏。我們已經有四個月沒做愛了。**（模糊重點法＋自我表露法）**

傑克：（戒備地）我愛你，不過最近我實在太累了。經常加班，還有各種事情，弄得我實在沒心情。

姬兒：我相信你很累，傑克（不能說：「四個月了！」或「最近你為什麼要加那麼多班？」），可是在我看來還有別的原因。我覺得可能是我做了什麼事情，讓你討厭我，對我提不起興趣了。**（模糊重點法＋自我表露法＋自我否定法）**

傑克：你沒有讓我討厭。你在床上很厲害呀！

姬兒：也許上了床之後，我是沒什麼問題，不過我覺得我們愈來愈疏遠了，所以應該是

我做了什麼事——不是在床上——才讓你老覺得我很討厭。**（模糊重點法＋唱片跳針法＋自我否定法）**

傑克：（轉過身去看報紙）沒有啦，你很不錯。

姬兒：你能想到的許多地方我可能不錯，傑克。不過，我的確是做了什麼讓你心煩的事吧？**（模糊重點法＋否定詢問法）**

傑克：（仍然有戒心）沒有人十全十美呀！所有夫妻都會不喜歡對方的某些個性。

姬兒：我相信別的夫妻也存在問題，不過，我有沒有做過什麼——哪怕是無關緊要的小事——讓你討厭或生氣呢？**（模糊重點法＋否定詢問法）**

傑克：唔……（若有所思）是有幾件事讓我不大高興。

姬兒：什麼事？**（否定詢問法）**

傑克：具體來說不太容易……都是些小事……比方說，你六點鐘已經提醒過我，可是又在深夜問我是不是倒垃圾了。

姬兒：還有別的嗎？**（否定詢問法）**

傑克：還有。要是我打掃家裡，過後你總會挑出什麼地方做得不對。

姬兒：（驚訝）我那樣做了……？（慢慢笑起來）是的……我是那樣做過……我還做了別的事讓你不舒服嗎？**（否定詢問法＋自我否定法＋否定詢問法）**

傑克：（開始有了興趣）還有。你還說你信不過我，像是在找碴。

姬兒：現在我聽起來也覺得有那麼回事了……那我做了什麼看起來像在找你的碴呢？**（自我否定法＋否定詢問法）**

傑克：這些還不夠嗎？

姬兒：這些事情是夠我好好想一想了，但我還是想多知道一些我讓你心煩的事。**（模糊重點法＋自我表露法）**

傑克：好吧，你還記得我們只有一輛車的時候嗎？

姬兒：記得。

傑克：只要我晚去接你，你就發牢騷，念個二十分鐘，說我怎麼怎麼對你不好。

姬兒：我把失望發洩到你身上，這樣做太傻了，對吧？（不能說：「那你想聽什麼？你總是遲到，從來都不記得！」）**（自我否定—詢問法）**

傑克：（沉默）

姬兒：（從傑克停下來的地方開始提示）我想，那時我沒給你留面子，對吧？那樣做是挺討厭的。**（帶有同理心的否定詢問法＋自我否定法）**

傑克：（發起脾氣）你當然沒給我留面子。就算現在想起來，我都氣得要死。還有另外一點，只要你開始發牢騷或生氣，我就只能坐在那兒默默承受。

姬兒：我怎麼會這樣？**（否定詢問法）**

傑克：不管什麼時候，你想生氣就生氣。你自己覺得什麼事也沒有，可是剛結婚那時候，我一對你發脾氣，你就又哭又叫地跑進臥室，哭上幾個小時，如果我不一直道歉，你就不罷休。

姬兒：（感同身受，有點尷尬）我是那樣的對吧？真令人討厭。我可以發脾氣，卻不許你發火。我跟你說，我們來做個約定，要是我生氣，那你也可以，反過來也一樣，而且過後我們都不用道歉，好嗎？**（自我否定法＋可行折衷法）**

傑克：（警惕地）好吧……不過，為什麼不要道歉呢？

姬兒：因為那樣就好像在說發脾氣不對似的。

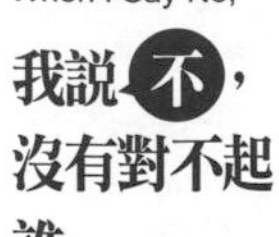

傑克：好吧。不過，我覺得這樣我可能會吃虧。

姬兒：我怎麼會讓你吃虧呢？**（否定詢問法）**

傑克：你對我發脾氣的次數，比我生氣的次數多得多。

姬兒：我也覺得……那我們這麼辦吧，要是你發火的時候告訴我為什麼，我就盡量做到，不因為雞毛蒜皮的小事對你生氣，怎麼樣？**（模糊重點法＋可行折衷法）**

傑克：那樣做，難道不會讓你像我從前一樣覺得沮喪嗎？

姬兒：也許會吧……不過我的記性很好，過後我可以全部說出來，用它狂轟你呀。**（模糊重點法＋可行折衷法）**

傑克：那是另一回事了。要是我什麼地方做得不好，你總會罵我……要是你覺得我什麼地方做得不好……就一次、一次、又一次。為什麼你不能只是說一聲你不喜歡，然後就不再提了呢？好像你在用力懲罰我似的。我又不是小孩，還要你教我怎麼上廁所，我可是大人了。

姬兒：我覺得我是那樣做過，不是嗎？看到我對你做的那些糟糕事情，我覺得好難過，傑克。**（自我否定──詢問法＋自我表露──自我否定法）**

傑克：（同情地）你想不談這個了嗎？

姬兒：（迷茫地）我不知道。我還想繼續談下去，可是看到自己這樣，又覺得非常難過。**（自我表露法）**

傑克：（再次沉默）

姬兒：我都想哭了……不過，要是我現在哭，就會像以前一樣把事情都搞砸了。其實我那樣一直都是在逃避。（停了很久）我們再喝點咖啡，等我覺得好點了再說，好嗎？

傑克：好。（喝完咖啡後）你想怎麼辦？

姬兒：我還是覺得難過，不過，我們繼續討論下去沒關係吧？
傑克：當然，要是你真的想繼續的話。
姬兒：不管我做什麼或不做什麼，你都要幫我。
傑克：你想要我說什麼？
姬兒：我希望你當我的治療師，那樣你就可以告訴我，我該說什麼。
傑克：（生氣地）是他告訴你這樣做的嗎？
姬兒：他只是提出了建議。不過，要是能讓我們兩人消除隔閡，不是很有意義嗎？我覺得一直以來，只要你做了我不喜歡的事，我都在否定你。我想看看自己能不能調整那些你不喜歡的做法，而不用經常去逃避。要是你發牢騷的時候，我不那麼緊張易怒的話，我們就可以重新分享一些東西了。
傑克：（逃避）現在我要去喝咖啡！（幾分鐘之後又回來，樣子很生氣，點了一根菸）
姬兒：我這樣做，有什麼地方讓你不舒服了嗎？**（否定詢問法）**
傑克：我不喜歡被你和你的心理治療師當成白老鼠。
姬兒：我能理解。你加進來，和我一起去跟他談談，如何？**（模糊重點法＋否定詢問法）**
傑克：不去。
姬兒：那你想離婚嗎？
傑克：當然不想。
姬兒：要是我們繼續下去，關係又沒有好轉，我就不知道還可以怎麼辦。若是可以，我想就在這裡把問題解決掉。如果你既不想參加諮詢，又不想現在來試試的話，我們能怎麼辦呢？**（可行折衷法）**

傑克：我不喜歡這樣。

姬兒：你不一定非得喜歡呀！我想要你做的，只是跟我一起試試而已。**（模糊重點法＋可行折衷法）**

傑克：這跟以前沒什麼兩樣。我就像個呆子一樣，可是你呢，你什麼都知道！

姬兒：我做了什麼事，讓你覺得自己像個呆子呢？**（否定詢問法）**

傑克：總之，感覺就像你在把我當傻瓜耍一樣。

姬兒：你不希望再談論這件事了嗎？**（可行折衷法）**

傑克：不是，是你跟那個該死的瘋子把我惹毛了。

姬兒：好吧，我們做了什麼事把你惹毛了呢？**（否定詢問法）**

傑克：你讓我覺得我是病人，而你不是。你只是在用他教你的什麼狗屁自主力訓練法！

姬兒：是的，我是用了。我不知道還有別的什麼辦法可以讓你理解，不過你要是不想我這樣，那我就不這麼做。**（模糊重點法＋自我表露法＋可行折衷法）**

傑克：你為什麼就不能適可而止呢？

姬兒：我不想那樣。也許我是想要我們兩個像以前那樣，或更好，或者有所不同……（很沮喪）我也不知道自己究竟想要什麼。**（自我表露法）**

傑克：反正我覺得，你好像是想對我進行什麼卑鄙的詭計似的。

姬兒：可能吧，但我不知道別的辦法。我能怎麼辦？難道你真的想繼續這樣下去？**（模糊重點法＋自我表露法＋可行折衷法）**

傑克：我們現在這樣又有什麼問題呢？

姬兒：（發火，回復到以前的做法）很多問題！你要我舉出你做過的所有蠢事嗎？

傑克：這才是問題！你跟你的那張大嘴巴。

姬兒：（仍然生氣）這正是我要說的一點。我們總是吵架，不然就是我發牢騷，然後你閉嘴，我可不想再這樣下去了。

傑克：（惱火地）我也不想！

姬兒：那看在老天爺的分上，試一試！試一試不會要你的命！

傑克：（疲憊地）你想要我們兩個做什麼？

姬兒：（恢復平靜，沉默了一會兒）要是你實在不想試，那就沒什麼可做的。**（可行折衷法）**

傑克：我不喜歡這樣。

姬兒：我能理解，不過，你願意試一試嗎？要是你說「不想」，我們就不試。**（模糊重點法＋可行折衷法）**

傑克：如果太讓人受不了，我們就停止，可以嗎？

姬兒：由你決定。要是你不想跟我一起進行，那這一切都是在浪費時間……就像以前我對你發牢騷那樣。以前，我只是讓你依照我的意思去做，而沒有找你一起去發掘我們各自需要什麼。**（模糊重點法）**

傑克：好吧。**（註：此時要是傑克不同意，就不會有進一步的親密溝通。）**

姬兒：你是想要以後有機會再試？還是明天或下週？**（可行折衷法）**

傑克：現在再試一次吧。

姬兒：那我們要在什麼時候喊停呢？

傑克：要是我曉得就好了。你要對我進行這種方法，真的讓我很火大。

姬兒：好吧，我們就從這兒開始。你能確切地說出我做了什麼事讓你惱火嗎？**（否定詢問法）**

傑克：你讓我覺得你無所不知。

姬兒：我是怎麼做的呢？**（否定詢問法）**

傑克：你以前總是一副冷冷的樣子，好狡猾。

姬兒：好像我在對你耍心機？**（否定詢問法）**

傑克：對！

姬兒：我做了什麼讓你覺得像在耍心機呢？**（否定詢問法）**

傑克：就像我跟你說的一切都被你當成了耳邊風。你連眼睛都不眨一下……起碼在你沒哭的時候是如此。

姬兒：我覺得那種時候我都是在逃避。**（自我表露法）**

傑克：不一樣。平常你哭起來跑走的時候，我看得出你對我很生氣。可是這種時候你只是哭。

姬兒：我哭和我對你很生氣，又有什麼不一樣呢？**（否定詢問法）**

傑克：你那樣哭的話，我一開始會很惱火，接下來就會覺得很內疚。

姬兒：我怎麼會讓你覺得內疚呢？**（否定詢問法）**

傑克：我不曉得。我能肯定的，就是你做的一切全都是垃圾，但你還是讓我很內疚……所以，就算我還在生你的氣，我也想跟你道歉。

姬兒：對我來說，那是一種逃避……我哭起來跑開，把你關在外面，讓你自己去忍受怒火……好像我是在說：「你對我這麼不好，是個多壞、多虛偽的混蛋！我是多麼可憐而弱小無力呀！」**（帶有同理心的自我否定法）**

傑克：你那樣子的時候，真是把我弄得一頭霧水。我討厭你的任性，但我還要去哄你。天哪！真是一團糟。

姬兒：你想要暫停一下嗎？（可行折衷法）

傑克：（仍然很生氣）當然不想！

姬兒：還有別的嗎？（否定詢問法）

傑克：出現那種情況的時候，我真的覺得自己就像一個流鼻涕的小孩，要人來換尿布才行。

姬兒：（從傑克中斷的地方開始提示）我讓你覺得你是一個小孩，而不是成年人？（否定詢問法）

傑克：對。

姬兒：我還做了什麼讓你有那種感覺呢？（否定詢問法）

傑克：還有就是你的那些碎碎念，比如：「這裡什麼都得我來做！」或「你從來都不做重要的事，只做你自己感興趣的！」

姬兒：我確實是說過。我以為自己只是像平常一樣發發牢騷罷了，可是用那種口氣說出來好像我不尊重你似的，是這樣嗎？（模糊重點法＋自我表露法＋否定詢問法）

傑克：聽起來就是如此。

姬兒：我那樣說的時候，你能不能不理我呢？（可行折衷法）

傑克：我試過了，不過我心裡還是火大呀！

姬兒：那麼，我要是再那麼講，你就對我吼一吼，讓我閉上我的壞嘴，怎麼樣？（可行折衷法＋自我否定法）

傑克：讓我跟你回嘴？

姬兒：對啊。

傑克：（沮喪地）有時候我真的覺得你很煩，連吵不想跟你吵了。

姬兒：沒錯，你是那樣做過，但我還罵你是在生悶氣。以後我還是會發牢騷，不過，要是我做得太過分了，你就對我發頓脾氣吧，就算你不喜歡，也可能會有用。**（模糊重點法＋自我否定法＋可行折衷法）**

傑克：（謹慎地）好吧。我可沒有答應什麼，不過我會試一試。

姬兒：我還做了什麼事，讓你不喜歡我呢？**（否定詢問法）**

傑克：再來就是那些平常的普通事情，我總覺得你在怪我，說問題是我造成的。

姬兒：（好奇地）那我就不明白了。出問題的時候，我做了什麼讓你覺得我在怪你？**（否定詢問法）**

傑克：我不曉得是怎麼回事。要是你不喜歡房子裡的什麼東西，發起牢騷來，不知怎麼地，我就會覺得那是我的錯，好像我們租下這房子之前，我就應該更仔細地看清楚。

姬兒：（從傑克中斷的地方開始提示）聽起來好像是說，不知怎麼地，我把所有問題的責任都推到你身上，對吧？**（否定詢問法）**

傑克：對。好像發生的每件小事都該由我來負責似的。這些都不是大事，可是三年來，這種情況發生了太多太多次，讓我太累了。有時我晚上都不想回家，因為覺得一定又會發生別的什麼問題，要我來負責。

姬兒：我明白。我還做了別的什麼事，讓你覺得要你來負責呢？**（否定詢問法）**

傑克：我不知道，很多事。比方說，要是你累了，我就覺得那是我的責任，不該讓你累著。

姬兒：（從傑克中斷的地方開始提示）我讓你覺得，好像你應該負責讓我高興似的，是那樣嗎？**（否定詢問法）**

傑克：對。好像我在你面前必須時時刻刻注意一言一行，不讓你心煩，我沒辦法很自在，我時時都得擔心你，看你是不是沒事。

姬兒：（從傑克中斷的地方開始提示）你是說，我事事都太依賴你了。（若有所思地）很可能是這樣。我還做了別的什麼事，讓你覺得好像要你負責呢？**（模糊重點法＋否定詢問法）**

傑克：有時你好像沒有我就什麼都做不成，我總得到場才行。要是我實在不想做，把我的想法一說，你就會一言不發，冷冰冰地對待我。你認為，我就是不能不喜歡你想做的事情。好像除了跟你在一起，我就沒辦法活了一樣。除了上班，要是我做什麼事沒帶你去，你就會發脾氣。我覺得要是能找到理由，你一定會跟著我去上班。有時我甚至覺得這不是婚姻，而是另一份工作，我是在為你工作。甚至性生活也是這樣……有時候我覺得做愛好像是欠你的，不是我想做，所以我討厭做愛！你意識到沒有？我們結婚三年來，除了釣魚，我沒有半個晚上跟朋友出去玩過，而我去釣魚的時候，你還會發牢騷！

姬兒：（激動起來，有一點惱怒）天哪，我們確實有問題！

傑克：這正是我要說的。我把我的感受告訴你，但你總是聽不進去，只是揮揮手，把什麼都推給我。

姬兒：（想了一會兒）我明白你的意思了。（不自在地微笑）我不太擅長傾聽，對吧？**（帶有同理心的模糊重點法＋自我否定—詢問法）**

傑克：（自我防衛）是你自找的。

姬兒：別這樣，傑克。你說得對。當你真的告訴我怎麼回事的時候，我確實難以控制自己，就像現在這樣，不過請別放棄對我的希望。**（模糊重點法＋可行折衷法）**

傑克：哦？

姬兒：（情緒恢復過來，從傑克中斷的地方接著說）我想，我確實太依賴你了，對你的要求

也太高，對吧？我們怎麼解決這個問題呢？**（帶有同理心的自我否定—詢問法＋可行折衷法）**

傑克：我不知道。你可以說「出去透透氣吧」，可是在你這麼氣憤的狀況下，要我把你一個人拋下，我還是會感到內疚，覺得要對你負責才對。這種事，光說不練是沒用的。

姬兒：很有道理，我也覺得沒用。那就來看看我們會得出什麼結果吧！我想要我們兩人關係更親密、分享更多事情。問題是，當你跟我分享一些不好的事情，分享我們之間那些你不喜歡的事情時，我卻沒有理會你。而最糟糕的，就是我不理會你的那種態度（流下眼淚）。傑克……我很抱歉。**（模糊重點法）**

傑克：（待著沒動）我也很抱歉。

姬兒：我想，以前對我而言，關係親密一直代表的是那些好的事情、說好的話，所以假如遇到你對我口出惡言，我就應付不了。

傑克：（笑起來，接過她的話）什麼口出惡言？我可是從來都不會那麼做！

姬兒：（微笑）你當然是啦。**（友好而帶有嘲諷意味的模糊重點法）**

傑克：我想，要是我能更大膽一點，就應該在你暴走的時候叫你閉嘴。

姬兒：也許吧……要是你真的想做什麼，我希望你能堅持到底，哪怕我讓你很難受也要堅持下去。**（模糊重點法＋可行折衷法）**

傑克：這些說起來都容易，可是要怎樣才能確實做到呢？

姬兒：我們可以像現在這樣多談一談，消除誤會，弄清楚彼此到底是什麼意思。這樣如何？**（可行折衷法）**

傑克：好吧，不過，我希望你不要再做那些讓我覺得我是你請來的、只是哄你高興的事。

姬兒：像哪些事？**（否定詢問法）**

傑克：我們剛剛討論的那些呀！

姬兒：好吧……但如果我又犯了，你一定要告訴我。**（可行折衷法）**

傑克：那樣就不會讓我覺得是被你所迫了。

姬兒：我還可以做些別的什麼嗎？**（否定詢問法）**

傑克：去做點事，別只是待在家裡如何？去上課，學個東西，找份工作……我不知道。

姬兒：你說得對。我得讓生活充實起來，做些有意義的事，不包括你在內。這對我來說，一直都很難做到，不過，也許當你想要一個人出去的時候，我就可以做我自己的事了。**（模糊重點法＋自我否定法＋可行折衷法）**

傑克：我們什麼時候開始？

姬兒：馬上開始，怎麼樣？

傑克：吃完中飯再說吧，我都餓死了。

姬兒：你同意了！

正如這段對話顯示的，在他人面前堅守權利時，未必要像機器一樣開動就無法停止，或毫無轉圜餘地。就算難以說明意思，在過程中發了火、說了蠢話、表現慌張、說了違心之論或做出違心的承諾，其實都沒有大礙，不過是浪費一點時間罷了。你只需要像這段對話一樣，重新開始，彷彿之前什麼都沒發生，繼續說出自己心中所想的就行了。

結語——自己的價值，要由你自己決定

正如對話34所示，堅持自主權利時，卸下防衛，以不帶操控的方式進行溝通和回應，便能向對方傳達一種極為重要的訊息：這是一種保證，表明你不會干預他做出決定，就算討厭他說的話，你也不會干預。

有了這種保證，衝突才能經由相互妥協而獲得解決——若真有折衷辦法存在的話。兩個人之間達成的行為妥協，並不是一種控制。只有當別人進入「我」這個唯一的個性領域「內部」，才會產生行為控制。在這個領域，我們所有人都可以不受上帝、父母、法律、道德和其他人的約束；在這個領域，我們可以獨立決定自己需要什麼；在這個領域，我們都可以權衡想做的事可能帶來的好處和後果，有時甚至可以不考慮現實情況。

即使在心理治療中，心理學家也得經過允許，才能進入患者的私密領域。假如治療師未經允許就侵入，那麼服務關係就得中止，否則會導致患者產生心理依賴，要治療師來代替他做出決定，這時，治療師就會煩不勝煩，因為患者可能在凌晨三點打電話來問：「我該怎麼辦？」

在患者做決定的過程中，治療師的參與，是為了協助患者清楚自己的需求、情感，以及這些需求和情感導致的行為。治療師是要以專業技術幫助患者解決問題，而不是替患者解決問題；他們是要協助患者做想做的事，而不是去做他們想要患者做的事！

自主的對話方式，是一種尊重的保證

我所有的個人經歷和專業經驗證明，發生爭議的雙方，不但能因應彼此製造的日常衝突，還可以處理得很好。大家之所以無法妥善因應的主要原因是：我們會去干預別人做決定，會習以為常地透過讓別人覺得不安、覺得受到威脅、覺得內疚或無知等方式，去操控別人的意願。要是你發現自己無法處理好與他人的衝突（尤其是你在意的人），那麼也許你應該試一試：自信地提出自己的需求，而不是去操控對方；自信地堅持自己的意願，而不去損害對方的尊嚴和自尊。然後，再來看看結果如何。

許多人一直在設想，強勢展現自主性，對於整個社會可能產生什麼影響？對於我們的生活模式，甚至關於跟修車廠打交道之類的事，又會產生什麼影響？有很多人會問，要是大家都變得更強勢、更富有自信，不讓別人操控，那麼整個社會在人際關係、政治、經濟和法律方面的運轉模式，又會有什麼改變？

雖然我可以心安理得地回答「我不知道」，但我還是想強調，在系統性自我肯定治療領域內，我唯一的關注焦點是人類社會的兩端：個人，和整個人類。身為心理學家，我一是關注兩個「個人」這種最小的社會元素之間的衝突關係；二是關注整個人類，關注這個動態的、尚在進化的物種狀況。這兩種極端之間，任何事物都是主觀、武斷而可以協商的，從長遠來看，為人類帶來的影響很可能不只一種。

決定權在你自己手中

假如因為政治、宗教、社會富足或毫無節制，導致人口過剩，自然將會產生自動調控的作用。除了承受自己行為帶來的後果，大自然並未給我們別的選擇。若因為污染、避孕藥、歧視、戰爭、飢荒或疾病而使得人口不足，我們也將像過去一樣，自動增加人口。對於人類出於生存本能而形成久經考驗的遺傳基因，我有絕對的信心，但除了信任自己可以選擇因應他人的模式之外，對於自己的生存，我卻沒有什麼信心。我對人類有信心，但沒有信心讓他人來決定我的身心健康。

自己的價值，要由我自己決定。

自己的價值，要由你自己決定。

決定權在你——假如你想要自己做決定的話。

國家圖書館預行編目資料

我說不，沒有對不起誰 / 曼紐爾．J．史密斯（Manuel J. Smith）著；歐陽瑾譯. -- 二版. -- 臺北市：寶瓶文化事業股份有限公司, 2021.08
面； 公分. -- (Vision；213) --經典長銷版
譯自：When I Say No, I Feel Guilty
ISBN 978-986-406-249-2(平裝)
1.自我肯定 2.生活指導

177.2 110012005

Vision 213

我說不，沒有對不起誰（經典長銷版）

作者／曼紐爾．J．史密斯博士（Manuel J. Smith, Ph.D.）　譯者／歐陽瑾

發行人／張寶琴
社長兼總編輯／朱亞君
副總編輯／張純玲
資深編輯／丁慧瑋　編輯／林婕伃
美術主編／林慧雯
校對／丁慧瑋．呂佳真．賴逸娟
營銷部主任／林歆婕　業務專員／林裕翔　企劃專員／李祉萱
財務主任／歐素琪
出版者／寶瓶文化事業股份有限公司
地址／台北市110信義區基隆路一段180號8樓
電話／(02)27494988　傳真／(02)27495072
郵政劃撥／19446403　寶瓶文化事業股份有限公司
印刷廠／世和印製企業有限公司
總經銷／大和書報圖書股份有限公司　電話／(02)89902588
地址／新北市五股工業區五工五路2號　傳真／(02)22997900
E-mail／aquarius@udngroup.com

法律顧問／理律法律事務所陳長文律師、蔣大中律師
如有破損或裝訂錯誤，請寄回本公司更換
著作完成日期／一九七五年
二版一刷⁺日期／二〇二一年八月六日

ISBN／978-986-406-249-2
定價／三七〇元

AQUARIUS 寶瓶 文化事業

愛書人卡

感謝您熱心的為我們填寫，
對您的意見，我們會認真的加以參考，
希望寶瓶文化推出的每一本書，都能得到您的肯定與永遠的支持。

系列：Vision 213　**書名：我說不，沒有對不起誰（經典長銷版）**

1.姓名：__________　性別：□男　□女

2.生日：____年____月____日

3.教育程度：□大學以上　□大學　□專科　□高中、高職　□高中職以下

4.職業：__________

5.聯絡地址：______________________________

聯絡電話：__________　手機：__________

6.E-mail信箱：__________________

□同意　□不同意　免費獲得寶瓶文化叢書訊息

7.購買日期：____ 年 ____ 月 ____日

8.您得知本書的管道：□報紙／雜誌　□電視／電台　□親友介紹　□逛書店　□網路　□傳單／海報　□廣告　□其他

9.您在哪裡買到本書：□書店，店名________　□劃撥　□現場活動　□贈書

□網路購書，網站名稱：________　□其他________

10.對本書的建議：（請填代號　1.滿意　2.尚可　3.再改進，請提供意見）

內容：__________

封面：__________

編排：__________

其他：__________

綜合意見：______________________________

11.希望我們未來出版哪一類的書籍：__________________

讓文字與書寫的聲音大鳴大放

寶瓶文化事業股份有限公司

（請沿此虛線剪下）

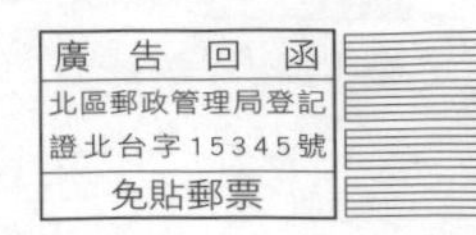

寶瓶文化事業股份有限公司 收

110台北市信義區基隆路一段180號8樓

8F,180 KEELUNG RD.,SEC.1,

TAIPEI.(110)TAIWAN R.O.C.

（請沿虛線對折後寄回，或傳真至02-27495072。謝謝）